国家社科基金项目

"当代法国左翼审美政治思想研究"（15CZW002）

结项成果

三味

感觉
的
共同体

李三达 著

The
Community
of
Aisthesis

社会科学文献出版社
SOCIAL SCIENCES ACADEMIC PRESS (CHINA)

目　录

导　论

　　20 世纪的法国可谓群星闪耀，如果说亨利·柏格森（Henri Bergson）的哲学是继德国古典哲学之后在法国哲学界上空闪烁的孤星的话，那么从结构主义的诞生开始，哲学就正式进入了法国的世纪。结构主义文化人类学大师列维－斯特劳斯（Claude Levi‐Strauss）从索绪尔（Ferdinand de Saussure）的语言学理论中汲取的能量让法国人文学界开始疯狂，从语言学、文化人类学到精神分析等，法国学术界的方方面面都遭到了将能指和所指在任意性的原则下进行分离的结构主义洗礼。也正是结构主义的炫目开启了 20 世纪法国哲学乃至人文科学的整体辉煌。

一　问题：后结构主义是否有"之后"？

　　从某个角度来说，这项研究似乎是在寻找"后"思潮之后到底是什么，或者说我们预设了一个代际的断裂，所以我们可以说是在寻找"后现代"之后的法国理论图景，但是这个词语太过麻烦，因为它不只是一个学术术语，还是一种大众媒介的常用语词，脱离了让这个词语名声大噪的利奥塔（François Lyo-tard）的最初用法。从种种社会和文化生活层面的特征来说，我们很难说已经进入了"后现代"之后。因此，我们转而使用更为学术化的"后结构"作为一种话语断裂之后的研究对象，虽然这两个词不能完全重叠，而有些学者更倾向于用"后现代"这一称谓来描述其研究对象，例如，在斯蒂文·贝斯特（Steven Best）和道格拉斯·凯尔纳（Douglas Kellner）看来，"后现代理论是一个比后结构主义内容更为广泛的现象，后者我们认为是对现代理论的一种批判，是一种新的思维、写作和主体性模式的产物，其部分内容被后来的后现代理论所吸收"[①]。因此，可以说后结构主义更符合我们的研究期待，对象也更加明确，尤为重要的是，我们能够假设在后结构主义的代表性人物都离开人世之后，作为一种学术话语的"结构－后结构"思潮就闭合了，而作为一种社会现象的后现代则未必如此。基于这一点，本书的核心问题可以被表述为主要思考"后结构"之后的法国理论。其基本背景是后结构主义挑战了结构主义的范式，那么后结构主义之后是否出现了新的思潮或统一的范式，这是一个需要思考并加以描述和解释的问题。只有在出现了明显断裂的情况下，一种新的范式（或者也可以借用福柯的知识型的说法，但这样容易造成误解）才是可能的，那么在后结构主义之后是否存在明显的断裂呢？

首先，我们需要回顾结构主义与后结构主义之间断裂的历史。结构主义诞生之后不久就面临了对手，在离开了保加利亚

---

① 道格拉斯·凯尔纳、斯蒂文·贝斯特：《后现代理论：批判性的质疑》，张志斌译，中央编译出版社，2001，第32页。

的哲学学徒茱莉亚·克里斯蒂娃（Julia Kristeva）以及同样来自保加利亚的文学理论家茨维坦·托多罗夫（Tzvetan Todorov）的共同推动之下，米哈伊尔·巴赫金（Mikhail Bakhtin）的对话哲学和狂欢化理论被引入了巴黎学术界。当年初入巴黎知识界的克里斯蒂娃展现了独到的眼光，迅速放弃了方法论相对陈旧的文学社会学家吕西安·戈德曼（Lucien Goldman）而转向了赫赫有名的罗兰·巴特（Roland Barthes），也正是在后者的研讨班上，她引入了改变巴特研究轨迹的巴赫金思想，这也为后来的法国思想史叙事埋下了伏笔，因为巴特正急于超越彼时如日中天的结构主义。① 巴赫金这位几乎要在苏联寒冷的西伯利亚被掩埋的哲学家（这是他在访谈中所坚持的对他的正确称呼，而不是一个语文学家②）的理论——尤其是他关于拉伯雷和陀思妥耶夫斯基的复调理论分析——直接对作为结构主义宗师的罗兰·巴特造成了巨大的影响，由此，静态的结构主义开始向动态的后结构主义过渡。当然，非常凑巧的是，另一位美国语言学家乔姆斯基的思想也在法国引起了巨大的争议并推动了结构主义向后结构主义的转向，但原因是基于误读，因为其理论中包含了"生成"的概念，所以给原本静态的结构主义带来了调和发生（genèse）与结构（structure）的可能性，但是有趣的是，阅读过乔姆斯基的克里斯蒂娃却因为前者对语体学和诗学的蔑视（乔姆斯基认为这些不过是"装饰"）而对之表示了失望。③ 可

---

① 弗朗索瓦·多斯：《从结构到解构》下卷，季广茂译，中央编译出版社，2004，第74~75页。
② 《巴赫金全集》第五卷，白春仁、顾亚铃译，河北教育出版社，1998，第412页。
③ 弗朗索瓦·多斯：《从结构到解构》下卷，季广茂译，中央编译出版社，2004，第15页。

以说，与巴赫金的理论有些类似的是，乔姆斯基的语言理论是一种结构主义的新变体，却成了结构主义的掘墓人，从结构主义到后结构主义的转变以发生论或历史维度的引入作为其特征，也在某种程度上为结构主义基于索绪尔语言学所建立的静态结构奏响了挽歌。

后结构主义并非如这个术语所暗示的那样是结构主义完成了整个历史使命之后才诞生的，1967年德里达（Jacques Derrida）出版的《论文字学》（*De la grammatologie*）和《书写与差异》（*L'Ecriture et la Différence*）就标志着：在结构主义声誉日隆的时候，后结构主义已经横空出世。但是，后结构主义并不是一个统一的流派，巴特显然也不是孤身一人，福柯（Michel Foucault）、德里达都成为他所诱发的这次转向浪潮中的一分子。法国哲学界似乎永远不如德国哲学界那般纯净、简单，而是充斥着多学科话语的交叉和嫁接，所以它的"人的科学"（human science）的概念才会那么盛行，以区别于"人文学科"（the humanities），各种以人为核心的知识话语被聚集在一起，形成一道独特的风景。例如，当结构主义作为一种思潮开始盛行的时候，谁也没有料到这种理论的基石是一位不喜欢著述的语言学家（甚至不是个法国人），如果不是一位人类学家利用了索绪尔的研究成果，结构主义作为一种思潮而盛行似乎也会被打上问号；更不用说，曾经有一位巴黎高师的哲学系学子认为在福柯和德里达等伟大学长的阴影下难以有巨大的发展，结果在转型成为社会学家之后而迅速成为影响力遍及各个领域的思想家，这就是法国著名的社会学家皮埃尔·布尔迪厄（Pierre Bourdieu）。布尔迪厄在结构主义思潮之中选择了涂尔干而不是笛卡尔的道路，这在很大程度上要归功于列维-斯特劳斯给人

005

005

类学带来的荣耀以及他在阿尔及利亚的经历，这使他沉迷于一种看似更科学的研究人类的方法，所以凭借着一种崭新的研究视角，他成为荣耀的法兰西学院圣殿里的异类不朽者。虽然在后世的叙事中，法国发生过一场轰轰烈烈的从结构主义到后结构主义的思想转折，仿佛应和了福柯对历史非连续性的描述，但是处在潮流之中的各位宗师却并不这样认为，无论是福柯还是德里达都急于摆脱人们给他们和他们的哲学所强加的各种标签。他们的行为和态度仿佛是在效仿 19 世纪的一位伟大宗师马克思，后者对拉法格说自己并不是一个马克思主义者，以坚定地将自己的原创性思想（龙种）与其他人的蹩脚模仿和教条化（跳蚤）区分开来。① 所以，我们也有了自认为不是结构主义者的福柯。② 但是，从一种福柯对知识的考察视角来观察这些后结构主义的宗师就可以发现，对他们进行一种"主义"的总结显然带有某种他们所不愿看到的本质主义的色彩。

德里达的哲学强调对逻各斯中心主义的反对，也可以看作对结构主义思想的一种挑战，他认为结构的存在无非游戏的差异性，那么各个学科之间的壁垒就被消抹了，思想家开始像作家一样创造。③ 这最终会涉及我们对一个非常具有 20 世纪时代精神的问题的思考，这就是我们该如何来描述一个人的思想与一个群体的思想以及一个人与一个群体之间的关系，也就是同一性或自我认同与非同一性或差异性的问题，或者说

---

① 恩格斯：《致保尔·拉法格》，《马克思恩格斯全集》第 37 卷，人民出版社，2015，第 446 页。
② 弗朗索瓦·多斯：《从结构到解构》下卷，季广茂译，中央编译出版社，2004，第 217 页。
③ 弗朗索瓦·多斯：《从结构到解构》下卷，季广茂译，中央编译出版社，2004，第 27~28 页。

这种思考问题的方法是否天然存在结构性的缺陷。以列维 -
斯特劳斯为代表的结构主义对之提出的解决方案是，假定有
一个"人类心灵的无意识活动"，那么在人类不断变化的对生
活世界的经验的背后就可以找到一个共同的结构，因此"环
境的多样性解释了文化的多样性，而人类心灵的同一保证了
它们之间的相互交流"。① 但是，后结构主义对这种结构的拆
解使得具有相似结构的"人类心灵"这一预设本身成为可以
质疑的内容，人们对抽象、永恒的主体性的想象也濒于瓦解。

可以说，我们在本书中想要研究的法国当代美学思想界
的代表性人物的一个思想横截面就是美学及其更早的词
源——感觉或感性——对于个体与群体之间关系的重要作用，
也许这并不是一个新问题，毕竟政治哲学的一个重要母题就是
处理个体与社会、国家等共同体之间的关系。但是，在我们这
个时代，随着技术的发展，这必然是一个让所有人无法回避的
重要问题，因为"人的终结"所暗示的主体性的崩塌在我们的
时代因为技术的发展而加剧，当所有人都能够通过媒介实时在
线时，人的主体性和主体之间的联系和感知方式都发生了重大
的变革，意大利哲学家罗西·布拉伊多蒂（Rosi Braidotti）曾
说："非统一主体的后人类伦理学通过消除以自我为中心的个
人主义障碍，提出一个更大意义上的自我与他者之间的交互关
系，包括非人类或'地球'他者。"② 布拉伊多蒂的后人类思想
是对个体与共同体问题的一种后理论时代的回应，这一思想建

---

① 文森特·德贡布：《当代法国哲学》，王寅丽译，新星出版社，2007，
   第 136 页。
② 罗西·布拉伊多蒂：《后人类》，宋根成译，河南大学出版社，2016，
   第 71 页。

立于两个传统之上，一个是信息论和控制论等科学和技术领域的发展，另一个是法国1968之后的思想家（福柯和德勒兹）的后现代主义思想。而本书要考察的这批在1968中涅槃的法国新理论家对这个问题的思考正是基于后现代思想，而且正如凯尔纳所指出的那样，相比于对个体的关注，后现代哲学家缺乏"主体间性"（intersubjectivity）理论或曰社会伦理理论①，换句话说，后现代是一个强调破碎和非同一性的思潮，可以说此后所有思考美学问题的法国学者都开始更为仔细地对待同一性和非同一性的问题，因为如果继续在非同一性的道路上走下去，那么不过是对阿多诺、本雅明开拓的道路以及后现代主义者共同奠基的事业的一种毫无创造性的复制。真正重要的是如何找到这个世界的症候并且对之加以描述和分析，这正是后结构主义之后的哲学家和理论家所要着力解决的。

我们可以认为，对这些问题的思考在法国当代思想史乃至20世纪的全球思想史上引发了一个非常辉煌的思潮，这就是结构主义－后结构主义思潮。这不只因为索绪尔的研究被列维－斯特劳斯接受并在法国传播，还因为一个重要的事件，这就是1968年的"五月事件"。这个事件的起因之一是法国陈旧的教育体系，而结果之一则是新的大学和新的职位，以及占据这些新职位的理论新人活跃的思想，但是随着20世纪70年代中期阿尔都塞主义的寿终正寝，结构主义－后结构主义也渐渐地来到了尾端。一个话语体制的终结必然伴随着另一个话语体制的诞生，随着"五月事件"成长起来的一批以思想创

---

① 道格拉斯·凯尔纳、斯蒂文·贝斯特：《后现代理论：批判性的质疑》，张志斌译，中央编译出版社，2001，第86页。

造为特色的学者在 20 世纪落幕的时候也迎来了自己的老年，对他们思想的总结也许是对 20 世纪最后辉煌的一个描述。

二　对象：为什么是这四人

如前所述，本书的着眼点正在于"五月事件"这次狂欢所带来的原创性思想的尾声，所以研究的对象都是在"五月事件"中登台的学术新人，但选择谁仍然是一个问题。也许我在无意之间重复了一个神秘的数字，毕竟解构派的代表性人物被称为"耶鲁四人帮"（虽然该词原文 Yale Mafia 直译过来是耶鲁黑手党），又或者我们可以看到莫里斯·亨利在 1967 年创作的"四个火枪手"的漫画分别展示了结构主义历史中的四位代表性人物：福柯、拉康、列维－斯特劳斯和巴特。① 无论这是我那难以摆脱语言束缚的潜意识，还是某种纯然的巧合，就个人的主观意识而言（当然作者之死使得这一句话失去了合法性），我并未刻意选择"四"这个数字。显而易见的是，思想与思想之间的关联或思想家与思想家组成的共同体问题才是本书的基本内核。从更宏观的层面来说，放眼 20 世纪，共同体的问题似乎可以称为我们所处时代的最大问题之一，布朗肖为此撰写了《不可言明的共同体》（*La Communauté inavouable*），阿甘本则撰写了《来临中的共同体》（*La Comunità che Viene*），这个名单上还可以有巴塔耶、南希、埃斯波西托（Esposito）等，这些话语本身似乎在暗示着什么，比如一个尚未清晰呈现但又十分紧迫的问题域。

---

① 弗朗索瓦·多斯：《从结构到解构》下卷，季广茂译，中央编译出版社，2004，第 114 页。

　　在冷战结束之后，按照意识形态简单地划分为东方和西方的做法显然已经失去了合法性，那么更为细致的划分似乎也预示着当一个巨大而可见的敌人消失之后更为细微的对立开始形成。如今最严重的问题表现为恐怖主义问题和以种族、性别等为基础的种种平权问题。如果说原本的男女二元对立成就了女性主义平等主张的流行，那么20世纪后半叶，我们正在弱化这一二元对立的影响。因为男人和女人的划分方式本身遭到了釜底抽薪式的质疑，这也是后现代哲学家巴特勒（Judith Butler）的《性别麻烦》（*Gender Trouble*）一书的主题。后现代的世界观中，异性恋不过是所有划分的矩阵中的一个空格，而不是普遍的和永恒的。被称为LGBTQ的性少数群体开始频频出现在人们的视野之中，普通人对非异性恋的接纳程度也逐渐提高，并且这一接纳程度成为一个更为文明和多元化社会的表征。但是，这并不意味着平等的诉求被绝对地达成了，并且在此之后整个世界开始变得更为平和。布拉伊多蒂总结道，技术的发展让人与人之间产生了一种以全球化为背景的消极联合，但是"这种新的全球临近关系并不总是培育出宽容与和平共处；相反，对于他异性的各种仇恨排斥形式和越来越多的武装暴力正在成为我们的时代特征"。① 事实上，不但平等从未绝对地实现，而且分裂的情况随着种族和性别议题的盛行而变得越来越严重，整个世界并未因此变得更为宽容与和睦，反而不断出现动乱和分裂。"黑命贵"（black lives matter）和"米兔"（me too）运动都显示出一个不

————————

① 罗西·布拉伊多蒂：《后人类》，宋根成译，河南大学出版社，2016，第58页。

容置疑的事实，即这个世界被划分为越来越多独立的群体，这些群体之间有着相互独立但千丝万缕的联系。有一点是显而易见的，即便如今世界分裂仍然存在并且群体与群体之间的沟壑越来越深，但平等和多元化的路途是不可能返回的，因为原来用来确保整个社会等级秩序以及压制少数群体的基础已经消解了。例如，人们不再通过教会来领会上帝对这个世界的看法和判断，同样也不会认为贵族生而高贵，那么谁有资格来代表其他人成了一个非常严肃的问题。

"再现"和"代表"在英文世界可以由同一个词来表示，这就是 representation，而这个词本身又是更为本质的二元对立的遗产，这就是来自康德对物自体和表象的划分［德文 vorstellung（表象）的一个常用英文翻译为 representation］。如果说表象是我们与这个世界本真状态的媒介的话，那么物自体事实上只是我们预设的一个不能通过感觉和经验完全抵达的目的地。当然，representation 作为"代表"的含义还在另一个层面上反映了我们世界的巨大改变，这就是代议制民主（representative democracy）的诞生。如果说民主政体在古希腊只是苏格拉底或柏拉图所认为的一种必然引起混乱的政体的话，那么代议制民主的发明似乎在某种程度上减缓甚至阻止了苏格拉底和柏拉图所担心的问题的发生。这种政治上的诉求显然也体现在了文学和艺术之中，或者更广泛地说，这成了一个文化政治的议题：谁可以在文学、艺术乃至最近的所谓第七艺术中拥有最大限度的再现的权利，开始成为所有严肃的文化学者思考的问题，但是平等化该如何实现却并没有显而易见的答案。所以，在这个世界分隔为一个又一个具有各自特征的小群体（或内群体）的同时，我们的确感受到后现代社会的到来，这种碎片化意味着一种宏大叙事的彻底崩塌。每一个个体不再需要朝着同样的终点奔跑，生活方式、人生意义被赋予越来越多的可能性，正是在这样的背景下，我们发现原本用来描述人的是一些抽象的概念，比如主体性（subjectivity）就是一个抽象而充满意识形态意味的范畴。因此，原本对世界的描述也是极为抽象的二元对立，比如主体与客体之间的对立。那些伟大的哲学立法者开始受到质疑，他们所描述的主体是不是真实生活的个体，还是如萨特所说的那样，"存在先于本质"。当存在的问题被提出来的时候，事实上另一个问题也就自然而然地产生了，这就是"呈现"［或"在场"（presentation）］对"再现"的代替。所谓呈现其实就是对存在问题的讨论，而不是某种被代替的概念（例如从物自体过渡到再现的问题），那么感觉本身就是呈现，也就不再需要再现作为一种中介。这种理论的最终目的就是将呈现本身作为一种独异体提出，而当独异性问题走向极端的时候，共同体的问题就变得更为棘手，因为独异体与共同体是两个相互关联的极端，所有的再现和代表秩序都崩塌消解之后，个体不再具有共性，这显然走向了一个无法挽回的极端。

统一的再现秩序最后的代表无疑是在 1966 年前后达到巅峰状态的结构主义，而且在列维－斯特劳斯等结构主义者看来，这是一种科学，可以让人文学科摆脱在大学教育体制中被自然科学学者质疑的尴尬地位。而 1968 年的"五月事件"摧毁了列维－斯特劳斯和格雷马斯等人的科学规划，在他们看来，"所有的科学规划都将倒退 20 年"①。这群结构主义者中还包括

---

① 弗朗索瓦·多斯：《从结构到解构》下卷，季广茂译，中央编译出版社，2004，第 156 页。

阿尔都塞，他虽然回避了"五月事件"，但他的学生在事件之后却不得不面临着自己的理论选择问题。马舍雷与巴里巴尔等人选择了更接近他们老师的道路；而有一些在"五月事件"之后登上学术舞台的原阿尔都塞派学者则积极地接纳并应对"五月事件"，而且他们的表现更为激进，其中最典型的代表是雅克·朗西埃（Jacques Rancière）和阿兰·巴迪欧（Alain Badiou），与他们持有类似的理论和政治选择但并非阿尔都塞派的学者有让-吕克·南希（Jean-Luc Nancy）和保罗·维利里奥（Paul Virilio）。这四位当代法国思想家可以说是非常不同的学者，无论人生轨迹还是思想谱系都没有统一的色彩，甚至难以用一个统一的称呼来描述他们，因为他们之间的共性并不明显。当我们用万能的"哲学家"来描述他们的时候，维利里奥显然是一个资格稍成问题的学者，而当我们用"美学家"这样一个看上去更兼容的词语来描述他们时，巴迪欧显然是成问题的，毕竟他旗帜鲜明地认为连"美学"这个词都要抛弃掉。

当然，从好的方面来说，他们也有一些共同点，至少我们可以发现的是巴迪欧和朗西埃都曾是巴黎高师的学子，且都曾师承结构主义的马克思主义宗师阿尔都塞，因此都曾上演从法共脱离并且与阿尔都塞决裂的戏码，所以他们在生活轨迹上存在着大量的交叉和重合。不止于此，巴迪欧、朗西埃在毕业之后都曾任教于巴黎八大——一所因"五月事件"而诞生的大学，可以说他们之间的关系非常密切，是终身的好友。但是同样属于巴黎高师的阿尔都塞派的马舍雷和巴里巴尔虽然也曾任教于巴黎八大，却并未成为本书的研究对象，这主要是考虑到，一方面他们的许多观念与朗西埃和巴迪欧并不一致；另一方面，这二人的研究兴趣也不同，马舍雷更在意文学，而巴里巴尔更在意哲学，他们并未系统地将兴趣扩散到更为传统的美学领域，而美学或曰感性是本书的一个不可或缺的重要维度，故他们未进入本书的关注范围。

南希并非巴黎高师的毕业生，但他是德里达这样的高师派大师的弟子，而且同样在"五月事件"之后登上学术舞台，南希与巴迪欧和朗西埃分享着共同的议题，他们会在很多著作和论文中提到彼此，也会为同一本杂志或论文集供稿，可以说他们分享着共同的问题域，并且拥有不错的私人关系，南希甚至在巴黎高师担任客座教授。因此，将他们三人放在同一个研究框架中显然是顺理成章的。可能最大的问题在于维利里奥，他并不是严格意义上的哲学家，而是一个建筑学家，并且他任教的地方也是一所建筑类的学校。在前面三位相互引用的文献中很少或者说几乎没有出现过维利里奥。但是，维利里奥仍然值得被当作代表性美学家纳入本书研究范围，这包括了三个方面的原因：第一，维利里奥对于身体和感觉的讨论直接承继了莫里斯·梅洛－庞蒂（Maurice Merleau－Ponty）的现象学传统，从这个角度来看，他与南希的亲近性可能要高于后者与巴迪欧和朗西埃之间的相似性；第二，维利里奥是在"五月事件"期间被学生推举为学校的教授进入管理层的，这一独特的经历标记着他进入学术场域的大致时间，与前面三位进入学术场域的时间大致相同，而这一点潜在的意义是，从时间上来看，他们四人是后现代谱系的继承者；第三，维利里奥探讨的整个问题的关键也在于呈现与再现，这一点与本书所要讨论的问题具有直接相关性。但需要注意的是，维利里奥在对待当代艺术的态度上呈现与前面三位完全不同的样貌，这让人想起了卢卡奇之于阿多诺和本雅明，他对再现艺术的追求让人难以信服，而他对呈现艺术的抗拒正如他对现代技术尤其是媒体技术的批判一样让人难以理解，只能用一种技术恐惧症来解释。但是，维利里奥特立独行的风格及其对当代技术的各种思考使得他在当下受到了热捧：一方面他对人工智能的相关论述迎合了后人类主义的某些特征，另一方面他对速度的讨论几乎成为当下加速社会理论的基石，这也是在罗萨的书中经常看到他的原因。因此，本书的架构出现了一种开始并未期待的四人制对称结构：巴迪欧和朗西埃自然构成了对称的一边，我们可以称之为阿尔都塞主义者，至少在他们年轻的时候这种描述是合理的，在他们思想成熟之后，阿尔都塞的影响显然也是无所不在的；另一边则可以称为梅洛－庞蒂主义者，就是南希和维利里奥。所以这两个组合也可以被描述为以列维－斯特劳斯和阿尔都塞等人为代表的结构主义传统与以保罗·利科、列维纳斯和梅洛－庞蒂为代表的法国现象学传统对垒的再现。

除此之外，我们还需要抛弃相当多的研究对象才能确定目前的研究范围，当然这种抛弃也是有原因的。如尼古拉·布里奥（Nicolas Bourriaud）这样曾经与朗西埃产生过争论的美学家，与之类似的还有让－马利·舍费尔（Jean－Marie Schaeffer）这样对整个欧洲大陆美学表示质疑的分析美学家（这在法国显然是异类），他们被排除在研究范围之外的原因不尽相同：前者相比于其他著名的哲学家而言观点过于浅薄，只能成为一种对巨人的注脚；而后者与前述四位思想家无论是在方法论还是在问题域上都有着较大的区别，所以被放弃。而与四位思想家在思想上尤其是政治观点上更为接近的阿甘本（Agamben）、齐泽克（Zizek）以及格罗伊斯（Boris Groys）则由于国籍的原因而被排除在本书研究之外，即便阿甘本和齐泽克是活跃在巴黎的思想家。同样，虽然意大利思想的标志性范式"诸众"（the Multitude）在概念上与本书讨论的对象有着密切的联系和相似性，但是因为国籍问题，内格里（Negri）、维尔诺（Virno）、埃斯波西托也沦为本书的一种背景声音和参照谱系。即便是本书的研究对象南希，他的思想很难说只是他自己的思想，因为他有些著作是与拉库-拉巴特（Phillipe Lacoue-Labarthe）合作而成，这是一种哲学界常见的"双子星现象"（最著名的当然还有德勒兹和瓜塔里等），所以这样武断地以他的名字来命名那一整套的哲学话语是颇成问题的，但是对之进行仔细厘清可能需要另一本著作，也没有必要。

但毋庸置疑的是，前人的研究为本书研究对象的划分提供了十分有益的借鉴。《哥伦比亚二十世纪法国思想史》（*The Columbia History of Twentieth-Century French Thought*）是一部百科全书式的法国当代思想史著作，其中思想家的条目对本书有着较为重要的参考价值，本书的研究对象都在该书的收录之中，然而这并不是说未被收录的思想家中就没有遗珠，如2020年过世的当代著名哲学家贝尔纳·斯蒂格勒（Bernard Stiegler）就被排除在了该书之外。另外，作为法国当代思想研究的权威，剑桥大学教授伊安·詹姆斯（Ian James）也提供了十分有益的借鉴，他的《法国新哲学》（*The New French Philosophy*）作为一部当代法国哲学史著作，论述了巴迪欧、朗西埃、南希、拉鲁埃尔（Laruelle）、斯蒂格勒等人的思想，可谓搜罗宏富，但是有明显的缺点，即对每个人都是点到为止而缺乏总览性的结构，各人的思想之间缺乏联系。更为重要的是，由于该书偏向哲学，所以美学和再现问题并不是其关注的重点，因此与本书的问题域有所区别。而且维利里奥因难以被认定为一个哲学家，而被詹姆斯排除在该书之外，但也许是因为维利里奥在当代法国乃至世界的影响力实在难以令人忽视，所以詹姆斯又为维利里奥单独撰写了一本研究著作，该书也成为本书的重要指南。

基于对前人研究的梳理，我们发现要做好对一个群体的思想研究，最好的办法就是将之归为一个"主义"，否则非常容易成为通识性描写，而失去了问题意识（problématique），这对学术研究而言仿佛失去了重心。但是当我们用自己强加的结构对思想家的思想进行肢解的时候，仿佛回到了"六经注我"的警告所带来的恐惧之中。即便如此，我们仍然坚持认为，描述一个问题域的时候，是不是必须让它看上去是一个结构完整、秩序井然的整一体，这是值得怀疑的。在结构主义时代，从列维－斯特劳斯在人类学中引入语言学开始，法国产生了拉康的结构主义的精神分析和阿尔都塞的结构主义的马克思主义，他们的共同特点是想要"运用整体分析法（即用部分和整体概念来分析现象），把结构定义为一个共同体中的各个部分之间的相互关系"①。这是 20 世纪法国哲学对于共同性的最早追寻之一，这种气势让人猜测他们想要吞并几乎所有的人文和社会科学，因为有了"结构"的概念，这一切在理论上是可行的。但是后结构主义粉碎了这种"大一统"的想法，微观叙事、微观权力、差异性开始走到舞台的中央。然而，在后结构主义之后，本书即将讨论的四位思想家的美学理论在这个问题上都给出了颇为相似的新答案，即无论在艺术方面还是在政

---

① 道格拉斯·凯尔纳、斯蒂文·贝斯特：《后现代理论：批判性的质疑》，张志斌译，中央编译出版社，2001，第 23 页。

治方面，个体与共同体之间的关系不需要表现为一个基于"结构"的统一体，而需要差异以及松散的结合。这就涉及我的整个研究中关于方法论或哲学思考的内容，我必须声明的是，整个研究显然受到了德勒兹哲学的影响。这种影响主要体现在他对于平面和概念之间关系问题的讨论上，而这种讨论主要表现为一种地形学。

三　方法：内在性平面和拓扑学

德勒兹曾经在《什么是哲学》中提到古希腊的哲学家最早在建立哲学的时候用地理学（geology）取代了谱系学（genealogy）。[①] 这里面隐含着一种隐喻的转换，那就是从一种时间秩序变成了一种空间秩序。德勒兹的说法特别适合描述后现代诸多思想之间的存在状况，因为谱系学需要有固定的起源而且是一个可以追溯的起源（genesis），而地理学则是对一片地域样貌的描述。事实上，地理学可能尚不足以表达一种后现代的状况，更适合的名称应该是拓扑学（topology），这仍然是一个非常德勒兹式的表达，它更早源于拉康，拉康深受微分拓扑学影响，想借此来使其精神分析理论成为一种严谨的科学。[②] "topos"本身指的是"地点"（place），而拓扑学作为一种数学模型展现的是这样一种情景，即无论几个地点之间的距离进行何种变换，几个地点之间的关系并未发生改变。从这个词的本义出发，它也具有另一层意思，那就

---

① Gilles Deleuze and Felix Guattari, *What is Philosophy*, trans. Hugh Tomlinson and Graham Burchell(New York: Columbia University Press, 1996), p. 44.

② 弗朗索瓦·多斯：《从结构到解构》下卷，季广茂译，中央编译出版社，2004，第576页。

是"地形学"。无论采纳哪一种翻译,实际上都可以理解为即使具体的位置发生改变,每个地点之间的相对关系及这种关系的性质保持不变,也就是将具体的地貌抽象出一种地形图,它对谱系学的取代同样可以用来表述空间秩序对时间秩序的替代。

虽然在德勒兹看来所有的哲学最终的目的就是制造概念,而且他本人也是这种理念的奉行者,他与瓜塔里联手制造了许多晦涩但又令人耳目一新的概念。但是,正如凯尔纳所指出的,并非他们制造的某些概念具有后现代特征,而是他们制造概念的方式,"大多数现代理论都试图从某个核心概念出发,在统一的、线性的、层级化的思维模式中,采用稳定的概念来再现真实,与此相反,德勒兹与瓜塔里则在多样性的层面上,通过变换概念平面来避免陷入终极性的体系,以此来进行他们的块茎式思维实验"①。也就是说,德勒兹和瓜塔里在描述思想的时候想要用块茎模式来取代树状模式。哲学家都喜欢制造概念,有些哲学家喜欢制造一些超验的概念,这些概念可以是"绝对精神",也可以是"太一""理式",甚至是"上帝",在这些巨大概念的统一之下,小的哲学概念可以堆叠成一种井然有序的结构化的思考,只要我们通过施加"结构、创造秩序,把事物想象成从一个时间点到另一个时间点仍然保持一致",以及"使用定义的方式来限制意义"等方式就可以实现这一目的。② 这就是所谓树状模式。除了这种思考问题的

① 道格拉斯·凯尔纳、斯蒂文·贝斯特:《后现代理论:批判性的质疑》,张志斌译,中央编译出版社,2001,第 134~135 页。
② Cliff Stagoll, "Plane", in Adrian Parr, ed., *Deleuze Dictionary* (Edingburgh: Edinburgh University Press, 2005), p. 204.

方法，还有一种方法要保持思想的混乱和随机性，而在这两种思考问题的方法中间找到一个平衡点其实就是德勒兹本人的思考方法，他的方法可以通过他称为"内在性平面"（plane of immanence）的概念来呈现。什么是内在性平面？德勒兹有一个非常精妙的比喻："概念"就像是群岛当中的岛屿，概念与概念之间的关系就像是岛屿与岛屿之间的关系，岛屿之间广袤无垠的空间都由时涨时落的水来填满，而这种模式的对立面是致密结构的头盖骨，不但坚硬而且中间没有缝隙。概念作为组成部分构成了平面，这个平面不是变动不居的，并不会构成一个严丝合缝的系统，但概念与概念之间的关系是固定的，不是随意变动的。所以德勒兹说："概念是具体的集合（assemblages），就像机器的结构一样，而平面则是这些作为组成部分的集合组成的抽象的机器。"① 德勒兹非常喜欢用思想图像（image of thought）的方式来解释他头脑中对哲学的看法，而在描述内在性平面的时候，他用过"群岛""水面""脊椎""沙丘"等不同的说法。但究其实质都是"褶子"这一讨论福柯时的思想图像的另类解释。我们很难说褶子是什么固定的图像或形式，但是无论褶子的表面如何变化，其内在的平面都是同一个，这个平面就是内在性平面。

这种方法非常适合用来描述当代哲学和美学等思想的图景或地形，因为在后结构主义思想肆虐之后，再去追寻或重新建造一个类似于"绝对精神"或"理式"的概念将失去意义，而如何来处理混乱的、缺少统一指向和等级秩序的概念体系又是

---

① Gilles Deleuze and Felix Guattari, *What is Philosophy*, trans. Hugh Tomlinson and Graham Burchell(New York: Columbia University Press, 1996) , p. 36.

一个非常棘手的问题。因为如果陷入绝对差异中，思想与思想之间将很难保持一种可沟通性，每一个独异性思想最后都可以成为一个事件，那么绝对的差异将成为世界撕裂的根源。所以本书研究的四位思想家，在思考艺术问题时进入的就是同一个问题域，因为文学和艺术都面临独异性和共同性之间平衡的问题。每个艺术作品都是独特的，但是艺术作品被称为艺术作品又在某种程度上获得了一种统一的再现或代表，用巴迪欧的说法就是这构成了一个集合中的子集。所以本书在对这四位继承了后现代哲学家基本理论遗产的思想家进行研究的过程中，选择了对他们启发最大的一位哲学家德勒兹的思想作为确立独异性思想之间关联的参考模型。我要做的事情就是将他们的思想放在同一个平面上来思考，而不去追问他们每一个人在各自的哲学谱系当中的位置。当然，这种思维究其本质仍然是一种后现代哲学家普遍强调的关系性思维，也就是说，在这四位思想家的背后并不存在某个决定性的时代精神，也不是因为某个历史事件（比如"五月事件"）而具有共同的问题域，而是他们彼此之间构成的岛屿与岛屿的两两相近的关系，所以这是维特根斯坦家族相似理论的一种应用。

需要指出的是，他们四个人所要讨论的重点，或者说我作为一个观测者对这个星丛的描述有一个潜在的边界，这个边界也许就是德勒兹在苦苦寻找的平面，无论每一个独异个体如何无限运动，其构成的平面仍然是一个平面。更为奇妙的是，他们四个人的理论在我看来同样是对这个问题的思考，并且试图对这个问题提出解决方法，也就是描述独异体（独异性）与共同体（共同性）之间的关系。这已经不是传统的个性与共性问题的讨论，也不是对绝对理念的感性显现的思考，他们想要给一个松散的共同体提供一种哲学化的描述。所以，无论是南希所说的复数，朗西埃使用的具有双重含义的法语术语（分别表示"区分"和"共享"），还是巴迪欧和维利里奥在再现和呈现之间寻找的突破口，都说明这个隐藏的内在性平面的拓扑结构已经被描绘出来。也许他们使用的概念不一样，讨论的对象不一样，总体的方法不一样，但是总会有一个不断在变化中保持一致性的平面勾连着所有的内容。但也正是因为诸多的差异和独异性，他们各自的思考所得出的结论千差万别，这主要体现在对当代艺术的思考和讨论上，也体现在对"民主制"这一政治体制的认同上。但是这种差异就像在一个平面上有些水滴向上运动，有些水滴向下运动，它们在回环往复的无限运动中保持的那种抽象的一致性才是我们所寻找的答案。

四　结构：复数的独异体

著作的结构往往可以助益作者观点的表达，作者的意图可以通过著作形式的创新直接表达出来，例如，布尔迪厄在其最具代表性的学术著作《区隔》（La Distinction）中，将理论论述和各种访谈、图表并置，但又把它们安放在各自的区域之中，读者可以选择交叉阅读也可以只选择自己感兴趣的部分，这样就构成了一种理论著作的"复调形式"①。这种"复调形式"与该书的主旨形成了一种亲密的交流。虽然不是谁都能如布尔迪厄一般进行形式的创新，但结构的考量仍然是必要的。本书在撰写过程中曾经面临在三种模式之间的选择。第一种模式是

————————

① 弗朗索瓦·多斯：《从结构到解构》下卷，季广茂译，中央编译出版社，2004，第407页。

贝斯特和凯尔纳的著作《后现代理论：批判性的质疑》(*Post-modern Theory: Critical Interrogations*)，大家可以明晰地看到他们在著作的主体部分采用的是在问题引入之后各位理论家的理论均独立成章的结构，最后在快要收尾的部分总括性地表达自己对各位理论家思想的批判性思考。这种方式的特点在于能保持每个理论家独立的个性色彩，缺点在于对比不够明显。与之类似的是本书常用的参考资料弗朗索瓦·多斯 (François Dosse) 的两卷本巨著《从结构到解构》(*Histoire du structuralisme*) 的模式，但多斯毕竟是一位历史学家，他的整个叙事更偏向于以历史叙事的方式来进行建构，但是出于结构的考虑，他仍然采用了人物思想、传记与问题夹杂的处理方式，在保持读者兴趣的同时，将纷繁复杂的理论置于各自的格栅之中。但是他的初衷并不在于深挖理论的内涵、意义和价值，而是更多地还原一个争论中形成的法国学术历史。当然，第一种模式还有另外一种变体，那就是马丁·杰伊 (Martin Jay) 的《低垂之眼》(*Downcast Eyes*)，该书采用了每两位思想家独立成章的架构方法，如萨特与梅洛-庞蒂、拉康与阿尔都塞等，这种模式明显更有系统性和结构感。第二种模式则是勒赛克勒 (Jean-Jacques Lecercle) 的《巴迪欧和德勒兹读文学》(*Badiou and Deleuze Read Literature*)，这种模式的主要特点是并不独立分析德勒兹和巴迪欧的美学或文学思想，而是将其中值得对比的重点一一列出从而形成一种叙事的张力，但是缺点就在于无法看出每个概念或范式在各自理论结构中的位置以及与其他观念的相互联系。而且更令人头疼的是，当研究对象是两个人的时候，该模式已经面临结构的困难，那么研究四个人的思想时，就会更难以聚焦了。第三种模式则是乔纳森·卡勒 (Jonathan Culler) 的

《论解构》（*On Deconstruction: Theory and Criticism after Structuralism*）中所展现的聚焦论述模式，这本书几乎以一种高度凝练的技巧总结出一系列的关键词，从而勾勒出了解构主义的整体风貌，同样这种方法也没有具体到个人的理论总结。与之类似的还有文森特·德贡布（Vincent Descombes）的《当代法国哲学》（*Modern French Philosophy*），这本书同样采用了将主题作为章节编排的方式，但不一样的地方是，每个主题又有对应的哲学家，有时候某些章节既是独立的主题又只介绍一位代表性人物的思想，所以看上去仿佛是一种奇怪的综合体。在对各种叙述方式进行仔细思考之后可以发现，第二种模式是最先被排除的，因为如前所述，这种模式比较适合两个人思想的对比研究，但是一旦人物增加则会显示出结构方面的困难。第三种模式则对个人的学识有着极高的要求，同时还必须确定存在一种思潮或主义能够将所有的元素囊括在一个集合之中，这种做法本身显然也是一种很有野心的述行话语（performative utterance），也就意味着对研究者的要求非常高，卡勒的立论本身很可能左右日后学者对这个问题的思考。因此，为了稳妥起见，本书采用的是贝斯特和凯尔纳的组织模式，这种模式也基本遵照了复数的独异体这一表达所具有的内涵。

　　本书从结构上可以分为三个部分。第一个部分是对整个问题域的勾勒，也就是描述再现如何作为一种问题在法国知识场域中被提出，该部分包括第一章和第二章。尤为重要的是，第一章指出再现本身的多义性正是文学、艺术、政治和哲学等诸多领域出现危机的根本性原因。第二章则主要指出 20 世纪法国知识景观的变迁路径，进而指出"五月事件"作为一个事件对法国知识景观的变迁造成了巨大的影响，一方面它引出了 20 世纪后半叶声名显赫的后结构主义理论家，另一方面这一事件作为经验在新的世纪里开启了新的知识时代，从而引出本书要着力讨论的四位思想家。

本书第二个部分为维利里奥、巴迪欧、南希和朗西埃这四位法国当代哲学家的个人研究，也就是说各章保证了一定的独立性，但是在问题上会前后参照，例如在每一章中，再现都会作为一个隐藏的问题嵌入各自的理论谱系之中，这样就可以从各自的理论语境出发说明他们理论的出发点和目的地。然而，这个部分的撰写是令人痛苦的，因为对四人的分开论述以及后续第三章的安排使我无法自由地对他们的理论和思想进行充分的比较，否则整个研究看上去像是喋喋不休的重复。

本书的第三个部分对四人的美学理论进行总括性讨论，也就是完成本书导论部分所提到的对这一时期这一问题域中的知识景观进行描述，也就是对这一平面进行系统性的考察。最终的结论在于，美学作为一个古老的学科在当代焕发了新的生命，而其路径就是将原本的感性变成一个政治化的议题，从而完成由感性学到感觉的共同体理论的转换。这一转换的背景在于原本被赋予了独异性的艺术在后结构主义或后现代社会中获得了极大的支持，但是其失败则在于难以弥合小群体之间的争议和对抗，整个社会过于强调个体而忽视了个体与个体之间的联结，艺术与艺术之间的关系仿佛正是对这一关系的投射。因此，诸多理论家在解决这个问题的时候都将再现作为思考的切入点，再现向呈现的转换更多地凸显了个体而不是小群体，以此为基础又诞生了复数的独异体这一模型。个体与个体之间以松散的方式形成勾连，感觉自身的碎片特性使得个体与个体之间的勾连是任意的和短暂的，而不是永恒的和僵化的，因此，复数的独异体这一南希式哲学模型极好地总结了这一时期四位哲学家关于个体和共同体之间关系的讨论，而这一讨论又暗合了德勒兹对平面和褶子的描述，在不停地运动之中，仍然保持着一个潜在的内在性的平面，这也是后现代哲学之后的寻找突破口的理论家的某种潜在的、未经宣扬的共识，但是作为一种共识被提出来之后，作为一种理论概念，这一范式终将陨落。当然，如果对本书进行自反性思考，我们也许会发现，贝斯特和凯尔纳对其后现代研究的反思同样适用于我们："并不存在什么统一的后现代理论，甚至各种立场之间连基本的一致性也没有。相反，通常被笼统地归并到一起的各种'后现代'理论与后现代立场——它们彼此之间经常是冲突的——之间的差异，足以使人震惊。"① 这样的说法似乎为研究本身埋下了炸弹，但是暗示着一种不同于浪漫主义哲学对世界进行描述的模式。如果说浪漫主义哲学家所谓整体是大于部分之和的，那是因为"整体的整体性"或"复合体的复合性"的存在②。而新时代的法国理论家似乎并不想重建一种"整体性"或"复合性"，因为这将会遭到后现代思潮的反本质主义质疑，所以他们的思想与思想之间以及思想的各个组成部分之间的关系被描述为一种松散的部分之和的状态。

　　所以，事实上，本书的基本结构是符合德勒兹的描述的，也就是说，在混乱和偶然的个体性经验中寻找一种动态的结构化表达。这四位思想家具有非常个性化的表达，而我的研究本

---

① 道格拉斯·凯尔纳、斯蒂文·贝斯特：《后现代理论：批判性的质疑》，张志斌译，中央编译出版社，2001，第2页。

② 文森特·德贡布：《当代法国哲学》，王寅丽译，新星出版社，2007，第78页。

身却不得不赋予他们一个共同的结构和问题域,所以他们之间构成了一种"复数的独异体"的关系模式。但是,必须指出这种理论表达的个性化往往体现为一种跨越学科壁垒的现象,这似乎又印证了德里达对后结构主义思想应有品质的描述。如果说朗西埃和南希从文史哲以及艺术中寻找灵感还较为传统,那么巴迪欧对数学思想的借用,维利里奥对航空学和物理学的借用就显得过于激进,话语之间的裂痕也十分明显,这也使得他们的理论很难找到某种共性,而只有个性的哲学理论本身是不可能形成交流尤其是进行对比性研究的。所以研究者赋予他们一个结构,一方面是迫不得已,另一方面也是寻找隐藏的内在性平面的一种方式。虽然这样的结构往往会随着时间而显示出某种错误,但是从根本上来说,我们现如今并没有比寻找结构更好的方法来达成一种共通性或者理解。拓扑结构是如今所知的结构中最具有弹性的结构,如果我们将这些概念理解为无限运动中的概念而非静止的概念,那么概念与概念之间的联系就必然表现为时而远、时而近,这时候要寻找一种不变的结构就必然假设其类似于数学或计算机科学中的拓扑结构。这也是本书在德勒兹的思想史研究启发之下的一种思考。所以我在为本书命名的时候曾考虑,既然本书的方法论是基于德勒兹哲学,那么是否可以直接借用德勒兹在《什么是哲学》中使用过的"褶子"和"沙丘"的意象,尤其"褶子"的意象还被巴特等其他法国思想家所使用,但是这些意象缺乏具体的个体,仿佛只有整体,所以我认为这不是最合适的意象。当然,我也曾考虑过居伊·德波的"景观",其中最主要的考量是一种深深的失望,即对后结构主义之后的新一代思想家的原创力的失望,他们重复了既有的母题,深陷于个体与共同体之间关系的辩证法而难以开拓出新的思路，总体上体现的是德波对资本主义社会的描述，即一种景观。我们不能因为这些思想家的思想与其名字 logo（这是否又重复了一种逻各斯中心主义？）相结合而对之顶礼膜拜，所以用一种更具批判色彩的"景观"来描述我所研究的这些内容也是非常合适的。但是本着延续本书最基本逻辑的初衷，人们所熟知的"星丛"自然成为最优选择，因为这个思想图像将充分说明我对这四位思想家之间关系的最根本看法，也透露出作为书写者的我是如何赋予他们一种想象的共同体意义，只是星丛这个意象在当代所指过于明显，以至于将之作为标题，人们可能会想这是一本召唤本雅明或阿多诺的著作，但实际上人们根本无法从中检测出一丝本雅明或阿多诺的理论幽灵。所以，我最终放弃了"星丛"而换成德勒兹使用过的一个不那么常见的思想图像"群岛"，意思与"星丛"类似，但是召唤的画面从太空进入了海洋，而这个海洋可能是我想要寻找的某种德勒兹式的内在性平面。但颇为遗憾的是，我无法在本书书名中表达出我对这种如"景观"一般的世纪末理论现象的基本批判态度，只能在此加以毫不起眼的说明。

总之，马丁·杰伊在《低垂之眼》中对自己的早期著作进行了反思，即征用了一种"总体化的视觉"，而这种视觉显然是一种"对知识领域远距离的概观性俯瞰/考察（synoptic survey）"①。杰伊对视觉隐喻的自觉反思是令人敬佩的，但在此我要大胆地站在他的对立面，那就是稍稍放纵对视觉隐喻的使用，以此来达到我苍白的语言难以言明的真理彼岸。

---

① 马丁·杰伊：《低垂之眼：20 世纪法国思想对视觉的贬损》，孔锐才译，重庆大学出版社，2021，第 xxxii 页。为行为简洁，本书正文所引各书不注副书名。

第一章
美学的危机

我们身处一个理论家热衷于"终结"和"死亡"的时代，各种丧钟的声音不绝于耳，在人文领域尤为明显，而且往往过于嘈杂让人们不知道它们为谁而鸣。但正是在不绝于耳的哀叹之中，我们可以找到一种共同的结构性危机或反秩序的混乱。

第一节　终结话语的泛滥

从黑格尔开始，哲学家就宣判了艺术将以哲学的方式终结，而到了20世纪，阿瑟·丹托对当代艺术的各种考察和解释仿佛更证明了黑格尔的这一古老命题，艺术终于以被哲学褫夺的方式而终结。令人没有想到的是，海德格尔提出了哲学的终结这一命题。被巴迪欧认为代表了20世纪哲学的三大方向，即诠释学、分析哲学和后现代哲学，都宣布了哲学或至少是形而上学的终结，而巴迪欧再怎么不愿意接受这种终结论，也不得不承

认哲学肯定是病了，至于是不是致命的病还需要考察。^① 究其
原因，在于 20 世纪的法国知识圈中地位最显赫的结构主义并不
诞生于哲学领域，而是从语言学渗透进人类学再扩散到其他学
科的，所以 1967 年结构主义的代表列维－斯特劳斯宣布："现
在，哲学家必须面对下列事实，并退出舞台：更多的研究出现
在哲学之外。在此之前，他们已经享受了很长时间的特权，之
所以如此，是因为我们承认，他们无论何时何地都有权谈论任
何事情。"^② 由此可见，在 20 世纪 60 年代，一种标榜自身为科学
的新话语体系结构主义人类学对哲学话语发起了攻击，正是在这
一背景下，巴迪欧才有了前面的说法，而南希用更粗俗的方式表
达了与巴迪欧一样的意思："哲学见鬼去了（screwd to hell）。"^③
然而，宣告哲学死亡的人并不只有人类学家，还有物理学家，如
著名物理学家霍金也在《大设计》（*The Grand Design*）中认为作
为形而上学的哲学已经死去，而取而代之为世界和生活提供终极
解释的是包含了从牛顿到量子力学和 M 理论的现代物理学。^④

哲学终结了似乎对大家都是好事，艺术家克苏斯（Joseph
Kosuth）甚至认为哲学终结了才是艺术的诞生。^⑤ 与之类似的
是，一些后结构主义文学理论家也开始躁动不安，托多罗夫撰写
了《濒危的文学》（*La Littérature en péril*），而耶鲁的解构派批评

① Alain Badiou, *Infinite Thought: Truth and the Return to Philosophy*, trans. & ed. by Oliver Fletham and Justin Clemens(London: Continuum, 2004), p. 52.
② 弗朗索瓦·多斯：《从结构到解构》下卷，季广茂译，中央编译出版社，2004，第 296 页。
③ Jean - Luc Nancy, "' You ask me what it means today…' An epigraph for' Paragraph' ", trans. Peggy Kamuf, *Paragraph* 16(1993), p. 108.
④ Stephen Hawking and Leonard Mlodinow, *The Grand Design*(New York: Bantam, 2010), p. 5.
⑤ Joseph Kosuth, "Art after Philosophy", *Studio International* 178(1969).

家希利斯·米勒（Hillis Miller）更进一步，在《文学死了吗》（*On Literature*）中向文学做最后的告别，因为"文学就要终结了"①。只不过这一次的凶手是作为大众文化载体的新媒介而非哲学，而就在那之前不久，"作者"这一文学史的重要研究对象也被罗兰·巴特在纸上判了死刑。同样厕身于为文学宣读讣告的大潮但态度截然相反的有著名文学批评家乔治·斯坦纳（George Steiner），他写了一本哀叹悲剧已经死亡的书《悲剧之死》（*The Death of Tragedy*）（关于这一点，与之唱对台戏的雷蒙·威廉斯并不同意，所以写了《现代悲剧》指出死掉的只是陈旧的古典悲剧及其观念），文化保守主义是他一贯的态度，他并不如法国左翼那般欢呼雀跃，所以他在《在蓝胡子的城堡中》（*In Blue Beard's Castle*）一书里反对所有的"后"文化，哀叹当今时代人心不古世风日下。

当然，在这些终结论中最有名的还是弗朗西斯·福山（Francis Fukuyama）的"历史的终结"。福山所讨论的是与人类历史走向息息相关的内容，在冷战结束的背景下，宣告一种意识形态的终结仿佛为人类划定了未来可能的走向，有趣的是，如果联系福山的近著《我们的后人类未来》（*Our Posthuman Future*）来看，仿佛人类的走向应该是成为"后人类"（Posthuman）。所以，在唐娜·哈拉维（Donna Haraway）、凯瑟琳·海勒（Katherine Hayles）与罗西·布拉伊多蒂各自的代表作问世之后，他们似乎宣告了人类时代的终结和"后人类"时代的来临，然而这一令人耳目一新的口号却被汉斯·贝尔廷认为"隐

---

① 希利斯·米勒：《文学死了吗》，秦立彦译，广西师范大学出版社，2007，第7页。

藏着我们这个时代里最为可怕和（但愿是）最为错误的终结"①。事实上，她们也并非认为人已死的始作俑者，福柯才是，或者更早可以追溯到尼采那里，如果再算上福山的"意识形态的终结"，我们可以发现这个反人文主义谱系最终导向了布拉伊多蒂意义上的后人文主义。②

无论如何，这些终结论实际上仍然只是一种话语的终结，一种传统的终结，或人文主义的终结，也可以归为利奥塔所谓"宏大叙事的终结"，这一同样颇为宏大的"终结"被巴迪欧认为是向一个世纪的告别或者向现代性的苍凉告别。但是在这种告别之后，艺术家仍然在创作，哲学家仍然在反思，文学家仍然在写作并且也没有被大众文化轻易扼杀，民主和自由也都有自己新的表征方式，所以说，终结的是话语，生活和历史仍然在延续。按照贝尔廷的说法，"终结并不意味着末世，'终结'一词的旧义原为'揭露'或者'除去面纱'，在我们的文化中，它有了'变迁'的含义"。③

所以，终结不过是一种摆脱传统束缚的剧烈变化，现代性的危机打开了一个后现代的世纪，在后现代话语之中学科壁垒崩塌了，取而代之的是一种"文本的快乐"（plaisir du texte），各种思想家用创造性的狂欢式书写在无所依傍的混乱之中挑战着原有的学科乃至话语结构，多元主义、平等思潮等，最终给我们带来的就是随秩序被解构而来的混乱。然而，正是在这样

① 汉斯·贝尔廷：《现代主义之后的艺术史》，苏伟译，金城出版社，2014，第5页。
② 罗西·布拉伊多蒂：《后人类》，宋根成译，河南大学出版社，2016，第40页。
③ 汉斯·贝尔廷：《现代主义之后的艺术史》，苏伟译，金城出版社，2014，第17页。

铺天盖地的"终结"话语裹挟下，美学也未能免俗地一直在经受着"终结"和"危机"的考验，仿佛不知道在什么时候它也会行将就木，究其根本，还是艺术的危机导致对艺术的哲学思考出现了危机。

第二节　艺术及其叙事的危机

从德国古典美学开始，"美学"这一概念作为评价文学和艺术的高级话语，一直分享着文学、艺术和哲学的荣光。黑格尔将"艺术哲学"奠定为"美学"的主要内容或者同义词，从而让哲学成为艺术作品的最佳阐释者以及艺术定义的最高立法者。但是与之相伴而生的是，艺术逐渐脱离了与现实世界的对应关系，实证主义在当代艺术话语中也失去了19世纪的地位，因为艺术的意义不再源于其所对应（再现或表现）的那个"客观世界"，并且再现（或摹仿）的逼真性不再成为艺术的判断标尺。当然，这一转变并非一蹴而就的，从再现到表现再到抽象，艺术的意义之源经历了从世界到主体再到自我指涉的转变。我们可以用现代主义向后现代主义的转变来描述这一现象，

正是在这个基础之上诞生了"当代艺术的危机"，并且在20世纪90年代的法国引起了一场论战。一方以《精神》（*Esprit*）为阵地，以鲍德里亚、马克·福马罗利（Marc Fumaroli）等知识分子为代表，他们认为当代艺术枯燥乏味，直斥之为一场阴谋；而另一方以《艺术快报》（*Art Press*）为阵地，以迪迪－于贝尔曼（Georges Didi - Huberman）、沙吕莫（Jean - Luc Chalumeau）等艺术界知识分子为代表，他们选择捍卫当代艺术的价值，迪迪－于贝尔曼认为那些抨击当代艺术的人专业知识

匮乏，而且完全是"审美无能的怨恨"。①

　　无论争论的结果如何，一些关于当代艺术的危机征候是显而易见的，美不再成为美的艺术（Beaux‐Arts 或者 fine art）的基本原则，甚至什么是"美"这个形而上学问题的合法性都受到了质疑。在艺术面前，哲学的深度获得了压倒性的力量，仿佛经过千年的演变，我们又重回了柏拉图的时代，哲学家是能够看见理式的人，而艺术家只是残次模仿品的模仿者。所以，在艺术品被切断了与真实世界的对应关系之后，我们进入了法国艺术策展人、艺术批评家尼古拉·布里奥所说的"后制品"（postproduction）时代，这个时代的创作者不再像传统的艺术家那样思考，"美术馆对他们来说，只是一个挂满工具的商店，一个有成堆资源的仓库，可供他们摆弄、重组，并再次呈现"。② 在这个时代，我们只要有一个足够好的想法，甚至不需要任何技艺（technique）就可以制造出一件艺术品（tekhne）。这便是达达主义开创的一种传统，不需要制造一件艺术品，而只需要把制成品（ready‐made，杜尚的创作以及他在写给姐姐的信中使用了这个词，使该词获得了迥异于以前的新意义）进行后期加工便可，杜尚的《泉》就是其中典范，杜尚只负责签名以及另一件更困难的工作——堂而皇之地将其放进展览馆。现如今当一件艺术品自己成为一种反思何谓艺术的哲学之时，

---

① 伊夫·米肖：《当代艺术的危机：乌托邦的终结》，王名南译，北京大学出版社，2013，第 35 页。

② 尼古拉·布里奥：《后制品》，熊雯曦译，金城出版社，2014，第Ⅷ页。不难看出布里奥的《后制品》的书名原文"postproduction"就是电影术语"后期制作"的意思，指的是增加字幕、配音、剪辑之类的工作，但是这本书的中文译者将其翻译成"后制品"，主要是与"产品"（production）相呼应。

哲学和艺术实际上已经合二为一，一种元艺术（meta - art）便诞生了。丹托的理论无非将艺术品所表达的哲学理念以维特根斯坦的方式转述出来而已，艺术家从此不再只是制作艺术品并且借此表达某种意义（这种意义原本可以通过实证主义或图像志的考察方式来追溯），而是开始"使用"（use）艺术品，毕竟意义即用法。

正是在这种危机的基础之上，以艺术为对象的历史叙事也出现了危机。汉斯·贝尔廷早年曾撰写《艺术史终结了吗?》一书，该书为他赢得了巨大的声望，他后来在反思早年这本著作提出的这一问题时表示："之前那本书标题上的'?'现在看来可以去掉了。"① 由此可见，贝尔廷对艺术终结论更加笃定了。所谓艺术史的终结其实也就是艺术叙事的终结，原来的传统叙事方式把艺术变成一种风格，而艺术的历史也就是风格的历史，可是这种叙事的方式如今却陷入了危机。按照美国艺术史家唐纳德·普莱茨奥斯（Donald Preziosi）的说法，这种危机可以从两个方向来考量。一是从学科的内部来考量，这关乎作为研究对象的艺术该如何定义的问题。1982 年，美国学院艺术协会（College Art Association of America）主办的刊物《艺术杂志》（Art Journal）就曾经将艺术史"学科的危机"（the crisis in discipline）作为冬季号的专题，这是因为艺术史学科该将什么作为研究对象成了一个问题，毕竟这个学科的基石就是其研究对象的界限和概念，但是艺术到底是什么在后现代主义艺术大行其道之后却成了问题。②

---

① 汉斯·贝尔廷：《现代主义之后的艺术史》，苏伟译，金城出版社，2014，第 16 页。

② Donald Preziosi, *Rethinking Art History* (New Have: Yale University Press, 1989), pp. 1 - 2.

因为如乔治·库布勒（George Kubler）这样的美国艺术史家就认为，艺术的定义需要重新来设想："把艺术的观念扩展到包括所有的人工制品，包括工具和写作，而不只是世界上那些无用的、美丽的和诗意的事物。"[①] 如果是这样，艺术的历史与人造物的历史便合二为一了，那么艺术史学科所面临的对象问题似乎也就迎刃而解了，可是艺术的独特性也荡然无存。二是从学科外部来考察，这就涉及 20 世纪风云多变的各种理论和主义对艺术史学科的侵蚀，艺术史家诺曼·布莱森（Norman Bryson）将之称为"法国新艺术史的挑战"，原因是法国艺术史一直与英美艺术史不一样，他们并不将艺术批评和艺术史写作相区分，所以更加关注艺术史之外的各种当代的跨学科学术辩论。[②] 这非常明显地体现在瑞思（Rees）和博泽罗（Borzello）所编的《新艺术史》（New Art History）的论文集中，该论文集所收录的英国艺术史家的文章广泛地讨论了艺术史中的女性主义、结构主义、马克思主义、后结构主义还有心理分析等内容。这些研究范式可谓迥异于沃尔夫林、潘诺夫斯基或贡布里希的方法。但这种现象仿佛已经越来越普遍，以至于普莱茨奥斯无奈地表示，艺术史学科变成了一种"荷马式的竞技场"（Homeric Battlefield），用来给"相互对抗的理论和方法论派别或其实践提供一个竞争的空间"。[③] 换句话说，艺术史成了各派理论施展拳脚的竞技场，这在某种程度上可以看作哲学对艺术褫夺

---

① George Kubler, *The Shape of Time: Remarks on the History of Things* (New Haven: Yale University Press, 2008), p. 1.

② 诺曼·布莱森：《法国新艺术史的挑战》，常宁生译，载《艺术史的终结？》，中国人民大学出版社，2010，第 145 页。

③ Donald Preziosi, *Rethinking Art History* (New Haven: Yale University Press, 1989), p. 19.

的另一个具体表现，因为这些理论最终不过是为了争夺对艺术的解释权，而这种解释权在传统上隶属于实证主义研究和图像学分析。不过，贝尔廷却并不认为这是一桩坏事，他认为"艺术阐释者由此停止了过时的艺术史书写方式，艺术家也不再制造这样的艺术史。这样一来，老剧本被打断，新剧本早就上演，而观众手里却因为还拿着旧的节目单而误解了它"。① 当然，这种反思也并非新鲜内容，因为贡布里希就曾在《敬献集》中反思过艺术史研究中的黑格尔主义残余。

那么，这种危机的本质是什么呢？戴夫·希基（Dave Hickey）认为，所谓艺术之死跟艺术本身并没有关系，真正的根源只不过是"对于'现代绘画'的神话学日益增长的不满和龃龉"以及"对捍卫现代绘画的批判语言的反动"。② 换句话说，问题的关键不在于艺术本身，甚至也不在于艺术的叙事，而在于对艺术的解释，或关于艺术的话语，而这种话语自然就是一种艺术哲学或曰美学，按照他的说法，人们厌恶了这种陈旧的后现代美学。

第三节　美学的双重危机

与艺术史（肇始于温克尔曼）③ 几乎在同一时期诞生并且也诞生在德国的美学（肇始于鲍姆加登）面临着同样的处境，

---

① 汉斯·贝尔廷：《现代主义之后的艺术史》，苏伟译，金城出版社，2014，第17页。
② 戴夫·希基：《神龙：美学论文集》，诸葛沂译，江苏凤凰美术出版社，2018，第40页。
③ 当然也有人认为肇始自瓦萨里，这里指的是更符合现代意义的艺术史研究。

它曾以艺术哲学之名行走于世间，也在数百年之后等来了自己的危机。这种危机可以在当代学术争论中体现。

　　首先，美学的审视对象变化带来的美学原有概念和功能失效的危机。在企图描述美学使命已经或正在终结的诸多话语之中，日常生活审美化毫无疑问扮演了重要的角色，而且这一话语的诞生与前述艺术的危机息息相关。那么什么是"日常生活审美化"呢？这可以说是一个被中外学者广泛讨论的话题，其内涵随着讨论的持续而越来越丰富，争议也越来越多，但简单地理解，我们可以参照迈克·费瑟斯通的说法，日常生活审美化具有两个基本的维度："首先，我们指的是那些艺术的亚文化，即在一次世界大战和本世纪二十年代出现的达达主义、历史先锋派及超现实主义运动。……第二，日常生活的审美呈现还指的是将生活转化为艺术作品的谋划。"[1] 达达主义所开创的将现成的产品（大雪铲、玻璃制品、车轮子）变成艺术的做法在很大程度上影响了后来的先锋派艺术家们，因此，我们才能看到波普艺术（Pop art）的鼻祖理查德·汉密尔顿的《究竟是什么使今天的家如此不同，如此吸引人？》（Just what is it that makes today's homes so different, so appealing?）中握着网球拍的健美男子和性感女人海报被拼贴在一起，目的是呈现作为消费场景的家庭的样子。当然，最有名的还是安迪·沃霍尔（Andy Warhol）制作的玛丽莲·梦露或者从随便哪个美国超市就可以轻易买到的钢丝网刷的外包装"布里洛盒子"（Brillo Box）以及坎贝尔浓汤罐头的复制品；与之类似的还有

―――――――――

[1]　迈克·费瑟斯通：《消费文化与后现代主义》，刘精明译，译林出版社，2000，第95~96页。

罗伊·利希滕斯坦（Roy Lichtenstein）的作品，如果被放大了贴在墙上与一张漫威漫画的海报看上去并没有什么差别；而杰夫·昆斯（Jeff Koons）那媚俗的气球大狗与任何一家大型商场门口的节日宣传展示也没有什么不同。这些艺术品看上去是非常浅薄的，充满着消费社会的烙印，就像是韦尔施在《重构美学》中所斥责的那样："在表面的审美化中，一统天下的是最肤浅的审美价值：不计目的的快感、娱乐和享受。"① 当然了，也不是谁都对之表示鄙夷，比如丹托就给这些艺术品赋予了极为深邃且神圣的意义，称其为日常事物的嬗变（transfigura-tion）："艺术理论的威力是如此巨大，它能把事物从现实世界中拉出来，让它们成为迥异的世界中的一员，那个世界也即艺术世界，经过阐释的事物堆满了这个世界。……世上本没有艺术品，除非有一种解释将某个东西建构为艺术品。"② 无论如何，我们都可以看到，这种现象的出现具有一定的时代背景，那就是后现代社会的出现，换句话说，这一系列的状况都可以用后现代主义来表征："如果我们来检讨后现代主义的定义，我们就会发现，它强调了艺术与日常生活之间界限的消解、高雅文化与大众通俗文化之间明确分野的消失、总体性的风格混杂及戏谑式的符号混合。后现代主义理论的这些一般性特征——强调平等化、铲除符号等级、反基础论及对消解文化分类的普遍冲动——可以与个性化的后现代体验相联系。"③ 简

① 韦尔施：《重构美学》，陆扬译，上海译文出版社，2002，第6页。
② 阿瑟·丹托：《寻常物的嬗变：一种关于艺术的哲学》，陈岸瑛译，江苏人民出版社，2012，第167页。
③ 迈克·费瑟斯通：《消费文化与后现代主义》，刘精明译，译林出版社，2000，第94页。

单地说，原本属于完全不同场域（借用布尔迪厄的划分，一个属于艺术场，一个属于大众文化生产场）的两类作品如今不依靠艺术体制的背书已经看不出差异，或者说先锋派和媚俗艺术具有了相似的表象，按照贝尔廷的说法，文化内部出现了要占领艺术的诉求，而原本艺术在文化中是具有特权的从属概念。①简言之，就是生活进入了艺术，艺术家不用创造某种更为高密度的经验，而只需要将生活中的物品挪入艺术的体制之中，就完成了产品（production）向后制品（postproduction）的转换。这是日常生活审美化的第一个维度。

日常生活审美化的第二个维度则是艺术走进了生活，后现代社会中人们习惯于让日常生活充满传统艺术的审美品格，比如华美的服饰、精美的家具、美容、设计美学，乃至运用于数码照片的修图软件，美这个词从未如此明显地被各种商业氛围所污染，韦尔施一针见血地指出其背后的动力乃是经济的因素："这类日常生活的审美化，大多服务于经济的目的。一旦同美学联姻，甚至无人问津的商品也能销售出去，对于早已销得动的商品，销量则是两倍三倍地增加。"② 之所以会这样，原因众说纷纭，但有一种说法是，这源于一次资本主义生产管理体制的转型，即福特制到后福特制的转变，为了更有效地刺激大众的消费，审美趣味所特有的无功利特征被广泛地运用于资本主义体系中的产品宣传，消费者以为自己日常生活中对各种商品的选择都来自自身的审美趣味，但事实上只是资本主义机器运作的结果，这也正是奥利维耶·阿苏利（Olivier Assouly）在同

---

① 汉斯·贝尔廷：《现代主义之后的艺术史》，苏伟译，金城出版社，2014，第 22 页。
② 韦尔施：《重构美学》，陆扬译，上海译文出版社，2002，第 7 页。

名著作中所谓"审美资本主义"所指涉的状况。① 正如伊格尔顿所说："美学是作为一个指称日常感性经验的术语开始具有生命力的,只是后来才专门用来指艺术;现在它已经转完了一整圈与其世俗的起源会合了,正如文化的两种意义——艺术和普通生活——如今在风格、样式、广告、媒体等方面已经混合了一样。"② 伊格尔顿从历史化的角度为美学的这种新发展找到了依据,但是他的这句话中其实包含了一种概念的变化,即文化包含两种意义——艺术和生活,艺术是文化,这是我们所熟知的,而生活是文化则更接近于人类学对文化的看法,而这两者恰恰就是日常生活审美化所包含的两个相互渗透的维度,正如韦尔施所言,"审美化"这个词本身就指的是,原本不属于美学的对象变成了美或理解成了美,③ 这里所说的原本不属于美学的对象就是日常生活。伊格尔顿之所以会敏锐地观察到文化的两种含义在这个问题上的意义,其实得益于他的老师雷蒙·威廉斯。威廉斯无法理解为什么 T. S. 艾略特的《有关文化定义的笔记》(*Notes towards the Definition of Culture*)要将文化定义为"运动、食物和少量的艺术",因此也就是属于少数人拥有的精英化内容且主要是象征层面的内容,或者用伊格尔顿的话来说就是"实际上暗示了修养(cultivation)一词更为古老而单一的含义",这里确实存在一个问题:"难道英国典型的活动就不能包括炼钢、证券交易、混合农耕、伦敦的交通运输

---

① 奥利维耶·阿苏利:《审美资本主义:品味的工业化》,黄琰译,华东师范大学出版社,2013,第 7~8 页。
② 特瑞·伊格尔顿:《文化的观念》,方杰译,译林出版社,2003,第 33 页。
③ 韦尔施:《重构美学》,陆扬译,上海译文出版社,2002,第 13 页。

吗?"① 换句话说，物质层面的内容是否也可以被归入文化的概念呢？在对艾略特进行批判之后，威廉斯提出了重新定义文化的设想，他的口号简短有力："文化是日常的。"② 他的这一观念往往被冠上"文化唯物主义"的帽子。从这个意义上来说，与美学这个概念的境遇一样，文化从以文学、绘画、建筑、音乐等"美的艺术"为代表的人类文明的精华转向了当代人们的日常生活。职是之故，"文化研究"作为一种新的研究范式开始在伯明翰学派的推动下流行起来，所以伯明翰学派原本的文学和艺术研究者开始走向电影、电视研究，而大洋对岸的罗兰·巴特则分析起了照片、杂志的海报、广告、服饰、摔跤等"神话"，随后，深受其影响的鲍德里亚更是用这套范式来分析消费社会。他们在美国的徒子徒孙更加夸张，开始进行文身、气味、吸血鬼、赛博格等的研究，而且他们往往并不太熟悉英国鼻祖们的著作，正是在这样的背景之下，艺术变成了视觉文化当中的一个组成部分，而失去了优先的地位。不过随着时间推移，这种发展逐渐引来了学者们的批评。比如，美国著名实用主义哲学家理查德·罗蒂（Richard Rorty）就对此表示了不满，他也认为文化研究正在占领英语系。③ 伊格尔顿也在《理论之后》中对他们进行了嘲讽："在一批略显狂野的学者身上，对法国哲学的兴趣已经让位于对法式接吻的迷恋。在某些文化

---

① 特里·伊格尔顿：《论文化》，张舒语译，中信出版集团，2018，第 4 页。
② Raymond Williams, *Resources of Hope: Culture, Democracy, Socialism* (London: Verso, 1989) , pp. 3 - 14.
③ Rita Felski, "The Role of Aesthetics in Cultural Studies", in Michael Berube, ed. , *The Aesthetics of Cultural Studies* (Malden: Blackwell Publishing Ltd. , 2005) , p. 30.

圈里手淫的政治远远要比中东政治来得更令人着迷。"①

其次，美学话语自身的危机。德国古典美学作为话语的开创者自然首当其冲。法国社会学家皮埃尔·布尔迪厄用社会学的方法给艺术祛魅，他明确表示反对康德美学那种无功利的审美判断说，并将之归为一种 18 世纪资产阶级的意识形态。稍晚于他的哲学家巴迪欧则干脆提出一种新的概念"非美学"（l'inesthétique）来思考艺术与哲学之间的关系，他并不认为艺术就这样在 20 世纪被哲学所取代。哈尔·福斯特（Hal Foster）在一本关于"后现代文化"的论文集《反美学》（*The Anti-Aesthetic: Essays on Postmodern Culture*）中则提出了"反美学"的说法，用来描述现代性危机之后的文化景观。一位带有浓厚英美分析哲学色彩的法国美学家让-马利·舍费尔（Jean-Marie Schaeffer）则从一种与欧陆主流哲学思路迥异的分析美学视角撰写了《告别美学》（*Adieu à l'esthétique*），舍费尔认为当代艺术之所以会出现种种问题，正是因为 18 世纪以来，浪漫派的思辨哲学传统认为哲学有义务揭示艺术背后的真理，因而将艺术过度神圣化，他认为对这个问题唯一的解决办法是抛弃思辨美学走向分析美学，尽管这一做法非常激进，但唯有如此才能让"美学摆脱传统理论，让欧洲美学从头来过"。②

事实上，除了美学的各类危机时不时会进入学者的视野，还有一个看似与之对立的话语也会时不时映入学者眼帘，这就是美学的回归，甚至戴夫·希基在被问起未来（指 20 世纪 90

① 伊格尔顿：《理论之后》，商正译，商务印书馆，2009，第 4 页。
② 马克·吉梅内斯：《当代艺术之争》，王名南译，北京大学出版社，2015，第 144 页。

年代）的议题会是什么时，他脱口而出的是"美"。① 于是，我们可以看到许多人在讨论"美"这个古老的概念如何"重新被发现"。② 这更为显著地体现在一系列书名当中，如《美学的复仇》（*Revenge of the Aesthetic: The Place of Literature in Theory Today*）、《回到美学》（*A Return to Aesthetics: Autonomy, Indifference, and Postmodernism*）、《重新发现美学》（*Rediscovering Aesthetics: Transdisciplinary Voices from Art History, Philosophy, and Art Practice*）等。③ 但是，细加思考就不难发现，所谓回到美学一定是以美学曾经出现危机（或者已经终结）为背景的，而且他们所说的回到美学多半是回到德国古典美学，至少是对康德或黑格尔美学的现代阐释，否则"美"这样的问题很难被重新捡起来当作一个新世纪的议题。戴夫·希基的故事并未讲完，因为他继续写道，听众的冷漠反应让他产生了严重的怀疑。我们真的能够在某种意义上回到"美"的议题，或回到一种古典美学吗？恐怕是不可能的，因为从根源上来说，那种话语所代表的秩序已经瓦解，重新拼装起来也不过是赝品。

第四节　再现的终结

以文学、艺术为核心的话语，无论是艺术史话语还是美学

① 戴夫·希基：《神龙：美学论文集》，诸葛沂译，江苏凤凰美术出版社，2018，第1页。
② Michael Berube, *Aesthetics of Cultural Studies* (Malden: Blackwell Publishing Ltd. , 2004, pp. 28 – 29.
③ 更多类似的内容可参见 Rita Felski, "The Role of Aesthetics in Cultural Studies", in Michael Berube, ed. , *The Aesthetics of Cultural Studies*(Malden: Blackwell Publishing Ltd. , 2005) , p. 29。

话语又或者是文学理论话语，面临的危机看似纷繁复杂，但实际上具有一致的内在逻辑（或者用德勒兹的术语来说，就是这些概念及其组件共享着同样的内在性平面），这种内在逻辑（或曰内在性平面）体现为：这些话语都指向以文学、艺术为核心的内在秩序的崩塌，这就是再现秩序的崩塌。

represent 是一个非常复杂但又被广泛使用的词语，在中文当中有"代表""表征""表现""再现"等多种译法，其中"再现"的译法常见于艺术史及其他艺术相关文献中，"表征"的译法则常见于文化研究或心理学的相关译著中。英文当中的这个词原本来自古代法语 representer，意思是呈现（make present）或展示（display）。这个词更古老的词源是拉丁文 repraesentare，re – 是一个常见词缀，意思非常多，但比较常见的义项是"回到原来的地方"或者"再来一次"，而 praesentare 则是 praesse 的现在分词，其中 prae – 表示"在……之前"，esse 则是拉丁语的系动词，可翻译为"是"或"存在"（to be 或 être），字面意思就是"放在……之前"。威廉斯认为，在 14 世纪之前，再现（represent）这个词指的主要是"使事物呈现在眼前"；在 14 世纪之后，该词出现了一个重要的新意思，这就是"象征"（symbolize）或"代表"（stand for）。从此以后，该词逐渐分化出两个重要的义项，一个是"呈现在心灵上"，另一个是"代表不在场的事物"，这两个义项有时候还存在内涵的叠加。① 与之类似，阿瑟·丹托认为"再现"与"显现"（appearance）的双重含义是一一对应的：一个指的是神的真

---

① 雷蒙·威廉斯：《关键词：文化与社会的词汇》，刘建基译，生活·读书·新知三联书店，2005，第 406 页。

正出场，也就是"再次－出场"（re－presentation）；另一个指的是"一物站在另一物的位置上，就像议会中的代表们（representatives）代表着我们一样"，而它们分别对应着 appearance 的两重意思"显现和外观"。①

法国学者勒塞克勒（Lecercle）曾经对再现的特征进行过总结，他认为这个词包含着两个基本的方面：一个是"再现者"（representative），另一个是"被再现者"（represented）。这两者之间的张力关系构成了"再现"这个词的一系列特征：第一个特征是差异（difference），指的是这两者不属于同一种存在的秩序（same order of being）；第二个特征是分隔（separation），指的是这两者没有接近性和连续性（contiguity or continuity）；第三个特征是替换（replacement），指的是再现者的在场是以被再现者的缺席为基础的，这就是再现性/代表性（representativeness）的本质；第四个特征是等级秩序（hierarchy），再现者与被再现者不但是相互分离的，而且它们的价值不同，再现者经常统治被再现者；第五个特征是一般化或抽象化（generalisaon 或 abstraction），即从被再现者中抽象出再现者。② 勒塞克勒的分析非常翔实且非常具有启发性，但是他为了向一种德勒兹哲学靠拢而刻意强调了差异和分离等内容，使得某些与政治相关的问题被遮蔽了。结合该词在 14 世纪发生的词义改变，我们不难看出真正具有本质性意义的是两个层面，而且这两个层面都可以运用到对文学和艺术的思考上。文学和艺术中的再现一方

① 阿瑟·丹托：《寻常物的嬗变：一种关于艺术的哲学》，陈岸瑛译，江苏人民出版社，2012，第 24 页。

② Jean－Jacques Lecercle, *Badiou and Deleuze Read Literature* (Edinburgh: Edinburgh University Press, 2010), p. 124.

面指以文学和艺术的方式呈现现实（比如文学和艺术话语中的现实主义），另一方面指用文字和图像来代表不在场的人或事物，就这一点而言，它是勒塞克勒所归纳的第三个特征和第四个特征的综合，由此可以形成一种关于代表权的政治。根据上述分析不难发现，再现的这两个义项正好对应着文学、艺术与客观世界关系的两种内在逻辑。

第一种是艺术"再现"这个世界，也就是如其所是地去呈现、展示这个世界，其准则是相似性，只是何种意义上谓之相似仍需要根据具体的时代语境来确定。无论是以巴洛克、浪漫主义、现实主义的方式，还是以印象派的方式，具象艺术建立起的艺术与客观世界的关系就是一一对应的关系，绘画中的一个对象总能在现实当中找到一个原型或相似物，那就是被再现者。即便是在古典艺术中，提香笔下的爱神不是对神的呈现，而是对他所爱慕的女性的呈现，只是以着装、构图、母题等图像学分析的方式让观众认为他所再现的是爱神。即使如丢勒那样将不同模特的不同身体部分结合在一起形成一个理想的亚当或夏娃的身体，那也仍然有一个或多个客观的身体被再现了。

第二种是艺术"表征"了这个世界，换句话说，艺术是一个表征系统，像语言一样运作来生产意义，但其准则是一种关于平等的文化政治。既然是像语言一样，那么就意味着提取出一些符号来，比如音色、语调、色调、图案等，这就形成了一种秩序。① 艺术史的发展告诉我们，不是什么人或物都有被再现的资格，只有具有一定资质的人或物才有这种资格，因为

———————

① 斯图亚特·霍尔：《表征：文化与意指实践》，徐亮、陆兴华译，商务印书馆，2013，导言第 6~7 页。

"美"曾经是艺术世界里的基本法则，而这种美与一种基于等级秩序的意识形态形成了隐秘的联系，具体地说，只有重要的人或物才有被文学、艺术和历史再现的资格，这样自然而然地形成了一种观念，只有那些圣像周围的供奉者或者贵族家庭里的肖像画中的人物才更有代表性，更有资格被艺术再现。当然随着历史的发展，农民的日常生活也可以被彼得·勃鲁盖尔的绘画再现，而普通人的意外死亡也可以被看作一种"悲剧"，但这都是现代性的平等化思想带来的结果，或者说是威廉斯意义上的一场漫长的文化革命的结果。由此不难看出，如果第一种含义单纯指的是"再现"的话，那么第二种含义"表征"指的其实是"再现的秩序"或者说"再现的政治"，也就是一种艺术史的传统确保了谁或什么拥有被艺术再现的资格，也就是成为其余的人或物的"代表"的权利。

从这个角度就不难看出，再现与表征（再现的秩序）这双重体系的崩溃导致了艺术的危机以及美学的危机同样具双重逻辑。

一种是从亚里士多德的《诗学》开始形成的艺术呈现这个世界的"摹仿"（mimesis）系统发生了断裂，艺术不再摹仿这个世界，主体对世界的感性经验不再构成艺术的意义来源。于是诞生了抽象艺术、观念艺术、行为艺术等非具象或超具象的艺术形式，仿佛一切都可以经由艺术界或者艺术体制的合法化而成为艺术品，从而造成了传统艺术概念的危机。这种危机以阿瑟·丹托的"艺术的终结"为代表，而汉斯·贝尔廷以及普莱茨奥斯所提到的"艺术史的终结"因为是艺术客体的危机导致的叙事危机，所以也属于这个维度。这个危机诞生的根源是"哲学对艺术的褫夺"或者各种理论对艺术史叙事的重写，本质上是哲学（或各种理论）与艺术之间的关系问题，即艺术所表达的真理是否被哲学（或各种理论）所垄断。艺术原本的意义来源是主体对客观世界的感性经验，所以艺术的基本特性是"相似性"，艺术史研究（尤其是实证主义研究）寻找的就是艺术所呈现的客观世界或主体的经验，但如果艺术最终的目的是要呈现真理，而这种真理并不是借助与主体化的客观世界的相似性而实现，而是通过哲学的解释来呈现，那么当哲学已经勾勒出艺术的意义所在的时候，与主体化客观世界的相似也就不再重要，所以"相似性"不再构成艺术的基本部分，抽象艺术、现成品和行为艺术才能大行其道。按照彼得·奥斯本的说法，当代艺术并不是审美意义上的艺术，无论在何种重要哲学的层面上都不是，传统的"美"和相似性都无法作为艺术的价值判断标准，但是作为一种后观念艺术（post - conceptual art），当代艺术实现了耶拿浪漫派艺术哲学想要确立艺术作品的想法。① 也正因如此，当代艺术批评呈现出一种哲学或理论的倾向而非艺术史的倾向。

　　另一种是艺术的内容和形式都"表征"了这个世界的秩序。这一点有两个维度：第一个维度是艺术所再现的对象与不具有被再现资格的对象之间的区隔代表了这个世界的等级秩序，这个维度的代表性例子是斯坦纳所说的"悲剧之死"；第二个维度是文学、艺术这种"美的艺术"的形式"代表"了文字、图像再现这个世界的方式，或者说形成了以文学和艺术为核心的再现方式与其他再现这个世界的方式之间的区隔，或者说一种等级秩序被建立起来，这个维度的代表是希利斯·米勒的

---

① 彼得·奥斯本：《超越美学的艺术：哲学批评、艺术史和当代艺术》，载《艺术、历史、视觉、文化》，杨冰莹、梁舒涵译，江苏美术出版社，2010，第235页。

"文学终结论"。不难看出，正是因为文学和艺术再现了高贵的人物（神、英雄、贵族和资本家），所以围绕着这些高贵人物而建立起来的形式（文学和艺术）具有高于其他属于普通人的民俗文化和大众文化形式的地位。从客观的结果来看，后现代社会的来临伴随着后现代文化的诞生，而后现代文化在本质上是对这种"表征"秩序的对抗。一方面，古希腊意义上的悲剧以及新古典主义意义上的悲剧（亚里士多德的信奉者们）逐渐消失，而"现代悲剧"作为一种新的再现体系被建立起来，所有人的死亡都有了被再现为悲剧的可能。从荷兰画派开始艺术也不再只是再现那些高贵的人物，普通人，甚至是低贱的人，也具有了被正面再现的资格。另一方面，作为人类文化精华的文学和艺术逐渐遭到了更被普通人喜闻乐见的大众文化的挑战。这不仅意味着在电视、电影等电子媒介技术发展之后文学和艺术开始遭遇受众越来越少的困境，出现了"文学要终结了"的说法，正如米勒所说，现在的人们"看书是因为他们先看了电视改编"，所以，现在的新媒体及其承载的内容正在日益取代文学的地位;[1] 而且在学术层面上，曾经的艺术史研究开始被更广泛的"视觉文化研究"所挑战，原有的艺术研究在符号学、解构主义、女性主义等理论洗礼之后，逐渐变成了"一个正在扩展的领域，包括各种新的视觉图像研究的重要人文学科"，而原因也很简单，"当今我们所居住的世界视觉图像正在以指数的形式高速增长"。[2] 不难看出，这一状况的形成

[1] 希利斯·米勒:《文学死了吗》，秦立彦译，广西师范大学出版社，2007，第17页。
[2] 保罗·杜罗、迈克尔·格林哈尔希:《西方艺术史学：历史与现状》，常宁生译，载《艺术史的终结?》，中国人民大学出版社，2010，第47页。

正是第一种意义上的"再现危机"所导致的，也就是说哲学或理论对于艺术史的侵入导致了一个新的视觉文化领域的诞生，无论艺术文本还是视觉文化文本，仿佛都是为形形色色的理论服务的。

这种危机显然就是后现代所代表的危机，鲍德里亚在一次访谈中认为之所以会出现这样的状况，是因为整个宇宙已经被解构，"留下来的都是碎片"，不再存在"世界的精确图像"，镜子的隐喻也被抛弃，然而理论本身也是一对漂浮的形式，彼此之间毫无关联也不对立，只是像时尚一样变幻莫测，它们和艺术一样都是"解构之后留下来的遗迹"。① 换句话说，后现代理论解构了艺术，也解构了再现世界的整个体系，所以所谓"后"（post–）最后留下来的只有一地碎片。这种碎片般的感觉事实上是一致性的缺乏，后现代的后遗症之一正是对一致性的恐惧，伊格尔顿就曾一针见血地指出："尽管不是所有的一致性都该被肯定，但是后现代主义对于团结一致缺乏热情，他们天真地认为所有形式的统一性和一致性都是本质主义的，这是后现代主义的后革命时代特征。"② 简单地说，这种统一性和一致性其实就是一种秩序，即将艺术、文化和社会理解为一个有机的统一体，而不是碎片化的个体，因此，伊格尔顿的话最大的意义在于提醒我们，在将统一性和一致性打扫进本质主义的垃圾堆之前，我们应该有所区分，这种不顾一切的排除法本身就是统一性和一致性逻辑的表现。那么这种统一性和一致性

① Baudrillard, "Game with Vestiges", in Mike Gane, ed. , *Baudrillard Live: Selected Interviews* (London: Routledge, 1993), p. 95.

② 特里·伊格尔顿：《论文化》，张舒语译，中信出版集团，2018，第32页。

来自什么地方？按照南希的说法，这种统一性和一致性其实来自"意义"或"感觉"（sens），解构之后的废墟来自意义的丧失，并且这种意义的丧失是普遍的，不仅在政治领域，也在宗教和美学领域，所以他认为"意义"才是如今对他而言最重要的词。① 也就是说，南希希望从意义入手重建伊格尔顿所期待的那种统一性和一致性。

① Jean – Luc Nancy, "' You ask me what it means today…' An epigraph for' Paragraph' ", trans. Peggy Kamuf, *Paragraph* 16(1993) , p. 108.

第二章

法国理论景观的变迁

尽管我们对"再现危机"的讨论聚焦在了艺术领域,但是究其实质,这一表征不过是更广泛的超出艺术领域的普遍"再现危机"的局部,这一危机在文学、艺术、政治、哲学等诸多领域中广泛存在,也正是出于这个原因,"危机"成为诸多话语体系的共同特征,以至于人文主义(humanism)都遭遇了应对后人文主义(posthumanism)挑战的危机。然而,无论再现秩序崩溃的是哪一个方面,都与当代法国被称为"理论"的话语模式关联紧密,"理论"一方面负责解释文学和艺术中所蕴含的真理,从而成为文学和艺术某种意义上的代言人;另一方面给大众文化提供理论上的支持,从而以平等为理由鼓励文化的多元发展。所以,对法国理论自身谱系的追溯可以帮助我们重新梳理"理论"如何在法国当代的学术场域中构成自己独特的话语方式以及政治姿态,以及如何在自身逻辑运作中导致了再现的双重危机。在梳理的过程中,显然无法回避的是发生于1968年的那场著名的革命,沃林在自己的著作《东风》中将之描述为受压倒西风的"东风"影响的结果。

第一节　作为历史动因的"五月事件"

1968 年 5 月，法国巴黎发生了一场举世瞩目的学生运动，后来被称为"五月风暴"或"五月事件"，影响之大令人咋舌，不但蔓延到了德国、意大利，也蔓延到了美国，甚至在意大利诱发了"热秋"（Hot Autumn），并在那里导致了长达 10 年的工人斗争。这一切的起因是 1968 年 3 月 18 日的凌晨，一群学生为了对美国在越南的行为表示抗议而袭击了美国一些企业在巴黎的办事机构，这导致 6 名学生被捕，其中包括一名法国南泰尔大学的学生。为了营救这名大学生，一位后来被万众瞩目的人物、无政府主义者、南泰尔大学社会学系的学生丹尼埃尔·科恩－邦迪（Daniel Cohn-Bendit）策划了一系列的行动，其中包括占领学校，这被称为"三·二二运动"（Mouvement du 22 mars）。当然这次运动被迅速扑灭，但是革命的火种却在学生中播散开来，南泰尔大学的英雄被捕了，更多的学生开始站出来，而新的集会地点不再是南泰尔大学这种不具有历史意义的年轻学校，而是欧洲最古老的学府索邦大学。法国存在一个传统，就是如果没有校长的允许，警察不得进入学校。但是，当时的索邦大学校长却请求警察出动，这导致在索邦大学的校园内出现了警察驱散学生的情形，而一直信奉警察不入校园传统的学生在被镇压的时候彻底愤怒了，他们开始反抗。

在现代性的形成历史上，如果说英国以经济领域的工业革命为世界打开了一条通往现代社会的道路，那么法国就是以政治领域的大革命为世界打开了另一条道路。所以，法国民众以游行示威、街垒巷战而闻名。沐浴在这种革命氛围中的巴黎大学生在与警察的对峙中，重启了法国的街垒巷战传统，用铺路石和街垒对抗催泪瓦斯，大学生聚集的拉丁区成为反对当权者的主要战场，终于在 5 月 10 日迎来了高潮，冲突全面爆发。这一次不再只是文弱的学生在战斗，工人在法共和其他左翼政党所领导的工会完全没有组织的情况下参与了对学生的支持，他们的战斗完全是自发的，他们的罢工被称为"野猫罢工"，但十分契合科恩 – 邦迪的无政府主义主旨。在所有的工人罢工中，来自法国工业界老大哥雷诺汽车工厂的工人的罢工无疑是最有代表性的，这意味着罢工会对国民经济造成巨大的损害。法国左翼政党所领导的工会此时站了出来，开始与政府进行谈判，希望在薪酬和工作时长上获得改善，但这些并不是学生的诉求，法共在这次罢工行动中逐渐被抛弃，新的左翼联盟随之兴起。

可是在五月即将结束的那一天，法国二战的传奇英雄戴高乐回国了，他为了控制局势，先前往巴登 – 巴登（Baden – Baden），在那里他会见了法国在德国的驻军司令马苏将军（General Massu），获得了军方的支持。然后，戴高乐就向全国民众发表了公开的讲话，这次讲话非常干脆、果敢且具有威胁性质。因为他不但宣布国会被解散，而且给所有罢工民众以最后通牒，那就是如果罢工继续，他将以宪法的名义宣布法兰西共和国进入紧急状态。所以，罢工的工人和罢学的学生都只能退而求其次，选择他给出的另一个选项，那就是举行全民公投。已经动荡一月有余的法国人民开始有回归正常秩序的强烈渴望，所以在戴高乐的讲话之后，法国国内再次爆发大规模游行，支持戴高乐，人数达到了百万规模，这也预示了后来法国政治的右倾走向。

　　无论学生再怎么对抗戴高乐的选举都无济于事，与这些不用养家糊口的学生不一样，工人需要薪水来生活，所以在条件合适的情况下，工人选择了复工。从戴高乐回国后的支持游行就不难看出，虽然距离二战结束已经过去二十几年，但是戴高乐的地位和声望仍然是其他人难以匹敌的。议会选举后，戴高乐派不出意料地摘取了胜利果实，左翼政党可谓全面崩溃，这在运动之初他们立场游移不定的时候就埋下了伏笔。

　　那么究竟是什么导致了这次巨大的动荡呢？原因是多方面的。从外部原因来说是毛主义的广泛传播（一般在西方语境中被称为毛主义思想）。从内部原因来说，二战之后，法国经济一飞冲天，保持着高速发展的态势，但是以教育体系为代表的战后基础设施和体制建设却严重滞后，导致大量的社会问题。二战后经济的腾飞带来了社会一定程度的富裕，大量增加的人口却无法在既有的教育体系内被消化掉。雷蒙·阿隆认为，导致这次事件的重要原因之一是法国独特的教育体制，这尤其体现在其高等教育分成了截然分明的两个系统：一个是大学校（grande école），这是法国的精英主义大学，招生极少，培养法国各行各业的领袖人物；另一个是我们通常说的大学，这种大学的资源是很少的。而且法国的大学与美国的大学是不同的：法国的大学是"单数的"，也就是全都需要教育部的批准和财政支持，而美国的大学是复数的。① 例如巴黎高师就是前者，

---

① Raymond Aron, *The Elusive Revolution: Anatomy of a Student Revolt* (New York: Praeger, 1969) , pp. xiii – xiv.

而古老的索邦大学却属于后者。且不说陈旧的精英主义大学校招生人数极少，因此难以承载更多的学生，即便是既有的大学也数量较少，所以在拼命吸纳学生的同时原有的基础设施就难以得到保障。二战后短短一二十年间，法国的大学生数量从17万增长到60万，由此带来的结果是无论学习还是生活方面的问题积累得越来越多，大学里人满为患。生性自由的法国学生又正处于荷尔蒙爆发的年纪，学校为了管理为数众多的学生，制定了一系列校规，其中就包括不可以在异性宿舍留宿，招致了学生的不满。不但如此，宿舍的条件还非常糟糕，拥挤而且逼仄，按照雷蒙·阿隆的说法，"这些学生们就像是老鼠一样"。① 如果说大学糟糕的硬件条件能够用毕业之后较高的经济收入来补偿的话，那么一切也不至于像后来那样一点即燃，真正可怕的是随着学生数量的增加，文凭急剧贬值，就业完全没有保障，戴高乐本人也同意大学不但满足不了国家的需要，也满足不了年轻人的需要，尤其是在就业方面显得无能为力。② 戴高乐的这一说法显然是为了迎合民众，因为正是国家的失职才使大学教育体系难以改革以适应年轻人的需求，而后来的诸多教育改革措施也正是由此而来。

在后来发生的这些教育改革中，还包括了关于课程设置的改革，也就是说，对既有知识体系的质疑使得教育系统不但出

---

① Raymond Aron, *The Elusive Revolution: Anatomy of a Student Revolt* (New York: Praeger, 1969) , p. 41.

② 贝内东、图夏尔：《对1968年5月/6月危机的解释》，载汪民安主编《生产·第六辑：五月风暴四十年反思》，广西师范大学出版社，2008，第49页。

现了硬件方面的改革，也出现了软件方面的改革，对既有知识的不信任（来自布尔迪厄对精英主义意识形态的反对），使得学生期待更具有革命性的知识能够在大学校园里被传授。例如，在"五月事件"刚刚结束不久，法国教育部就召集了包括安德烈·马蒂内、让－迪瓦布和格雷马斯等著名学者在内的 10 位教授共同商议革新文学课程，也正是在这一次讨论中，普通语言学课程被提上议程，并且最终为马蒂内在索邦大学带去了大量的全职教员和年轻助教，1969 年他们开始了自己的教学生涯①。

一次重大的事件往往带来一种新的思考，那么"五月事件"对于法国当代理论而言意味着什么呢？在德贡布看来："1968 年 5 月的欢乐时日提出了下面两个问题：为什么有时权威被接受，有时又被拒绝？为什么革命总是终结于秩序的恢复？曾经是知识分子政治思想基础的马克思主义未能回答这些问题，因为它拒绝承认产生这些问题的事件。"② 由此可见，马克思主义理论以及法共的哲学在"五月事件"之后逐渐退潮，但是新一代的法国理论家则凭借这次事件而成为法国学术场域的中坚或新秀，他们想要回答这次事件带来的新问题。从知识话语层面来说，这次革命造成了法国知识场域的一系列断裂，从而形成了 20 世纪独特的法国理论景观。

---

① 弗朗索瓦·多斯：《从结构到解构》下卷，季广茂译，中央编译出版社，2004，第 183 页。
② 文森特·德贡布：《当代法国哲学》，王寅丽译，新星出版社，2007，第 224 页。

第二节　基于事件的理论迭代

20 世纪诞生的法国理论存在着明显的代与代之间的断裂，在凯尔纳等人看来，这种断裂受到三个方面的影响：第一是"法国二战后出现的迅猛的现代化进程"；第二是"五六十年代哲学和社会理论取得的令人振奋的进步"；第三是"1968 年的骚乱事件所引发的强烈的决裂感"。① 如果说前两个方面具有肯定性的积极面，那么第三个方面则具有否定性的消极面，甚至可以说是对前面两个方面的否定和反思，由此可见这次事件对法国理论景观的变化带来了多么重要的影响，它制造了一种与传统断裂的话语狂欢。

1968 年，事件发生时特意从美国赶回巴黎的亲历者、法国著名的右翼知识分子雷蒙·阿隆就撰写了《不可见的革命》（*La révolution introuvable*）来谈论这场运动。这本书不但包括了他的访谈，还收录了他在《费加罗报》上相关的专栏文章。作为一个自称并不支持戴高乐的社会学家，他在这件事上却坚定地站在了戴高乐的阵营之中，并且参与了戴高乐自巴登－巴登回来之后发起的大规模反"五月事件"的游行。不过，他认为自己的这本小书并不是客观的研究，而是个人的书。② 与此书同时出版的，还有另一个亲历了这次事件的社会学家图海纳的著作《五月运动或乌托邦共产主义》（*Le Mouvement de mai ou le*

① 道格拉斯·凯尔纳、斯蒂文·贝斯特：《后现代理论：批判性的质疑》，张志斌译，中央编译出版社，2001，第 21 页。
② Raymond Aron, *The Elusive Revolution: Anatomy of a Student Revolt* (New York: Praeger, 1969), p. xviii.

communisme utopique），图海纳从教育和知识社会学的角度入手对这次事件的成因和思想背景展开了独到的专业分析，相比于雷蒙·阿隆冷峻和批判的基调，他对学生则充满了同情。可以说，雷蒙·阿隆和图海纳凭借对这一事件的敏锐感知从学术的角度留下了第一手的资料。

然而，若要从思想的角度入手，雷蒙·阿隆对"五月事件"的评论带有明显的保守主义立场，因此他站在了另一位法国著名学者的对立面，这个人就是路易·阿尔都塞。阿尔都塞在某种程度上是运动中一部分学生团体的精神领袖，其中就包括主要以他所任教的巴黎高师的学生为核心力量的学生组织。几乎所有关于"五月事件"的著作都不可能不提到毛主义的影响，然而正是阿尔都塞这位法国共产党的哲学家单枪匹马地在巴黎把毛主义发扬光大。1962 年，他发表了著名的论文《矛盾与多元决定论》，该书的理论源泉之一正是毛泽东的《矛盾论》（另一个来源则是精神分析理论），而"多元决定论"则成为阿尔都塞对马克思主义理论最具代表性的注脚。但是，阿尔都塞自己在"五月事件"中的表现在学生们看来却乏善可陈，他以精神问题为借口躲避了整个运动，这一行为给运动结束之后学生们与他之间的关系决裂埋下了伏笔，而激进的学生们正好构成了法国理论之后最新的理论景观。

事实上，与"五月事件"关系紧密的法国知识分子有三个明显不同的代际，他们都是左翼学者，对运动都持支持和肯定的立场，与雷蒙·阿隆的批判立场截然相反。第一个浪潮是著名的知识分子萨特和阿尔都塞，第二个是后结构主义思潮的领军诸将，第三个是彼时尚未崭露头角的未来理论家。

第一拨与"五月事件"相关联的知识分子显然是萨特和阿

尔都塞，虽然他们两人表现的方式是完全不一样的，前者参加了斗争，而后者仿佛幽灵一样由学生代劳。萨特在"五月事件"中的角色是令人惊叹的勇士，所以，他也成为学生运动中声誉最高的哲学家，运动期间他是"唯一获准在位于起义心脏地带的索尔邦的主演讲厅发表演讲的重要知识分子"。① 当时的他在世界知识界都拥有无比崇高的地位，他是存在主义的宗师，更在 1964 年史无前例地拒绝了诺贝尔文学奖。尽管如此，他在"五月事件"期间亲自采访了学生领袖科恩 - 邦迪。虽然在研究者理查德·沃林看来，这并不是一个成功的采访，萨特一再劝说科恩 - 邦迪谈谈长期的"规划"和"目标"，但科恩 - 邦迪断然否认有任何的"规划"和"目标"，因为他不是一个正统的马克思主义者，而是一个无政府主义者。② 事实上，这正是老一辈左翼知识分子的马克思主义倾向与学生的无政府主义倾向之间的断裂的表现。那些学生承认，他们不读马尔库塞，很少读马克思，会读一些阿尔都塞、毛泽东和列斐伏尔，但参加了作为"五月事件"导火索的"三·二二运动"的所有激进分子都读过萨特。这才有了结构主义宗师列维 - 斯特劳斯的哀叹："在法国……结构主义不再流行。自'五月风暴'以来，一切客观性都被否定了。青年人的立场更符合萨特的立场。"③ 不过，不上街的结构主义不是只有列维 - 斯特劳斯一人，被称为结构主义的马克思主义者的阿尔都塞此时也在疗养

---

① 弗朗索瓦·多斯：《从结构到解构》下卷，季广茂译，中央编译出版社，2004，第 154 页。
② 理查德·沃林：《东风：法国知识分子与 20 世纪 60 年代的遗产》，董树宝译，中央编译出版社，2017，第 212 页。
③ 理查德·沃林：《东风：法国知识分子与 20 世纪 60 年代的遗产》，董树宝译，中央编译出版社，2017，第 217 页。

院里休养。结构主义强调科学性和非介入性，而萨特哲学强调介入性，两者之间存在对立。萨特对毛主义者要亲切得多，他在毛主义刊物《人民事业报》的主编被抓之后，挺身而出担任主编，用自己的名誉保护学生，所以戴高乐才会在有人要逮捕萨特时说："我们不能逮捕伏尔泰。"然而，萨特的热心似乎并未换来后 68 时代安稳的生活，毛主义者、犹太人维克多成为晚年萨特最亲密的战友和发言人。这遭到了一直陪伴萨特战斗的海狸波伏娃以及其他《现代》杂志成员的指责。萨特最终被两个最亲近的犹太人（另一个是他的养女阿莱特·埃尔坎 - 萨特）带向了塔木德，从政治走向了伦理，从马克思转向了列维纳斯。理查德·沃林显然支持海狸波伏娃的指责，他认为萨特晚年"《如今的希望》的抄本无疑是可靠的，但是毫无疑问，莱维引导着整个谈话，虚弱而失明的萨特盲从他的引导"。① 晚年的萨特在某种意义上成了傀儡，曾经所向披靡的雄狮，此时已经垂垂老矣，被一个毛主义者摆布。

事实上，法共的代表人物阿尔都塞与萨特存在着类似的地方，他们尝试解释苏共二十大所提出的斯大林问题的初衷是一致的，但是他们的方法完全不同，阿尔都塞明显走向了结构主义。新的时代原本不属于萨特的主体性哲学，结构主义的兴起开始清洗所有以人道主义为基础的主体性哲学，"结构分析以客观性、一致性、精确性和真理为目标，要求其理论享有科学地位，因为它涤除了纯主观价值判断和主观经验"。② 这就是阿

---

① 理查德·沃林：《东风：法国知识分子与 20 世纪 60 年代的遗产》，董树宝译，中央编译出版社，2017，第 264 页。

② 道格拉斯·凯尔纳、斯蒂文·贝斯特：《后现代理论：批判性的质疑》，张志斌译，中央编译出版社，2001，第 24 页。

尔都塞反对人道主义的马克思的原因——科学化。所以，阿尔都塞区分了带有黑格尔主义遗迹的意识形态的马克思和更为科学的马克思，从而建立起一种结构主义式的断裂。他在强调苏联社会主义的基础之上重新解释了马克思的决定论，将斯大林的问题归入多元决定论的框架，从而回避了作为上层建筑的斯大林主义与社会主义经济基础不合的问题。① 但是，结构主义者没有想到的是，新的时代很快就不属于结构主义了，法国的知识场域迎来了一场巨变，"五月事件"中诞生了一个全新的思潮——后结构主义。

后结构主义成为第二拨与"五月事件"勾连甚深的思潮，因为后结构主义者与学生有着共同的反对对象，这就是结构主义者，毕竟事件中的学生曾经喊出"结构主义不上街"的口号。必须说明的是，福柯虽然厕身这一潮流之中，但是运动刚刚爆发的时候，他还在突尼斯撰写《知识考古学》，从突尼斯任教回来的福柯对学生的这场运动持同情态度，而且他在回到突尼斯之后还帮助学生与国家机器进行对抗。福柯在这次事件中发生了重要的问题域转换，按照沃林的说法，"正是通过他与那些围绕在监狱信息小组（GIP）周围的毛主义者的接触，福柯发现了'微观政治学'"。② 1971 年 2 月 8 日，他成立了一个名叫"监狱信息小组"（Groupe d'information sur les prisons）的组织，并且将自己的公寓变成了该组织的总部，在这里，他邀请犯人的亲朋好友来揭发监狱体系的诸

① 文森特·德贡布：《当代法国哲学》，王寅丽译，新星出版社，2007，第 169 页。
② 理查德·沃林：《东风：法国知识分子与 20 世纪 60 年代的遗产》，董树宝译，中央编译出版社，2017，第 195 页。

种问题。读过福柯著作的人都知道,对微观权力运作机制的考察构成了福柯思想史研究的重要支柱,在他的公寓中运作的监狱信息小组也是福柯《规训与惩罚》思想的重要经验来源。毋庸置疑,福柯作为巴黎高师的前辈,与毛主义者过从甚密,但是他的这种关联紧密度远不及另一个深受东方毛主义影响的后结构主义流派,这就是赫赫有名的"《泰凯尔》派"(*Tel Quel*)。

说起《泰凯尔》就不得不提到克里斯蒂娃。起初刚从保加利亚来到巴黎的克里斯蒂娃想跟随文学社会学学者戈德曼做研究,但她很快意识到法国知识界的风气已然改变,结构主义开始大行其道,戈德曼毋庸置疑地落伍了,另一位更具战斗力的前卫思想家吸引了她,这就是结构主义的代表人物罗兰·巴特。这个故事后来又有了第二个版本,只是更换了主角,那是来巴黎交换的保加利亚学生托多罗夫,他一开始被索邦大学教授介绍去学习保加利亚文学,却对此安排不满意,后来在一位好心人的引荐下,他进入了罗兰·巴特的博士研讨班,而那个好心人则是热奈特。① 克里斯蒂娃和托多罗夫从东方带来的巴赫金思想,直接促成了巴特的后结构主义转向,从此巴特和克里斯蒂娃开创了以互文性理论为核心的全新思想谱系,这也是后结构主义的中心话语之一。除了自己的老师,克里斯蒂娃生命中另一个重要的同伴则是《泰凯尔》的主编索莱尔,一位成名很早的作家,同时也是她的丈夫以及德里达的好友。值得一提的是,《泰凯尔》的成立来自尼采的格言"我想按世界本来的样

---

① 茨维坦·托多罗夫:《濒危的文学》,栾栋译,华东师范大学出版社,2016,第40页。

子（tel quel）拥有它"，所以这个流派在中国被接受时也被称作"如是派"或"原样派"。《泰凯尔》成立之初，资助方瑟伊出版社（Seuil）希望能找到下一代的文坛领袖，所以这本杂志在萨特的"介入文学观"盛行的时候，坚定地站在了"非政治"（apolitical）的立场上，以示区分。颇为诡异的是，"五月事件"期间，《泰凯尔》派非常激进地向政治靠拢，然而他们绕过了法国的毛主义思想，直接向中国政府表达了想要前往中国参观的愿望。随后，他们接到了中国政府的盛情邀请，于是巴特、索莱尔、克里斯蒂娃、马塞兰·普莱内（Marcelin Pleynet）来到中国，进行了为期三周的参观，但是他们在中国的活动是被安排的、有组织的，所以巴特感到乏味和失望，他很少能发现在日本发现的"偶遇事件"、"皱痕"（pli）和"不可思议之事"。① 与此同时，《泰凯尔》匪夷所思地与法国共产党达成了战略同盟，支持激进左翼思想，但是《泰凯尔》杂志整体的晦涩文风使得它虽然定位很高但是受众较少，并未在公共领域产生巨大影响。可在小圈子内，这本杂志却具有极高的地位，无论是热奈特、托多罗夫，还是克里斯蒂娃、巴特和德里达，都曾给这本杂志供稿，这使得它成为名副其实的后结构主义圣殿。

第三拨与"五月事件"紧密相关的法国知识分子，可以直接被称为毛主义者，他们往往是阿尔都塞在乌尔姆大街巴黎高师的学生，并且是"五月事件"的积极参与者，但是这群人后来分化成了截然不同的两个类型。从 1965 年起，这群学生就开

---

① 罗兰·罗兰·巴特又译罗兰·巴尔特：《中国行日记》，怀宇译，中国人民大学出版社，2012，第 104 页。

始编辑发行《马列主义笔记》(*Cahiers marxistes – leninistes*),并在这本杂志中宣扬激进的政治观点,"当时的编辑者包括后来毛主义圈子的领导人物罗贝尔·兰哈尔、雅克-阿兰·米勒和雅克·朗西埃"。① 这个群体可以说是毛主义思想的真正支持者,拥有很高的理论素养,而且大多来自思想家的摇篮巴黎高师。与科恩-邦迪为代表的无政府主义不同,他们有明确的指导思想,也有自己的政治规划,他们的蓝图是要让学生走进工厂,响应遥远东方国度里"上山下乡"的号召。他们甚至能够熟练地运用毛主义话语,比如朗西埃就曾在《去往人民之地的短途旅行》(*Short Voyages to the Land of People*)中引用毛泽东在《在鲁迅艺术学院的讲话》一文中所提到的"走马观花"和"下马看花"之间的区分。② 不过值得注意的是,朗西埃似乎并不满足于号召大家"下马看花",而是期待大家走进真实的生活中去"摘花"(pluck),当然其旨归都是放弃在书斋里闹革命,离开书籍和城市及其所代表的秩序③。他们在"五月事件"中一直走的是与工人团结的路线,最后却错过了发动学生扩大影响的时机,加上领导人后来压力过大,所以这一组织在"五月事件"中的声势并不大。但非常有趣的是,正是在这个群体中保留了未来法国左翼政治理论的火种。随着《古拉格群岛》的出版,法国先前火热的知识分子圈迅速右转,前面所说的克里斯蒂娃等人竟然也是这一拨人潮中的沧海一粟,对自己先前

① 理查德·沃林:《东风:法国知识分子与20世纪60年代的遗产》,董树宝译,中央编译出版社,2017,第127页。
② 毛泽东:《在鲁迅艺术学院的讲话》,《毛泽东文集》第二卷,人民出版社,1993,第124页。
③ Jacques Rancière, *Short Voyages to the Land of People*, trans. James Swenson (Stanford: Stanford University Press, 2003), p. 2.

的立场进行了反思，而在这集体向右转的大潮中，最著名的还
是来自毛主义者中的"新哲学家"（Nouveaux Philosophes），例
如《大厨与食人者》（La Cuisinière et le Mangeur d'homme）的作
者安德烈·格鲁克斯曼以及《带着人性面孔的野蛮人》（La
Barbarie à visage humain）的作者贝尔纳－亨利·莱维，后者曾
经在书中描述自己当年多么迷恋阿尔都塞，以至于曾经认为
"他的只言片语就是我们的幸福"。① 这些人不仅在"五月事
件"之后宣布退出毛主义团体，在政治上转向右翼，坚决反对
马克思主义，而且他们在学术上也走向了大众化，经常在电视
和杂志上露面，向公众发表自己对各种社会和政治问题的看法，
完全蜕变为更具有表演性的学术明星（布尔迪厄在《论电视》
中称这类人为"快思手"）或新时代的智术师，而与严肃的哲
学家行为迥异，所以正如多斯所说的："新哲学通常是肤浅的，
是一种由标语口号表达的思想形式。"② 然而，在这样的大潮
中，有两位思想家逆流而上，一个是巴迪欧，另一个是朗西埃。
他们选择了忠于自己的政治理想，保持左翼的政治信念，但是
又拒绝像巴里巴尔那样固守阿尔都塞主义的阵营，甚至从根本
上怀疑政党作为工人阶级领袖的领导权。朗西埃相信工人自己
的力量，所以通过档案研究撰写了《无产者的夜晚》（La Nuit
des prolétaires）以及立场接近的《无知的教师》（Le Maître igno-
rant），他认为工人并不需要政党的领导，正如学生在老师的教
育下只会被"愚蠢化"，因为老师永远在告诉学生他们什么都

---

① 雷威：《自由的冒险历程：法国知识分子历史之我见》，曼玲、张放
　　译，中央编译出版社，2000，第411页。
② 弗朗索瓦·多斯：《从结构到解构》下卷，季广茂译，中央编译出版
　　社，2004，第365页。

不懂，从而让他们觉得自己很蠢。① 由此不难看出，朗西埃对学生－老师关系的批判是与他对工人－知识分子（政党）的批判同构的。所以，在朗西埃看来，师生关系是平等的，这是一个起点而非目标。但是，这一点遭到了老师辈的雷蒙·阿隆的嘲笑，他认为这些 20 岁的高师学生连李嘉图都没读过，对政治经济学尚缺乏基础知识，就开始读《资本论》，这是法国教育制度的恶果。② 这显然指的是朗西埃、巴里巴尔、埃斯塔布莱等人参加的阿尔都塞所主持的"读《资本论》研讨班"，所以，他以一种教师的权威表示："如果任何人预设了知识平等，教学关系就失去所有的意义了。"③ 这也就不难理解高师学子为什么要对抗这种知识权威和秩序，并号召走向无政府主义了。

然而，正是这一点使得他们在上帝召回了结构主义和后结构主义大师以及雷蒙·阿隆之类的右翼之后，成为后 68 思潮余绪中最具代表性的人物。不过，仍然需要指出的是，与新哲学家明显对立的朗西埃和巴迪欧在某种程度上共享了一些特征，这就是对"五月事件"遗产的继承："他们都指出了政治问题的无政府主义解决方式"。④ 这种无政府主义在知识上的表现即形成了一种知识层面的"街垒巷战"。

---

① Jacques Rancière, *The Ignorant Schoolmaster: Five Lessons on Intellectual Emancipation*, trans. Kristin Ross(Stanford: Stanford University Press, 1991), p. 7.

② Raymond Aron, *The Elusive Revolution: Anatomy of a Student Revolt* (New York: Praeger, 1969), p. 110.

③ Raymond Aron, *The Elusive Revolution: Anatomy of a Student Revolt* (New York: Praeger, 1969), p. 59.

④ 文森特·德贡布：《当代法国哲学》，王寅丽译，新星出版社，2007，第 176 页。

第三节　酒神对日神的取代

"街垒巷战"是一种在法国具有悠久传统的战斗方式，从法国大革命开始，法国人民一旦遇到需要全民作战的时候就会有人高呼"到街垒去"（Aux Barricades）。二战期间是如此，1944 年 8 月 21 日，星期一，《解放了的巴黎人报》《解放报》《保卫法国报》的头版都用大字标题写着"到街垒去！"号召大家去街垒巷战。①"五月事件"中的学生和工人自然也继承了这一传统。它不仅体现在"五月事件"之中，还表现在后来的知识话语的形式变化中。

"五月事件"展现给我们的并不是思想领导权在三拨知识分子中的转移，而是知识本身发生了变异。这个变异就是新的多元知识景观的诞生，也可以被表述为诸种文化政治理论的兴起。萨特、梅洛－庞蒂所代表的深受 3H（黑格尔、胡塞尔、海德格尔）影响的老一代哲学家的确无可挽回地逝去了，这种迭代的思想根源在于科耶夫（Alexandre Kojève）带入法国的黑格尔辩证法在 20 世纪 60 年代之后被尼采的哲学所取代。② 与此同时，不上街的结构主义也完全沦为被打倒的对象，这可以被理解为一种主体性和普遍性的消失，但是后结构主义思潮和新一代的哲学家之间却并未形成简单的迭代关系，而是共建了新的文化政治景观。这一景观的基本特征在于，福柯、德勒兹、鲍

---

① 拉莱·科林斯、多米尼克·拉皮埃尔：《巴黎烧了吗？》，董乐山译，译林出版社，2002，第 167 页。

② 文森特·德贡布：《当代法国哲学》，王寅丽译，新星出版社，2007，第 14 页。

德里亚等法国哲学家放弃了马克思主义式的工人阶级革命，转向了日常生活，但与他们不一样的是，新一代的哲学家中出现了坚持马克思主义的工人阶级路线和转向保守主义两种形态，然而必须指出，即便是坚持马克思主义的工人阶级路线也不再是政党领导的革命。这两种形态都指向这样的事实：知识层面的斗争从马克思主义的阵地战进入了无政府主义的街垒巷战的阶段。这一阶段有两个核心的因素：一是远离政党而放弃无政府主义；二是斗争的场所是日常生活。

就第一个因素而言，"五月事件"发生不久，毛主义者中就发生了深刻的断裂，分为两个派别，按照多斯的说法，"一部分是理论家，他们坚持法共路线；一部分是赞成决裂，更加热心于事件，深受拉康的影响。这一部分参加了五月运动，并使披着毛主义外衣的政治激进主义更加疯狂"。① 事实上，沃林也有类似的说法："一种是更为教条的、新列宁主义的正统派，以维克多和'无产阶级左翼'为代表；一种是聚焦于'日常生活政治'的'狄奥尼索斯式的'趋势：妇女解放、同性恋认同与标新立异的生活方式的实验。"② 毫无疑问，多斯所描述的法共路线与维克多等人的正统派路线如出一辙，即强调有组织的革命形式，借用沃林对尼采的戏仿，这一类革命是"日神精神"的体现。而第二种革命选择了与这种有政党组织的革命形式的决裂，转向基于日常生活的革命，同时是一种更倾向于无政府主义"野猫罢工"的自发性革命，这可以被表述为"酒神

① 弗朗索瓦·多斯：《从结构到解构》下卷，季广茂译，中央编译出版社，2004，第164页。
② 理查德·沃林：《东风：法国知识分子与20世纪60年代的遗产》，董树宝译，中央编译出版社，2017，第28页。

精神"的降临。

就第二个因素而言，20世纪60年代的运动最重要的知识遗产就是"文化政治观念"，即文化的就是政治的，而这种文化就是日常的生活，所以，"许多新的理论家开始拥护新的社会运动并将日常生活政治化"。① 这一观念的盛行必须结合伯明翰文化研究学派学者雷蒙·威廉斯的《漫长的革命》（*The Long Revolution*）才能更好地理解，威廉斯认为，在政治革命、经济革命之后出现了第三次革命，也就是文化革命，其主旨则是威廉斯所提出的"文化是日常的"（culture is ordinary），② 日常生活、人们的生活方式变成了政治斗争的场所，也就是争夺安东尼奥·葛兰西（Antonio Gramsci）所谓"文化领导权"（culture hegemony）的战场。在英吉利海峡另一边的法国，这表现为罗兰·巴特将一切都置于符号学的视域之中，他称其为"神话学"，并在此基础上诞生了鲍德里亚的消费社会理论。他们也将日常生活放在了法国理论的显微镜下，比如鲍德里亚就在《生产之镜》中对"种类、种族、性、年龄、语言、文化、人类学或文化类型"等符号层面的文化革命寄予厚望，而不是像传统马克思主义者那样寄希望于工人阶级革命来解决资本主义的经济生产的问题。③ "五月事件"之后，整个法国左翼知识界不再走向暴动、革命和夺权，这是第一代受"东风"影响的哲学家萨特等人所秉持的陈旧观念。在"五月事件"后，新一代

---

① 道格拉斯·凯尔纳、斯蒂文·贝斯特：《后现代理论：批判性的质疑》，张志斌译，中央编译出版社，2001，第121页。

② Raymond Williams, *Resources of Hope: Culture, Democracy, Socialism* (London: Verso, 1989), pp. 3 – 14.

③ 鲍德里亚：《生产之镜》，仰海峰译，中央编译出版社，2005，第129页。

的哲学家也开始反思既有的秩序和结构，但是他们更加重视与日常生活类似的一种混乱的状态，原来结构主义中如壁垒般的二元对立模式被德里达的模棱两可的含混所取代，所以德里达开始玩弄各种文字游戏，如戏仿"我思，故我在"（cogito, ergo sum 的法语译文为 Je pense, donc je suis），将自己的一本书命名为"动物，我所是"（l'animal que donc je suis），又如借用"pharmakon"这个既可以是毒药也可以是良药的古希腊词来表达自己的某种希望语言能更模糊而非更精确的立场。这些做法的初衷是强调确定性的意义和所指须被模棱两可的概念所取代，这些概念都成了解构的工具。① 德里达之所以这样做，并不是为了单纯的游戏，而是为了撕毁哲学语言明确性的假象，"为了让游戏玩下去，哲学的语言必须已经充满欺骗（duplicity）（在这个词的两个意义上：一是双重状态，一是伪善和撒谎）"。② 这种含混和对确定意义的抗拒也成为后结构主义者共同寻找的对象，如巴特在《S/Z》中通过对巴尔扎克《萨拉辛》五种符码的分析，将后者视为一个无限生成的开放文本，这使他早期对叙事的结构和逻辑的强调变得无足轻重。

从某种程度上来说，这与"五月事件"所暗含的无政府主义思潮具有结构上的类似性。这种思想上的类似让学者完成了在知识话语中对权力的挑衅，从理论上来说可以称为从宏观政治向微观政治的转向。关于其动机，凯尔纳是这样认为的："在福柯、德勒兹与加塔利以及利奥塔等思想家所提倡的微观

① 弗朗索瓦·多斯：《从结构到解构》下卷，季广茂译，中央编译出版社，2004，第30页。
② 文森特·德贡布：《当代法国哲学》，王寅丽译，新星出版社，2007，第185页。

策略后面，隐藏着这样一种观点：既然权力是分散且多元的，那么政治斗争的形式也就必然应当是分散和多元的。"① 也就是说，与"五月事件"的街垒巷战类似，在现实政治中受挫的后结构主义哲学家转向了在学理上更为有效并且更为安全的抗议方式，主题也不再是工人阶级对抗资本主义。德里达用书写挑战语音中心，巴特和福柯宣告作者之死，克里斯蒂娃论互文性，德波提出极具批判性的"景观社会"理论，这一切都是为了从话语角度开辟新的对抗等级秩序的领域，可以称为一种知识话语层面的巷战，仿佛是对现实政治的一种怀旧。而这一点似乎也在"五月事件"中有所预兆，因为工人阶级在谈判之后拿到了需要的福利，便回到了工作的岗位上。人性这个大词被后结构主义理论消解，那些被忽略的少数人群（或者"他者"）开始出现在人们视野之中，他们关注的重点是日常生活所建构起来的自我身份认同以及这种认同所遭受的压制：女权主义、同性恋政治、后殖民主义、文化研究等正是为少数人的文化政治权利而呐喊。资本家与工人的二元对立被替换为资本主义主流道德与多元文化平等之间的对立，这些被压抑的群体和话语原本被认为是正常社会中的弱势或变态，所以福柯的《疯癫与文明》暗示了一种自启蒙运动以来的理性秩序和非理性混乱的对抗，也就是日神精神与酒神精神的对抗，用更抽象的话语来表述则是，一种注重连续性和同一性的现代性话语被一种注重非连续性和差异性的后现代话语所取代。

许多年之后，这种退缩到文化领域和日常生活的蔚为壮观

---

① 道格拉斯·凯尔纳、斯蒂文·贝斯特：《后现代理论：批判性的质疑》，张志斌译，中央编译出版社，2001，第 73 页。

的理论景观成了伊格尔顿《理论之后》（*After Theory*）所嘲讽的对象，酒神精神和知识巷战最大的问题就是混乱所导致的宏大视野的匮乏，也就是日神精神的匮乏。吊诡的是，在 20 世纪80 年代，正当法国知识界竭力遗忘"五月事件"、遗忘马克思时，以密特朗为代表的中左翼开始执掌法国政权，美国知识界开始大规模接受法国的各种左翼文化政治理论，并发明了一个关于法国思想的著名美国概念——"法国理论"（French Theory）。[1]到此时为止，"五月事件"漂洋渡海在大西洋彼岸落地生根，以一种安全而非暴动的方式进入了大学校园，于是美国的校园在热烈讨论"法国理论"的同时开始盛行"政治正确"。例如，印度裔美国学者斯皮瓦克在 20 岁的时候用并不娴熟的法语翻译了德里达的《论文字学》，并通过创造性地误读德里达而开启了后殖民主义讨论，为少数族裔呐喊。巴特勒则融合了福柯和德里达等人的后现代理论而开启了酷儿理论（Queer Theory），为性少数人群发声。一个事件终于变成了一种话语。也正是在这样的背景中，法兰西本土的新法国理论家朗西埃和巴迪欧则成为重新回到工人阶级和政治斗争的代表人物，然而新时代的文化理论景观已经不再是某一个流派的天下，第三代受到"东风"熏陶的哲学家只是成为与其他文化政治理论并列的诸多景观中的一个，尽管他们仍然保持着更接近马克思和毛主义的色彩。

毛主义从中国到"五月事件"中的法国，再到由"五月事件"衍生出的形形色色的文化政治理论，这是由事件引起的思

---

[1] François Cusset, *French Theory*, trans. Jeff Fort (Minneapolis: University of Minnesota Press, 2008) , p. XVIII.

想漂流，按照萨义德在《世界·文本·批评家》（*The World, The Text and The Critic*）中的说法，这叫作"旅行中的理论"（traveling theory），"文化和智识生活通常就是由观念的这种流通（circulation）所滋养，往往也是由此得到维系的"。① 与萨义德从卢卡奇、戈德曼和威廉斯入手分析的点对点旅行不同，以"五月事件"为核心的理论旅行是规模庞大的多点对多点的旅行，先是法国人制造了一个想象的中国，而等到狂热冷却之后，又变成了美国对法国的想象。沃林曾说："慢慢地'真实的'中国不再重要。按照毛主义者的说法，重要的是'我们头脑中的中国'（la Chine dans nos tetes）。"② 这让人不禁想起让·雅南（Jean Yanne）著名的讽刺电影《中国人在巴黎》（*Les chinois à Paris*，1974），影片中对中国人的嘲讽都不过是法国人的自嘲，也是对"五月事件"的一种隐喻。这样看来，"法国理论"何尝不是美国人头脑中的法国呢？不过无论如何，"五月事件"塑造了后 68 时代的左翼思想谱系，无论是文化政治对日常生活的眷恋，还是巴迪欧、朗西埃对工人运动的眷恋，都是在力图打破一种无形的等级秩序，按照美国学者克里斯汀·罗斯（Kristin Ross）的说法："五月事件的文化最后给我们留下了一个主题，这个主题就是平等。"③ 平等的思想，也许就是"五月事件"给我们最重要的遗产。然而，当今社会在何种意义上是平等的呢？话语中的平等吗？法国哲学家的反思所

---

① 爱德华·萨义德：《世界·文本·批评家》，李自修译，生活·读书·新知三联书店，2009，第 400 页。

② 理查德·沃林：《东风：法国知识分子与 20 世纪 60 年代的遗产》，董树宝译，中央编译出版社，2017，第 354 页。

③ Kristin Ross, *May'68 and Its Afterlives* (Chicago: University of Chicago Press, 2002), p. 78.

形成的遗产就是整个法国当代理论演变的谱系，无穷的能指延宕使得资本主义政治不但延年益寿，而且肆无忌惮地宣称历史终结，而作为"事件"的伟大政治行动最终躲进了书斋，变成学院里口口相传的话语或符号，"平等"化为书架上布满灰尘的书籍，知识分子则在获得了足够的文化资本之后，忙不迭地爬上了当年的马。

第三章

消失美学

我们首先考察的维利里奥虽然写过以"美学"命名的著作，但是从本质上而言，他在美学史上是一个异类，简单地说，他的观点与传统的美学观念或思维方式没有太多的共同之处，他所使用的"美学"这个词更像是对"感性"的另一种表达。他所说的"消失美学"（Aesthetics of Disappearance）也并不是指"美学"这个学科行将就木，而是指一种基于"消失"的美学话语。他独特的思考问题的方式又与他喜欢引入各种技术和科学概念有关，但是"成也萧何败也萧何"，科学共同体对他对科学术语的滥用表示了极大的怀疑。科学界针对后现代思想的著名"索卡尔事件"中，主要的攻击目标就有他。但是随着时间的推移，毋庸置疑的是，他的讨论具有巫师般的惊人预见性，他写于 20 世纪后半叶的著作让 21 世纪的读者感到十分熟悉，这大概也是作为哲学家的他最大的魅力所在。

第一节　保罗·维利里奥其人

1932 年保罗·维利里奥（Paul Virilio）出生于巴黎，父亲是意大利人，母亲是布列塔尼人。[1] 2018 年，他因为心脏病离开了人世。他曾经在多个地方表示自己是一个"战争的孩子"（war baby），[2] 德国对法国的占领带给了他各种关于战争机器的经验，导弹、迫击炮、枪等意象给他的美学理论带来了重大的影响，从某种意义上说，战争机器成为他的各种理论术语的思想来源。他是法国著名的媒介理论家和城市规划专家，但同时他也因为其提出的"消失美学"而被认为是一位美学家，他认为"消失美学是整个世纪末的标志"。[3] 正是这一独特的理论使得维利里奥在 20 世纪的美学论述中占据了一席之地。但需要指出的是，他的美学理论非常杂糅，不只是艺术、哲学、政治、电影等问题的集合体，还融合了科学技术方面的理论，如果说后现代哲学家不乏与他一样会在自己的理论中加入相对论和量子力学的相关理论，那么对军事理论的引用可以说让他的思想显得独树一帜（这一点自然源自他早年生活在德国占领区的恐惧感），但无论从哪个经验层面入手，维利里奥终究是一位哲学家。

---

[1] John Armitage and Ryan Bishop, "Aesthetics, Vision and Speed: An Introduction to Virilio and Visual Culture", in John Armitage, ed. , *Virilio and Visual Culture*(Edinburgh: Edinburgh University Press, 2013) , p. 11.

[2] John Armitage and Ryan Bishop, "Aesthetics, Vision and Speed: An Introduction to Virilio and Visual Culture", in John Armitage, ed. , *Virilio and Visual Culture*(Edinburgh: Edinburgh University Press, 2013) , p. 12.

[3] Paul Virilio, *Art and Fear*, trans. Julie Rose(New York and London: Continuum, 2000) , p. 16.

与福柯、德里达等法国著名哲学家不同的是，他不是毕业于法国著名的巴黎高师，甚至也不是毕业于巴黎拥有悠久传统的索邦大学，而是毕业于一所艺术职业学校（École des métiers d'Art），所以他有其他人所没有的独特经历，即与亨利·马蒂斯（Henri Matisse）这样的艺术大师合作，他是制作彩色玻璃（stained - glass）方面的专家。其学术背景中比较重要的一点是，他后来在索邦大学参加了莫里斯·梅洛 - 庞蒂的现象学研讨班。所以不难看出在很多理论中，他的潜在对话对象是梅洛 - 庞蒂。除了现象学背景以外，他小的时候居住在南特，其间正值战争，所以他经常感受到空袭的威胁，后来又被征召入伍参加阿尔及利亚独立战争，所以其理论中包含了大量军事和战争方面的经验，恐惧也因此成为他的理论中的一个不可忽视的主题。20世纪60年代，维利里奥与法国著名的后现代主义建筑学家克劳德·帕朗（Claude Parent）合作出版了杂志《建筑原则小组》（*Architecture Principe Group*，1963 - 1968），他们最大的创新在于提出倾斜的功能（oblique function），也就是在建筑中大量使用斜面，由此在建筑中产生流动的效果，其代表性作品是圣伯纳 - 杜班纳教堂（Eglise Sainte - Bernadette - du Ban-lay，1966）。"五月事件"的到来让他与合作者帕伦之间产生了巨大的分歧，他一直都是学生运动的支持者，而帕伦则认为运动导致了法国经济的停滞，这非常愚蠢。[①] 虽然他并不认为自己是一个激进的革命哲学家，但他的支持态度使得他自己在"五月事件"期间被学生提名为巴黎建筑专门学校（École

---

① John Armitage and Ryan Bishop, "Aesthetics, Vision and Speed: An Introduc-tion to Virilio and Visual Culture", in John Armitage, ed. , *Virilio and Visual Culture*(Edinburgh: Edinburgh University Press, 2013) , p. 15.

Spécial d'Architecture）的教授。他从 1973 年开始担任该校的教务主管，也是在 1973 年，他成为伽利略出版社出版的《批评空间》（*L'Espace Critique*）的主编。1975 年，他在巴黎的装饰艺术博物馆（Decorative Arts Museum）做了一次大型的展览——"地堡考古学"（Bunker Archaeology），这次展览的主题是二战期间纳粹德国建立起来的一道防线——大西洋墙（Atlantic Wall），这是希特勒 1942 年下令建造的一道可怕的防御工事，其中比较重要的是一系列巨大的钢筋混凝土地堡。维利里奥不但展示了自己调查时拍摄的图片，而且通过这一事件勾勒出了整个第三帝国的内在组织逻辑，他认为这些地堡的作用并不是防御盟军，而是为了"验证纳粹政权的特定意识形态组织模式"。[①] 也正是这一角度独特的展览和研究让维利里奥名声大噪。1987 年他赢得了"国家批评大奖"（Grand Prix National de la Critique），两年后他成为巴黎建筑专门学校的董事会主席，同年他开始在赫赫有名的巴黎国际哲学院（College International de Philosophie de Paris）担任导师，该学院的负责人是法国著名哲学家德里达。1998 年退休之后，维利里奥曾长期致力于为巴黎的无家可归者提供住处。

维利里奥虽然是一位媒介理论家和城市规划专家，但是其思想的跨度却异常大，这不仅体现在他对各种军事术语的借用，如地堡、炸弹、后勤、瞄准线等，还体现在他本身的专业领域（建筑学）上，但令他名声大噪、在建筑圈外产生影响的却是对电影技术的讨论。此外，他对美学和艺术也有着自己深邃的思考，《消失的美学》（*The Aesthetics of Disappearance*，2009）为

① Ian James, *Paul Virilio*(London: Routledge, 2007) , p. 74.

他赢得了广泛的关注。需要指出的是，维利里奥在这里所使用的"美学"与巴迪欧语境中更偏向于艺术哲学的"美学"含义不同。维利里奥更加倾向于回归美学的本意，即感性（aisthesis），因为他不是局限于讨论艺术和哲学的关系问题，而是扩展到了对感知问题的讨论。他所讨论的感觉或感知问题与我们日常讨论的以艺术为基础的感知问题不同，他更关注最新的技术对我们的感知所造成的影响，所以这就必然要涉及作为技术载体的媒介的问题。作为媒介理论家，他对海湾战争在电视媒介上如何呈现的思考最初经常被拿来与鲍德里亚进行对比，而"消失"这个非常能标记其个人特征的问题也常常被人拿来与鲍德里亚进行对比。① 因为鲍德里亚在《为什么一切还未消失?》（*Why Hasn't Everything Already Disappeared?*，2009）这本小书里提到"这是一个关于消失的问题"，资源耗尽，种族灭绝，这些都是"自然法则"，但是人类发明了一种新的模式，这就是"消失的艺术"（art of disappearance）。② 不过，鲍德里亚更多指的是当主体消失之后，在技术的发展之下，我们用以再现世界的方式开始抛弃真实的世界，而由模拟时代进入了数字时代。这可以说是他的拟像理论的一个衍生结论：实在的世界终将消失。维利里奥也是针对消失这一现象，但是论述的问题域并不与鲍德里亚完全一致，而是具有自己鲜明的特征和逻辑连贯性，而且他旗帜鲜明地指向了电影这样一种新的艺术形式，然后以此为基点将理论应用到了更广泛的新型视觉艺术中。

---

① 约翰·阿米蒂奇：《维利里奥论媒介》，刘子旭译，中国传媒大学出版社，2019，第2~3页。

② Jean Baudrillard, *Why Hasn't Everything Already Disappeared*, trans. Chris Turnler(Salt Lake City: Seagull Books, 2009), pp. 9 – 10.

通过这一方法，维利里奥虽然与同时代的其他哲学家或美学家一样对再现的危机以及艺术的危机进行了思考，但是有着非常不同的出发点和结论。

第二节　消失的美学

维利里奥整个理论体系中，最核心的概念之一是"消失的美学"（l'esthétique de la disparition），这也是他在 20 世纪 80 年代出版的一部著作的标题。其内涵并非我们通常所理解的那样是关于艺术的一种哲学，美学在他的语境中更倾向于回到本义"aisthesis"，即感知或感觉。这种感觉并非日常的感觉，而是一种全新的感觉，是基于现实的消失而产生的。现实之所以在感知中消失，是因为一系列电影技术的发明。

斯坦福大学的建立者、曾任加州州长的斯坦福曾经与人争论马在奔跑的时候是不是有四个蹄子全部悬空的瞬间，而解决这个问题的人就是电影拍摄技术的鼻祖麦布里奇（Eadweard Muybridge）。1878 年，受斯坦福委托的他与一位铁路工程师联手发明了一套运动摄影装置，这套装置包含 12 台摄影机器，让马在跑过摄影机的时候触发摄影机并拍下那一瞬间的照片。电影从本质上来说是利用了快速切换的静止图片在我们人类的视网膜上形成的视觉残留而导致的一种运动效果。

最先提出马四蹄腾空问题并且影响了麦布里奇的是法国生理学家埃蒂安 - 儒勒·马雷（Etienne - Jules Marey），他所发明的便携式摄影枪（形状像一把老式的带有圆筒的加特林枪）是一种可以在 1 秒钟之内拍摄 12 次并且都记录在同一张照片上的装置，这种拍摄方法被称为连续摄影法（chronophotographie）。

与麦布里奇不同的是，马雷不是一个摄影师，而是一个科学家，不但研究过空气动力学，甚至还制造了自己的航空器，所以他更倾向于用自己的设备对昆虫、鸟类等的运动甚至液体的运动进行研究，并且出版了两部著作，一部是《鸟的飞行》（*Le Vol des Oiseaux*），另一部是《运动》（*Le Mouvement*）。他研究的对象有着共同的特征，即运动速度快，使人难以依靠肉眼观测其运动。

马雷在维利里奥的理论语境中特别重要，被反复提及，这不仅是因为他发明的摄影枪是一种前电影时代的连续摄影装置，还因为他身处航空技术迅速发展的时期。他参与的两个事件意味着摄影技术的一种转换，即从静止的拍摄装置向运动的拍摄装置的转换。用马雷的连续摄影装置拍摄出来的影像会产生一种类似于双重曝光（英文为 double exposure，法文为 surimpression）的效果，而移动的摄影机所拍摄出来的内容在放映的时候则会呈现一个运动的世界。前者试图将不同的时间呈现在同一空间中，而后者则在眼睛和机器之间达成了一种一致性，从而呈现一种运动影像。所以，正如维利里奥所言，双重曝光被移动摄影（traveling shot）所取代，而要实现这一点就需要依靠可以运动的运载工具。① 其实，维利里奥所描述的是我们在乘坐火车时的一种感知体验：景物从窗口不断倒退的时候，我们就仿佛在观看一帧一帧放映的电影，与看电影不同的是，观看者的位置在不停变化，而被观看的世界处于相对静止的状态。卢米埃尔兄弟的《火车进站》（*L'Arrivee d'un train en gare de La*

---

① Paul Virilio, *The Aesthetics of Disappearance*, trans. Philip Beitchman (New York: Semiotext(e), 2007), p. 67.

Ciotat, 1896）就是用前一种方法拍摄的，镜头是固定不变的，火车缓缓驶过，各种人物在镜头前移动，维利里奥对此评论道："这种电影是从外部观察运动，根本上，是以静坐不动的方式，投在运动物体之上的一种注视。"① 与之相反，比泽尔在1898年把一台摄影机固定在快速行进的火车头的减震器上，这样就模拟了在火车上观看后退景象的观众视角。这两种拍摄都是为了让观众建立起时间与空间的连续统一性，从而产生身临其境的效果。维利里奥指出，在这些例子中，"摄影机复制了习惯性视野的状态，它是对行动的一种同质性见证"。②

人在观看世界的时候，是处在确定的时间和确定的空间中的，并且可以在不同的视觉对象之间建立联系，联系的方式就是我们肢体的运动，所以具身性（embodiment）在我们日常生活的观看中起到了重要的作用。但是，电影技术却不一样，由于摄影和放映的分离，以及蒙太奇等技术的运用，日常生活中的观看方式在观看电影的时候失效了。比电影更早的摄影技术的发明也是如此，每一张照片的诞生都意味着有一种现实就此流逝或消失，或者如罗兰·巴特在《明室》中所说的，"这个存在过"的意思是，"我看到的这个东西曾经在那里、在无限与那个人（摄影师或看照相的人）之间的地方存在过"。③ 换个角度来看，当我们看见那个摄影中的世界时，曾经存在过的那个被拍摄时存在的真实世界就消失了。对这一现象加以利用，就会产生一种

---

① 保罗·维利里奥：《战争与电影》，孟晖译，南京大学出版社，2011，第23页。
② 保罗·维利里奥：《战争与电影》，孟晖译，南京大学出版社，2011，第23页。
③ 罗兰·巴特：《明室》，赵克非译，文化艺术出版社，2003，第121~122页。

特别的视觉效果，这就是法国著名导演乔治·梅里爱（George Méliès）所发明的"停机替换手法"（英文为 stop trick，法文为 truc à arrêt）。梅里爱曾经描述自己在巴黎歌剧院广场（Place de l'Opera）上拍摄的时候，机器发生了故障，要继续拍摄就得在中间停止 1 分钟再重启机器，而在这 1 分钟中，行人、车辆都发生了位置的变化，等到重新开机拍摄时，原来的公交车变成了灵车，男人变成了女人，这种产生了替换效果的拍摄技巧就是"停机替换手法"。这种手法的特点就在于保持电影的镜框、布景、人物等位置不变并进行无缝对接的剪辑从而造成对某些细节或局部在视觉感官上的替换。

虽然梅里爱在 1907 年的著作《电影的视觉》（Les Vues Cinématographiques）里提到是他发明了这种拍摄手法，但实际上爱迪生制造公司早在 1895 年的电影《玛丽一世的处决》（The Execution of Mary Stuart）中就已经使用了这种拍摄手法，影片中所展现的苏格兰女王玛丽一世断头的场景正是用这种手法拍摄的。梅里爱所描述的这一手法的出现让维利里奥坚持了一种关于现实何以"消失"的美学理论，维利里奥认为："科学想要阐释清楚的关于'失去时间的不可见'变成了梅里爱生产出显现（appearance）的基础，他用他的发明想要展现的现实是对已经消失的现实的不在场的持续反应。"[①] 也就是说在这种拍摄中，有了现实的间断的不在场才有了影像中呈现的在场，有了现实世界的消失（disappearance）才有了影像中的显现（appearance）。从梅里爱的这个例子中我们发现电影可以让我

① Paul Virilio, *The Aesthetics of Disappearance*, trans. Philip Beitchman (New York: Semiotext(e) , 2007) , p. 27.

们以全新的方式重新体验一种走神的感觉，那些公交车或者人，等到我们回过神来的时候都发生了位移，就像是小时候的游戏"一二三木头人"一样，每一次睁开眼睛，人的位置都发生了变化，一种新的感知由此产生。

这里其实给了我们一种暗示，即电影（cinéma）的本质就在于运动（cinématique），无论是拍摄对象的运动还是摄影机的运动，而在放映时，运动效果（显现）的产生又是因为一帧一帧的图像之间存在大量的时间缝隙（消失）。由于人类视觉无法捕捉日常生活中复杂运动的全部信息，所以我们在日常观看的过程中也存在许多时间的缝隙，也就是说，人类由于视觉无法处理海量的信息，只能筛选信息，忽略一部分，保留一部分，而电影正是模拟了人类视觉的这一特性，由拍摄的部分和未被拍摄的部分组成，这也就是消失美学的主旨。

这一基于消失的感知之所以可能，在于人类的视觉感知与摄影机的同构性。人类的这一视觉感知特性，在维利里奥的理论体系中被描述为"失神症"（英文为 picnolepsy，法文为 pic-nolepsie）。就像维利里奥使用的大多数术语一样，这个术语也是他根据古希腊词根生造的，"失神症"在构词上有两个来源，一个来自古希腊语 picnos，本意是"经常发生的"；另一个来自"癫痫"（épilepsie），这个词在古希腊语中指"突如其来的"状态，也就是一种未能预见的失神状态。① 所以从字面来看，这个词指的是经常发生的失神状态，换句话说，也就是指时间流

---

① 参见维利里奥的注释和中译本译者杨凯麟的注释：Paul Virilio, *The Aes-thetics of Disappearance*, trans. Philip Beitchman（New York: Semiotext（e），2007），p. 123；保罗·维利里奥：《消失的美学》，杨凯麟译，河南大学出版社，2018，第 80 页。

动的意识经常被打断，比如在吃早餐时一个失神导致杯子掉落下来，这样的走神持续时间非常短，可能就几秒钟，脑袋中突然出现一片空白的状态，与癫痫病的发作非常类似，过一阵子回过神来又能够继续手上的事情。又如假寐的状态，明明知道自己在睡觉但又不是清醒的，眼球会快速地运动，在半梦半醒之间仿佛那短暂的时间是被偷窃了一般。对此，维利里奥指出，"失神的时候，其实并没有真的发生什么，那被错过的时间其实并未存在过"。①

维利里奥的消失美学以对失神症的模拟为基础，涉及电影的本体论：电影的本体就是消失。这让电影获得了与其他艺术不同的特质和地位，使之成为一种全新的后现代感知方式的代表，其特征是人和机器的联结："电影是一个终点，在这里主流的哲学和艺术产生了困惑也迷失了自我，它也是人类心灵与马达心灵（motor‐soul）的语言之间的一种原始混合。"② 马达是维利里奥对机器的惯常称呼，如果说电影的发明让感知的身体与机器产生了一种融合，并带来了一种感知的革命，那么运输工具（另一种马达）的发展则带来了运动的身体与机器的另一种融合，并产生了另一种感知的革命。

第三节　感知的后勤

在《消失的美学》中，维利里奥描述了导致失神症的运输

---

① Paul Virilio, *The Aesthetics of Disappearance*, trans. Philip Beitchman (New York: Semiotext(e) , 2007) , p. 19.

② Paul Virilio, *The Aesthetics of Disappearance*, trans. Philip Beitchman (New York: Semiotext(e) , 2007) , p. 115.

工具的三个样态，他也称其为"后勤角色"（logistical role）或"后勤配偶"（logistical spouse），因为他将人与运输工具之间的关系描述为一种爱欲关系，即类似于男女结合的一种亲密关系。

首先，第一个导致失神症的典型是夏娃，因为他认为夏娃扮演了"第一个后勤角色"。毋庸置疑，维利里奥用了一个神学的解释来描述第一个典型：夏娃受到撒旦的诱惑，亚当和夏娃不得不离开伊甸园，从神圣空间伊甸园坠入尘世。这一次坠入人间的最大意义在于一个概念被引入人类的世界之中，这就是"时间"，维利里奥认为，"这次重要的离开对于人类而言是一次对身体和感觉进行探索的开始，从不可移动的永恒事物走向那个被称作时间的范畴"①。这一次离开使人类从此进入不稳定的漂泊状态，运动和变化也由此而生，从此以后速度才有了意义。此外，这种神话般的描述被选作第一个典型想要说明的是一种原型范畴，他在《速度与政治》（*Speed and Politics*）一书中指出："在没有技术运输工具（technological vehicles）的社会里，女性扮演着后勤配偶的角色，既是战争之母，也是卡车之母（mother of truck）。"② 所以，他想要表达的是，男人与女人的爱欲关系是人与机器之间关系的最初模型。

其次，人类在运输身体和货物方面先后经历了两次技术飞跃，也就出现了两种导致失神症的典型技术。按照阿米蒂奇的说法，这两次技术飞跃都是"以人类移动（movement）为中心的"：一次是前现代的"嗜兽癖"（zoophilism），从字面来说就

① Paul Virilio, *The Aesthetics of Disappearance*, trans. Philip Beitchman（New York: Semiotext(e), 2007）, p. 86.

② Paul Virilio, *Speed and Politics*, trans. Marc Polizzotti（New York: Semiotext (e), 2006）, p. 115.

是对动物的爱;另一次是现代的"飞入未知领域"(flying into the unknown)。① 虽然,阿米蒂奇的这一总结所选择的晦涩意象值得商榷,但是表达的意思还是可以理解的:第一次飞跃带来的结果是,人与动物之间产生了紧密的关系,女性作为运输工具的时代结束,动物与人形成了新的爱欲关系,它们构成了新的生物运输工具(metabolic vehicles)。关于嗜兽癖,维利里奥是这样描述的:"在技术对象更新之前,交通工具在耦合上的吸引力产生了嗜兽癖,就像是另一种形式的异性恋。"② 他还举出了拦住俄狄浦斯的斯芬克斯为例,来说明人和动物的这种奇异的结合。实际上,维利里奥想要表达的是,在速度提升的历史中,在现代交通工具诞生之前,我们主要依靠动物的力量来完成战争后勤的工作,所以我们通过骑马或依靠动物的其他方式所形成的交通方式被他看作动物对女性角色的取代,而斯芬克斯的图像学演变也说明了这一点,即斯芬克斯在后期的变化中显示出女性的样貌并且带有翅膀。也就是说,女性开启了人类移动的可能,而动物则为人类带来了第一次技术飞跃。但是从另一个角度来说,按照维利里奥早期的划分,无论女人还是动物都是基于新陈代谢功能的生物体运输工具,区别于技术运输工具。

第二次飞跃带来的结果是,机械运输工具(mechanical vehicles)的发明,人类与机器进行了新的结合,这包括汽车、火车、飞机等的发明和运用。"飞入未知领域"的说法来自维利

---

① 约翰·阿米蒂奇:《维利里奥论媒介》,刘子旭译,中国传媒大学出版社,2019,第35页。

② Paul Virilio, *The Aesthetics of Disappearance*, trans. Philip Beitchman (New York: Semiotext(e), 2007), p. 95.

里奥对飞行员让 - 马力·萨基（Jean - Marie Saget）的采访的一次引用①，它想要描述的是运输工具的速度不断提升的一种状况。这也可以理解为维利里奥最主要的技术飞跃类型，因为他最终要考察的正是现代性之后的技术飞跃，人与机器的结合在现代世界取代了人与动物的结合，技术力量开始控制人类社会的基本走向。这也在真正意义上脱离了以新陈代谢为基础的人体和动物身体的运输方式，而转向了以机械为核心的运输方式。

　　维利里奥之所以要讨论运输工具的变化，是为了给描述"感知的后勤"（英文为 logistics of perception，法文为 logistique de la perception）做铺垫。阿米蒂奇在解释这个词语的时候指出，该词原本指的是军方情报部门提供影像资料的行为，后来衍生为"通过战争运输与摄影机的合并形成新的电影武器系统"②。更确切地说，维利里奥想要表达的是，对变化世界的感知如何借助运输工具完成快速传播。按照批评家乔纳森·克拉里（Jonathan Crary）的说法，维利里奥深受梅洛 - 庞蒂的知觉现象学影响，但他并不喜欢"现象学"这个词，于是用"后勤学"（logistics）这个军事学术语来替代③。克拉里的阐述显然过于简单，术语的替代明显有着深层次的考量，至少包含两个方面的原因。第一，维利里奥从来都偏爱对军事的讨论，而且

① Paul Virilio, *The Aesthetics of Disappearance*, trans. Philip Beitchman (New York: Semiotext(e) , 2007), p. 102.
② 约翰·阿米蒂奇：《维利里奥论媒介》，刘子旭译，中国传媒大学出版社，2019，第 161 页。
③ Jonathan Crary, "Introduction to *The Aesthetics of Disappearance*", *The Aesthetics of Disappearance*(New York: Semiotext(e) , 2007) , p. 11.

经常将自己称作"战争的孩子"①，在他看来，军事技术的进步导致了移动速度的提升，这具体表现在战场上各类可移动车辆或其他运输工具的发明。第二，这显然也暗示了两种完全不同的观看方式，按照梅洛－庞蒂的现象学方法，身体在我们的观看中占据了重要的地位，因为它具有两个维度："我将我的身体看作世界之中的一个客体，它同时是我观看世界的视角。"②如果说在笛卡尔的世界中，"我思"（cogito）是第一位的，人的眼睛就仿佛一个镜头，冷静地观看着世界和自己，那么梅洛－庞蒂则更倾向于认为意识并不是基于"我思"，而是基于"我能"（I can）③。也就是说，身体不仅是被感知的对象，还是去感知的主体的一部分，但这种依靠身体感知到的现实世界是在低速情境中呈现的样子。④ 而维利里奥提出的"感知的后勤"则指向高速运动状态中世界在镜头前所呈现的样子，也就是说，必须摆脱肉身对感知的限制，让感知与运动的工具进行联结，这就是拍摄装置与航空器的结合。

航空连续摄影的诞生标志着一种新的观看方式的诞生，它源自电影技术与军事侦察技术的结合。19 世纪末期，电影与航空器几乎是同时诞生的，两者进行了自然而然的结合，这就是第一次世界大战期间的航空摄影，法国著名电影导演

① John Armitage and Ryan Bishop, "Aesthetics, Vision and Speed: An Introduction to Virilio and Visual Culture", in John Armitage and Ryan Bishop, eds. , *Virilio and Visual Culture* (Edinburgh: Edinburgh University Press, 2013), p. 12.

② Merleau－Ponty, *Phenomenology of Perception*, trans. Colin Smith(New York: Routledge, 2002), p. 81.

③ Merleau－Ponty, *Phenomenology of Perception*, trans. Colin Smith(New York: Routledge, 2002) , p. 159.

④ Eric Wilson, "Aesthetics of Disappearance", in *The Virilio Dictionary*(Edinburgh: Edinburgh University Press Ltd.), p. 26.

让-雷诺阿曾经也是航空侦察小分队的一员。这种航空连续摄影可以呈现一座村庄或农场从有到无的全过程,更为重要的是可以为决策提供重要的情报,所以后来飞机上不但装载了摄影设备,还装载了电子通信系统,从此飞机便与决策部门联系在一起,前者"以瞬息速度"(instantanément)向后者提供情报。① 坐镇指挥中心的军事指挥官像观看电影一样分析前线的情报,电影与战争之间产生了深层次的勾连:"军事交火唯有通过投射才能被感知,只有战争电影的一格格摄影画面才能够彰显出战事的内在动力机制,彰显出主导线索,给地面侦察只留下一个为战术控制服务的角色。"② 换句话说,现代战场瞬息万变,由于高速移动设备的运用,每个人都失去了通观全局的能力,所以航空连续摄影带来的感知方式的转变正好适应了新的战场形势,感知重新跟上了人和车辆的移动速度。从这个意义上来讲,航空连续摄影已经变成了一种超越一般武器的新型武器。维利里奥认为,战场已经不再是各种物体之间的战争,而是"图像和声音的战争",因此胜利的关键在于"不要丢失敌人的影像",谁占据全知全能的上帝之眼,谁就能赢得胜利。③ 航空连续摄影所带来的新的观看方式至少融合了三种工具:第一种是望远镜,第二种是摄影工具,第三种是高速移动的运输工具。前两种完成的是"感知"任务,第三种完成的是"后勤"工作,也就是运输感知到的信息。这种军事化观看的

---

① 保罗·维利里奥:《战争与电影》,孟晖译,南京大学出版社,2011,第38~39页。

② 保罗·维利里奥:《战争与电影》,孟晖译,南京大学出版社,2011,第227页。

③ Paul Virilio, *The Vision Machine*, trans. Julie Rose(Bloomington: Indiana University Press, 1994), p. 70.

场景是后来被实时通信占领的日常生活的一个原型。

这些感知或运输的技术被维利里奥称为"技术假肢"(technical prosthesis)或"视觉假肢"(visual prosthesis)。这个术语无疑也是维利里奥创造的,早在《速度与政治》中他就已经开始使用"假肢"这个词,因为这与他所感兴趣的战争话题存在千丝万缕的联系。从 17 世纪开始,正是战争催生了"整形外科",其目的是为在战争中受伤的士兵安装机械装置来弥补受损伤的身体。[1] 但是,维利里奥拓展了这个概念,将健康人所使用的各类可以扩展感知的工具以及可以提升运动速度的工具都称为技术假肢。这些技术假肢最早可以追溯到望远镜、显微镜等用来观察的工具,而所有这些可用于观看的技术假肢或曰视觉假肢的原型就是望远镜,维利里奥认为望远镜为我们"投射了我们不可触及的世界,同时也投射出另一种在世界中移动的方式,这就是感知的后勤,这种方式开启了一种未知的影像运输,并且产生出远近叠加的效果,也就是一种消除我们的距离和维度体验的加速现象"[2]。

技术假肢的发展和运用从两个方面给人类带来了巨大的问题。第一个方面是,技术假肢让人失去了梅洛 - 庞蒂所描述的具有积极意义的身体,人的感知从依靠技术假肢提供的辅助变成完全被技术假肢所左右。这一点正如技术假肢这个隐喻所暗示的那样:身体与机械完成了融合,并由后者主宰了感知,从而形成了"自动感知"。第二个方面是技术假肢会带来失神症。

[1] Paul Virilio, *Speed and Politics*, trans. Marc Polizzotti (New York: Semiotext (e), 2006), p. 83.

[2] Paul Virilio, *The Vision Machine*, trans. Julie Rose(Bloomington: Indiana University Press, 1994), p. 4.

我们如果要抵抗失神症，就需要借助技术假肢，现在我们最常见的技术假肢无疑是各种移动电子设备，这些技术假肢逐渐取代了各种器官的功能，并且造成了新感知方式的出现，这就是阿米蒂奇所说的："通过各种技术假肢投射的光形成的失神症成为产生后现代感知或美学表征的关键。"[1] 阿米蒂奇之所以认为失神症是当代美学感知的一种代表，是因为我们在运用某些技术假肢的同时复制了这种失神症的状态。这就像柏拉图的《斐德若篇》中对文字的描述一样，根据德里达的解释，文字是"pharmakon"，既是帮助人记忆的良药，又是让人失去记忆的毒药[2]。同样，技术假肢既帮助我们感知和记忆高速变化的世界，又像毒药一样让我们更加频繁地产生失神症，让世界在感知中消失。

第四节　懒惰的身体

通过电影和运输工具的发明，人的身体完成了与机器的两次融合，机器成了人的技术假肢，而第三次融合来自维利里奥描述的战场上的景象，即指挥官凭借航空连续摄影以及电子通信设备发回的资料来坐镇指挥，最终成为每一个现代人的日常生活。维利里奥说，如果说 19 世纪末 20 世纪初，我们完成了移动运输工具的发明和应用，那么 20 世纪末，我们就完成了视听运输工具（audiovisual vehicle）的发明和应用，这是最后一

---

① 约翰·阿米蒂奇：《维利里奥论媒介》，刘子旭译，中国传媒大学出版社，2019，第 27 页。

② Jacques Derrida, *Dissemination*, trans. Barbara Johnson(London: Athlone Press Ltd. , 1981), p. 70.

次大的变革,从动态变成了静态。① 他的意思是,我们的感知被技术假肢所控制,远程在场取代了在场本身。这标志着一种偏爱静态的懒惰身体的形成,获取信息不需要移动身体,机器的运动代替了人的运动,后人类也就最终形成了。

新兴信息技术的运用,带来了知觉上远近距离的消除,在维利里奥看来,距离的缩减直接联系着"对空间的否定"(negation of space),从而在政治和经济上造成了巨大的影响②。除此之外,在视觉艺术领域,它所带来的后果是图像再现的传统方式的式微,这种古老的再现方式广泛地存在于古典视觉艺术作品中。如果说我们原有的观看依靠的是我们的血肉之躯和天真之眼,那么在新的时代里,我们的观看就离不开视觉机器(vision machine)的帮助,"这些综合感知机器(synthetic‐perception machines)会在某些领域替换我们,也会在某些我们的视觉能力难以胜任的超高速操作中取代我们"③。这是一种新的技术革命,要捕捉高速运动的物体,就必须将世界虚拟化为抽象的符号,从而形成新的感知图示。维利里奥认为,"人们会忘掉物体与躯体,而关注物体与躯体的各种生理痕迹;出现了整套的新型手段,如各种作用于现实的传感器,不是对影像,而是对于振动、噪声、气味更为敏感;增强亮度的电视,红外线闪光灯,则意味着根据温度与生命机能来辨别躯体的热感成

① Paul Virilio, *Polar Inertia*, trans. Patrick Camiller(London: Sage Publications, 2000), p. 18.

② Paul Virilio, *Speed and Politics*, trans. Marc Polizzotti(New York: Semiotext (e), 2006), p. 149.

③ Paul Virilio, *The Vision Machine*, trans. Julie Rose(Bloomington: Indiana University Press, 1994), p. 61.

像"①。一言以蔽之，人和世界的影像被替换为抽象的符号，对外形的再现也被对其他特性的再现所代替，这一切都是为了捕捉高速移动的物体的运行轨迹，从而看到人肉眼看不到的世界。

如果说雷达、热成像仪等还是这种视觉机器的军事形态，那么民用形态的视觉机器在维利里奥的语境中的标志则是电脑制图技术和互联网的结合，这种新现象的特征之一是极大的加速，超越了飞机加速带来的冲击，加速给我们感知世界的方式带来了超越摄影和电影的新变化，新的视觉机器开始涌现，比如生活世界里到处都存在视频监控装置，也存在各种不停滚动的大屏幕，更不用说21世纪以来以智能手机为代表的各种移动终端几乎主宰了人的生活。

这些视觉机器摧毁再现的方式之一是"某种远程拓扑（teletopology）的日常化"。关于远程拓扑，维利里奥有着自己的解释，在一幢受远程监控的楼房内，远程拓扑是这样表现的："在那里，从每个套房都可以观察所有其他的套房，更准确地说，每个不同的套房的房间都像一个视频控制室那样在运转，对全部其他房间进行监控。"② 简言之，维利里奥想要表达的是一种复杂的网状拓扑结构，也就是一种相互观察、相互监督、相互交流的远程实时在场结构，相比于福柯援引的全景敞视监狱，远程拓扑在关系上更为复杂。原本闭塞的日常生活领域开始被远程再现技术所拓展，通过身体所感受到的周遭环境被同时出现的其他时间和空间中的影像所取代，但是作为一个技术

---

① 保罗·维利里奥：《战争与电影》，孟晖译，南京大学出版社，2011，第41页。

② 保罗·维利里奥：《无边的艺术》，张新木等译，南京大学出版社，2014，第19页。

批评者，维利里奥对这一现象的评价是负面的，他认为："人们会明白，这种远程客观性在何种程度上让我们丧失了这种对现实的把握。"① 正如梅洛－庞蒂所说，那个我们所熟知的"我能"（I can）的世界，也就是我能够得着、能看得见的世界已经不再在我的掌控范围。② 更确切地说，因为知觉后勤的加速，或者说影像传输按照光速在运行，我们对世界的感知随着视觉机器的发展而迅速变化。处于不同地点的人，可以在同一时间通过卫星定位连线、电话或互联网等方式进行无障碍的交流，仿佛在赛博世界里，所有人都处于同一个扁平的空间中，距离不再成为问题。真实世界的地形原本会阻碍人与人之间的交流，大江大河、山川丘壑所制造的行动和信息传递的障碍在赛博空间中被均质化，所以新的地形出现了，数字化的平等空间诞生了，一种赛博空间的地形学随之诞生，这也就是远程拓扑日常化所想要表达的内容，正是赛博空间的诞生重新塑造了人类观看世界的方式，克拉里对此有着精辟的总结："人类眼睛在历史上的一些重要机能，绝大多数正被一些新的实践所取代，在这些实践中的视觉影像，不再需要一个观察者置身于'真实'可感知的世界以供参照。"③

法国哲学家米歇尔·塞尔（Michel Serres）将这些新世界的观察者称为"拇指一代"，他说道："他们出没在一个天涯咫尺的拓扑空间里，而我们则生活在一个以距离为参照的度量空间

① 保罗·维利里奥：《无边的艺术》，张新木等译，南京大学出版社，2014，第 14 页。
② Paul Virilio, *The Vision Machine*, trans. Julie Rose(Bloomington: Indiana University Press, 1994) , p. 7.
③ 乔纳森·克拉里：《观察者的技术——论十九世纪的视觉与现代性》，蔡佩君译，华东师范大学出版社，2017，第 4 页。

中。"① 事实上，塞尔所说的"我们"可以化约为通过自己的血肉之躯去探讨感知和意识问题的观察者们，而他所说的"拇指一代"则是维利里奥所谓生活在远程拓扑空间中的年轻人。"远程拓扑"是维利里奥的自造词，来自两个常见的古希腊词根："tele"表示的是"远距离"，而"topos"表示的则是"场所或公共场所"。如果说"拓扑"（topological）指的是一个地点的现实，以及它的历史和地理形式，那么"远程拓扑"则指的是"从远距离观看一个地点或一种形式"。② 从这个意义上说，塞尔所说的"拓扑空间"与维利里奥的"远程拓扑"并没有本质的区别，维利里奥只是更加强调电子传播所带来的远距离同时在场的效果，但塞尔和维利里奥指出的这种现象却是值得深思的，用维利里奥的话来说，"地理上的在地化"（geographical localization）在当代社会中逐渐失去了战略价值，如今真正具有战略价值的是"载体的去在地化"（the delocalization of the vectors）。③ 新型载体让人和物剥离其空间属性，空间和地点失去了意义，真正重要的是移动的速度，实体的位置变化获得了比实体本身更重要的意义。所以，远程拓扑所体现的是对拓扑世界空间意识的反抗，在远程拓扑的世界里，在哪里不重要，位置的绝对变化和变化的速度才是重要的，因为赛博空间中的人和物已经没有物理空间中的所有物理特性。

此外，远程拓扑视觉机器的出现让观察者开始进入自动观

---

① 米歇尔·塞尔：《拇指一代》，谭华译，华东师范大学出版社，2015，第10页。

② Ian James, *Paul Virilio*(New York: Routledge, 2007), p. 48.

③ Paul Virilio, *Speed and Politics*, trans. Marc Polizzotti (New York: Semiotext (e), 2006), p. 151.

看的状态，各种图像充斥着我们的生活，远程实时图像在电视上、商场的大屏幕上以及我们的各种移动终端上不停地滚动播出，我们不再需要主动去寻找图像，而是图像走向我们，不是我们观看图像，而是图像包围我们。维利里奥对这种时代的来临并不抱欢迎的态度，而是十分审慎地指出其中的问题，他将这种远程拓扑称为"实时的暴政"（tyranny of real time）。在这一点上，他的理解与我们一般的理解不一致：我们一般认为互联网时代的实时在线给予普通人以便利以及平等的权利；但维利里奥认为，这种暴政是民主的对立面，反思会被限制，我们会走向"自动主义"（automatism）①。维利里奥发现在摄影、电影和能够实时在线的新媒体技术之间存在着断裂，远程在场的现实取代了传统的通过绘画、摄影等被再现的现实，这从本质上说是一种视觉经验方式的变革。如果用来自美国且同样具有建筑学背景的媒介理论家威廉·J. 米歇尔的话来说就是"绝对的同步通信"正在取代更常见的异步通信，而这种同步在场的视觉感知最早来自 13 世纪城市的公共场所中安放的时钟。② 但是时钟带来的同步在场感知还是一个地域化的共同在场感，"实时"带来的却是整个世界的共同在场感，而维利里奥对此深恶痛绝。维利里奥对此最初的震惊来自在巴黎地铁站台上看见镜子被换成了电视屏幕。③ 随后发现生活中越来越多的监控摄像头、视频设备，实时在线一步一步地蚕食了我们的日常。

---

① Ian James, *Paul Virilio* (New York: Routledge, 2007) , p. 101.

② 威廉·J. 米歇尔：《比特城市：未来生活志》，余小丹译，重庆大学出版社，2017，第 21 页。

③ Paul Virilio, *Polar Inertia*, trans. Patrick Camiller (London: Sage Publications, 2000) , p. 1.

但米歇尔并不认为这样的实时有什么问题，他以一个艺术项目为例，这就是基特·加洛韦（Kit Galloway）和雪莉·拉比诺维茨（Sherrie Rabinowitz）在 1980 年 10 月的艺术项目《空间的洞》（Hole in Space），两位艺术家在那个时代就相当前卫地在美国东西海岸的两个城市间建立了双向视频连接，一个装置被安放在洛杉矶世纪城的一个商业中心的户外，另一个装置则被安放在纽约市的林肯表演艺术中心，视频中的人物与真实人物等大，过往的行人可以与美国另一个海岸的人们发生奇妙的相遇，感知被编码为信息并且按照光速传播，两个平行空间被电子媒介带到了一处。米歇尔没有批判，而是认为这就是未来。现实是，这个曾经在 20 世纪 80 年代十分前卫的艺术项目如今不过是 21 世纪日常生活的一小部分。

维利里奥对此之所以感到厌恶，是因为他认为我们的感知和观点都被实时更新的大众媒介所垄断，而且进入一个完全同时的世界之中，这些感知和观点并不具有个体性和特异性，而只是工业化量产的结果，由于我们被技术假肢劫持而失去了反思的能力，所以一切对世界的反应都变得自动化。自动化观看是视觉机器的一种后果，也是人的身体被技术假肢控制的结果，人的身体与世界的原本关系是主动感知，如今却变成了被动感知，我们仿佛时时刻刻都在观看远方的世界，与远方的人交流，又时时刻刻被打断，这种被动感知是失神症的更复杂的版本。维利里奥把视听运输工具称为"最后的运输工具"（the last vehicle）①，这是因为如今我们的感知信息从发送到接收是以光速在进行，依

---

① Paul Virilio, *Polar Inertia*, trans. Patrick Camiller(London: Sage Publications, 2000) , p. 17.

照相对论,这已经是宇宙速度的极限,也就不可能存在更大的变革。在这一速度的参照下,我们肉体的移动速度显得微不足道,这也是技术假肢所传递的信息取代身体感知的原因之一。

第五节　竞速学

通过对电影的诞生以及新兴媒介技术的探讨,维利里奥勾勒出一种新的社会文化症候,但这只是他整个理论体系中的表象,他的根本关注着落于广泛存在当今社会中的竞速现象。正是对速度的追求才有了我们观看世界变化的体验,并且从马背上观看世界,到从汽车、火车、飞机、火箭上观看世界,越来越快的运输工具最后都让位于信息的光速传播,人类感知方式的转换构成了最本质层面上的竞速游戏。在他看来,一切对速度的追求都来自战争中的装备竞赛,更好的装备一方面体现在更快速地让人移动,如飞机、坦克、两栖装甲车等,另一方面体现在更快的核弹投射能力上,这体现在大国之间超高速武器的竞争上,而为了实现精准打击,必须实现情报传输装备的更新,维利里奥对这一切提出了非常有预见性的总结:"我们必须面对事实:现如今,速度是战争,是最后的战争。"①

维利里奥给这个大家普遍感知却缺乏理论化的现象创造了一个新的名字——竞速学(dromology)。这个词来自古希腊语δρόμος(drómos),意思是竞速(race)或赛道(racetrack),而竞速学指以速度以及速度对人类文化和技术体系所造成的影响

① Paul Virilio, *Speed and Politics*, trans. Marc Polizzotti (New York: Semiotext (e) , 2006) , p. 156.

为研究对象的科学。① 伊安·詹姆斯特别指出，这里的"科学"
并不是我们通常意义上所说的科学，所以不能与自然科学相混
淆，而应该被看作"一整套知识、学科或方法论活动"，这一
整套知识关注的对象是速度。之所以关注的对象是速度，是因
为"速度决定或限制了现象显现给我们的方式"②。由此可知，
速度构成了维利里奥整个美学以及媒介理论的基础，竞速学是
维利里奥整个哲学体系的基础。他对速度的关注又与他对军事
的研究息息相关，因为在战场上，移动的速度往往决定了生死
存亡，这不仅体现在当代世界对各类精确打击的武器的使用上，
而且体现在从古至今的步兵攻击上，步兵如果不能利用炮兵更
换弹药的时间迅速攻入敌营，就会失去自己的性命，所以移动
的速度决定了战场的胜利，维利里奥总结道："新的战场上所
有事情都变成了这个问题：一个人在奔向会置他于死地的大炮
时，能赢得多少时间。"③

　　维利里奥认为自己的研究重心发生过一次转移，具体而言，
是"从拓扑学（topology）转向了竞速学，也就是说转向了对土
地使用开发过程中不断提升的运输和传播速度的研究和分析"④。
看上去维利里奥的研究重心从空间转向了时间，但事实上，他

① John Daid Ebert, "Dromology", in John Armitage, ed. *The Virilio Dictionary*
（Edinburgh: Edinburgh University Press Ltd. , 2013）, p. 69.

② Ian James, *Paul Virilio*(London: Routledge, 2007), p. 29.

③ Paul Virilio, *Speed and Politics*, trans. Marc Polizzotti(New York: Semiotext
(e）, 2006), p. 46.

④ Paul Virilio, "Architecture Principle," AA Documents 3: The Function of the
Oblique, Architectural Association, London, 1996, p. 13. 转引自 Benjamin
H. Bratton, " Logistics of Habitable Circulation: A Brief Introduction to the
2006 Edition of *Speed and Politics*", in *Speed and Politics*, trans. Marc
Polizzotti(New York: Semiotext(e), 2006), p. 8。

是在空间研究的基础上引入了时间变量。这与维利里奥本人的研究经历密切相关，因为他不仅是一位建筑学家，还是建筑专门学校的负责人，所以空间和拓扑学是其早期的关注重点，然而在研究过程中，他逐渐意识到速度可以更好地连接时间和空间的概念，于是发生了研究重心的转移。实际上，速度、时间和距离是紧密相连的三个概念，而其中速度就表现为后两个变量之间的关系，所以从根本上来说，对速度的研究才是消失美学的关键。维利里奥通过对战场的研究得出一个结论——"速度即时间"（Speed is Time）在战场上有着非常极端的表达方式，即从死神手里抢救生命的时间取决于移动的速度。[1] 他的这一思想得到了很多古代军事理论家思想的印证，用他最喜欢引用的拿破仑的一句话来总结就是"战争的才能就是移动的才能"（Aptitude for War is Aptitude for Movement），或者用他经常引用的一位中国军事理论家孙子在《孙子·九地》中的一句话来说就是"兵之情主速"（Speed is the Essence of War）。[2] 正是从这个角度出发，不断进行理论生发，维利里奥才确立了将移动的速度作为问题核心的整体思路。早期对战争的研究使维利里奥在后来讨论电影时也不断回到军事层面，包括将电影的拍摄与军事侦察关联起来，甚至用军事术语"后勤"来解释感知方式变革的问题，一言以蔽之，战场最充分地展示了速度的绝对重要性，而速度统治了现在的世界。

维利里奥用一个词描述了这个被速度统治的世界，这就

---

[1] Paul Virilio, *Speed and Politics*, trans. Marc Polizzotti(New York: Semiotext (e), 2006), p. 46.

[2] Paul Virilio, *Speed and Politics*, trans. Marc Polizzotti(New York: Semiotext (e), 2006), p. 149.

是竞速统治（dromocratic），该词由 dromos - 和 - cracy 这两个词根构成，前者是竞速，后者是统治和力量的意思。谁拥有速度，谁就拥有统治的权力。他甚至觉得根本不存在"工业革命"，而只有"竞速统治革命"（dromocratic revolution），因为所谓工业革命就是寻找更强大的力量来提升运输设备的速度，所以极端地说，军事战略也是不存在的，谁的运输速度更快，谁就能取得胜利，这就是"时间的战争"[1]。维利里奥由空间向时间的重心转移有着其固有的物理学背景，这就是相对论和量子力学颠覆了以往建立在牛顿经典力学基础之上的对时间和空间的认识，天体物理学家从原来只谈论"空间 - 时间"问题转变为讨论"物质 - 空间 - 时间"三位一体的问题，其基础假设在于时间也是一种"物质"[2]。空间概念在地球之外也失去了我们通常赋予它的意义，例如"托斯卡纳金黄色山丘的地理空间"指的就是牛顿意义上的几何空间。光速作为一个常量被引入对宇宙空间的测量之中，而且这个扩大的宇宙空间"也就是由一种'时间 - 光'构成的以太，这个'时间 - 光'与我们对于时间延续和地球物理的空间扩展的习惯评价没有丝毫相似之处"[3]。

　　光速作为所有速度的极限在当代世界中具有重要意义，它不仅在天文学上具有意义，还意味着日常生活中运输速度的极限。我们从 19 世纪开始经历运输革命，也就是产生了大量的自

---

[1]　*Speed and Politics*, trans. Marc Polizzotti (New York: Semiotext (e), 2006)，p. 59.

[2]　保罗·维利里奥：《解放的速度》，陆元昶译，江苏人民出版社，2003，第 6 页。

[3]　保罗·维利里奥：《解放的速度》，陆元昶译，江苏人民出版社，2003，第 8 页。

动动力运载工具，包括汽车、火车和飞机等，而到了21世纪，"现在的这场传播的革命则开创了最新的运载工具的更新"，这并不是一种运载人和物的工具，而是"视听静态运载工具"，也就是远程在场的信息传递，这种传播正是以光速进行的。[①]这是竞速统治革命的意义所在："速度并不仅仅用于更轻松地移动，它首先是用于看，用于听，用于感觉，也就是说用于更加强烈地领会当前的世界。"[②] 这句话含蓄地表达了维利里奥研究思路的转变，如果说一开始他关注的是运输工具对人和物品的运输的话，那么他后来的研究则转向了人以光为媒介对世界的感知，"感知后勤"的概念被保留下来了，而且从这个承继关系不难看出，无论哪种研究，速度都是他关注的重点。在接受了爱因斯坦相对论洗礼之后，他更加明确地感到远程在场的重要意义，因为光速不仅是一种极限速度，还是关联起空间和时间的一座桥梁。在牛顿的经典力学中，时间和空间是彼此独立的，而在相对论的世界里，时间和空间都会因为光速而发生改变，时间和空间都是相对的，而光速才是绝对的。

"时间-光"的概念正好符合了维利里奥对电影等视觉假肢的分析，他认为："摄影胶卷，电影胶卷，还有后来的持续远程监视的真实时间中的摄像带，将说明对于一个持续的时间-光所做的这种前所未有的更新，换句话说，这是火和一种间接光的发明以来的最大的科学发明。火和间接的光取代了太

① 保罗·维利里奥：《解放的速度》，陆元昶译，江苏人民出版社，2003，第16页。
② 保罗·维利里奥：《解放的速度》，陆元昶译，江苏人民出版社，2003，第17页。

阳的或电的直接的光，正如电的光过去取代了白天的光。"① 在电影和视频的实时在场中其实存在一个又一个的"时间暂停"，它们是"时间延续的无穷小的缺席"，就像是癫痫或者失神症一样发生，但是"如果没有它们，可见事物的景象就根本不可能发生"②。这里所表达的内容，可以说与《消失的美学》中所表达的内容完全一致，摄影枪、摄影机、电视录像机乃至更先进的视频通话，无一不是建立在消失的基础之上，显现只有以消失为基础才有可能，这也就是维利里奥消失美学的核心所在。

第六节　从再现艺术到呈现艺术

虽然维利里奥更关注电影等视觉假肢所带来的感知变化，但传统意义上的视觉艺术同样是他研究的对象，与所有后现代哲学家不一样的是，他对先锋派艺术的评价是相当负面的，也正是因此，艺术批评家对他的理论感兴趣的很少，因为他们肯定预设了当代艺术有着"积极的价值"③。那么维利里奥到底是如何看待先锋派艺术的呢？他认为："先锋派艺术家，就像是许多政治鼓动者、宣传者和煽动者一样，很久之前就明白了恐怖主义会迅速平民化：如果你想在'革命的历史'中有一席之地，没有什么比用艺术作为伪装来激起一场暴乱、攻击礼节规

---

① 保罗·维利里奥：《解放的速度》，陆元昶译，江苏人民出版社，2003，第38页。
② 保罗·维利里奥：《解放的速度》，陆元昶译，江苏人民出版社，2003，第39页。
③ Ian James, *Paul Virilio* (London: Routledge, 2007) , p. 107.

矩更容易的了。"① 维利里奥对先锋派艺术的指控是非常严厉的，他认为先锋派艺术家是某种意义上的恐怖分子，只是不敢真的去发动恐怖主义行动，所以只好在符号的层面上行动，由此他引用了情境主义者居伊·德波的话来证明自己的观点：德波 1952 年在《没有图像的电影》（Film without Images）中曾经声称他想要杀死电影的原因是"这比杀死一个路人要容易"②。除此之外，在《无边的艺术》一书中，维利里奥还提到了 2004 年在柏林艺术中心举办的一场名为"恐怖的再现：赤军旅展览"的备受争议的展览。这场展览展出了包括约瑟夫·博伊斯（Joseph Beuys）在内的三代艺术家的作品，展览中以骷髅舞蹈的形式排列了恐怖分子及罹难者的名字和身体。维利里奥之所以要以这次展览为例也是为了说明"继（德国）表现主义或（维也纳）行动主义之后，便出现了恐怖主义的神秘势力，仿佛耶罗尼米斯·博斯和戈雅也支持罪行的肆虐"③。基于上述对艺术与恐怖主义的描述，这些先锋派艺术家的作品被维利里奥称为"无情艺术"（pitiless art），与之相对的，是那些伟大的文艺复兴大师以及之后各个流派的代表艺术家，最后还有印象派画家如博纳尔（Bonnard）和莫奈等就成了创作"同情艺术"（pitiful art）的艺术家 。

这两种艺术到底在何种层面上构成对立呢？根据维利里奥的看法，同情艺术和无情艺术之间的分野就是诞生于 19 世纪的

---

① Paul Virilio, *Art and Fear*, trans. Julie Rose (London: Continuum, 2000), p. 17.

② Paul Virilio, *Art and Fear*, trans. Julie Rose (London: Continuum, 2000), p. 17.

③ 保罗·维利里奥：《无边的艺术》，张新木等译，南京大学出版社，2014，第 10 页。

印象派。他判断的标准是自文艺复兴以降的绘画大师们（Old Masters）都保持着一种"显白性"（demonstrative），而 20 世纪诞生的诸多艺术流派如野兽派、立体派、抽象主义等则失去了这种特点，而走向了"怪异性"（montrative）。这显然是维利里奥自己生造的词以显示与"显白性"的对立，他自己解释说这个词指的是："与大众社会的震惊效果（shattering effect）相伴随"，"主体被意见和大众媒介的宣传所限制——而这一点与不断上升的极端主义在恐怖主义和全面战争中都很明显"。① 20 世纪的诸多艺术流派随着大众媒介不断升级的宣传而变得流行，在这种流行之中，为了区别于传统艺术品，新的艺术流派不断标新立异，所以既有的伟大艺术品都成了攻击的标靶，这不但表现在杜尚和安迪·沃霍尔对艺术品定义的质疑，也表现在立体派对传统透视法的挑衅上，的确，整个 20 世纪的艺术史仿佛是一部波澜壮阔的革命史。每一个新的流派都以极端的颠覆性姿态出现，出于对传统和惯例的排斥，作品的意义被不断削平，从而构成了艺术的危机。所以维利里奥表示，"再现艺术"（representative art）的时代结束了，而代替品是"呈现艺术"（presentative art）及其反文化的特性，由此导致了一个严重的后果：代议制民主（representative democracy）随着再现艺术的衰落而逐渐衰落，随之而来的则是"虚拟民主"（virtual democracy），在某种意义上说是一种"直接民主"（direct democracy），"更准确地说是基于自动投票（automatic polling）的呈现式多媒体民主（a presentative multimedia democracy）"，或者也可以说是

---

① Paul Virilio, *Art and Fear*, trans. Julie Rose (London: Continuum, 2000），p. 19.

一种"同步化民主"。① 更进一步说，他认为 20 世纪不仅带来
了具象艺术的危机，更为严重的是随之而来的"社会稳定的危
机"，而且如果失去了稳定，"代议制民主就会消失"。② 由此不
难看出，维利里奥的表述正好符合 representative 这个词的再现
和代表双重含义所揭示的内涵，随着再现的衰亡而衰亡的正是
代议制民主，他将艺术与政治进行了直接的缝合。

那么他为何会对当代先锋派艺术产生这样的态度呢？如果
从其最基本的哲学路径出发，这种对于当代先锋派艺术的负面
态度是可以理解的，或者至少说其内在的逻辑是一致的。在评
价法国画家籍里柯的《美杜莎之筏》时，维利里奥指出那个时
候的画家就已经在致力于破坏"再现"，其方式就是"直接呈
现事件"（the very presence of the event），然而"直接呈现事
件"并不是传统的绘画艺术所擅长的，真正善于"呈现"的是
摄影、电影以及电视。③ 按照维利里奥的方式，这种差异可以
这样来划分：形式逻辑时代的艺术与"再现"相关，而辩证逻
辑时代和悖论逻辑时代的图像都是呈现式的。呈现与再现的最
大区别在于前者与"现在"（present）相关，也就是一种即时
经验（immediate experience），这种经验区分了过去和未来。④

---

① 维利里奥对艺术再现和代议制民主之间关联的这一表述在不同的著作
中都有出现，如《无边的艺术》和《艺术与恐惧》，但是中译本存在些
许翻译问题，导致对这一关联的理解变得晦涩。参见保罗·维利里奥
《无边的艺术》，张新木等译，南京大学出版社，2014，第 8 页。Paul
Virilio, *Art and Fear*, trans. Julie Rose(London: Continuum, 2000), p. 19。

② Paul Virilio, *Art and Fear*, trans. Julie Rose (London: Continuum, 2000),
p. 46.

③ Paul Virilio, *Art and Fear*, trans. Julie Rose (London: Continuum, 2000),
p. 21.

④ 巴里·丹顿：《自我》，王岫庐译，上海文艺出版社，2016，第 131 页。

电子媒介让这种即时经验成为一种可以共享的经验。然而，在所有图像呈现方式中，最令维利里奥感到厌恶的是"实时"（real time），当下这一时刻被认为是唯一真实的时刻，而之前和之后则是过去和未来，一个是已经过去的记忆，另一个是还未到来的可能性。这种"实时"也是"呈现"的最极端方式，因为这是以光速在远距离感知日常的现实。远程拓扑真正的危险还是在大众媒介，一种均质化的信息工业带来的是不假思索的对信息的直接接收，这种接收是被迫的。正是从这个角度出发，维利里奥才对"呈现"发出了质疑的声音，他认为："大众媒介的学院派会努力冻结所有的原创性，也会因为即时性的惯性而冻结所有的诗学（poetics）。"① 这里他所说的"诗学"要回到其古希腊语本义，即"制作"（poiesis），也就是主体意识向客体的融入，这正是原创性的来源。从形式逻辑时代到辩证逻辑时代和悖论逻辑时代，图像失去了人的主动参与，直接呈现也就意味着自动化呈现，在唯一"真实的时间"（real time）中，人的因素被降至最低。例如，原本的摄影还能让人和机器之间产生对话，而傻瓜相机的发明实际上让整个感知和拍摄的过程都变得程式化而失去了创造性，正因如此，维利里奥才对战斗机上使用的自动瞄准功能进行了分析，因为那就是自动感知的最前沿阵地。

　　正是出于对整个远程拓扑时代的质疑，维利里奥才对当代艺术提出了许多负面的看法，用维利里奥自己的话来说，我们不能只单纯地看当代艺术，而要看"与当代艺术同时代的是什

① Paul Virilio, *Art and Fear*, trans. Julie Rose (London: Continuum, 2000), p. 25.

么"（contemporary with what）①，按照他所关心的，与当代艺术同时代的自然是各类快速移动装置和拍摄装置以及信息技术的高速发展。那么这种对直接性的质疑是否合理呢？在某种意义上，维利里奥的分析并不是错误的。在当代艺术中，杰夫·昆斯媚俗的气球狗、博伊斯转瞬即逝的行为艺术和会消失的大地艺术等都符合维利里奥的描述，这些艺术不会持久，甚至在诞生的时候便会迅速消失，但人们知道它们依靠的不是博物馆的收藏或者拍卖行的竞价，更不是闲暇时的驻足观看，而是大众媒介的直播，实时在线也就意味着人们观看了一次艺术品而不是一件艺术品，空间化的艺术被时间化了。维利里奥感到恐惧的正是这些。他还在缅怀没有大众媒介介入的艺术时代，他认为当代艺术亵渎了艺术，但并非亵渎了神圣艺术而是现代性的世俗艺术，"在这个（关键）时刻中，再现让位于一种纯粹和简单呈现的抒情幻象"②。不过这种批评也是其整个理论中最匪夷所思的地方，因为从其生活和工作经历上找不到解释，与一般的理论家不同，维利里奥曾经是一名彩色玻璃工匠，并且与著名的野兽派艺术家马蒂斯以及立体派大师乔治·布拉克（Georges Braque）合作过，但他认为由于视频和数字艺术的发展所带来的马达艺术（motor art）的影响，许多再现的技艺逐渐消失了。③换句话说，维利里奥认为现代视觉技术的发展导致了许多传统再现技艺的消失。从这一点来看，维利里奥出奇

① Paul Virilio, *Art and Fear*, trans. Julie Rose（London: Continuum, 2000），p. 27.

② 保罗·维利里奥：《无边的艺术》，张新木等译，南京大学出版社，2014，第11页。

③ Ian James, *Paul Virilio*（London: Routledge, 2007），p. 112.

地保守，因为传统技艺的消失也意味着新的技艺和艺术形式的诞生，而他研究的对象正是新的再现形式，但他显然对这些形式并不抱好感。

维利里奥认为，当代艺术强调的是"即刻被听到"（heard without delay），其缺点是让注意力失去了必要性，换句话说，"观看者不需要延长反思"，"只需要有限的反思，以及与之同时发生的反应行为"。[1] 但维利里奥对以康定斯基为代表的抽象主义艺术的批评是令人难以理解的，因为根据他的描述，当代艺术的特点是"直接性"或强调实时"呈现"，排斥反思和延长感受时间，从而接受工业化的信息传达。但是，康定斯基的抽象主义艺术所重视的正是找到正确的形式，而形式主义理论的集大成者俄国形式主义与康定斯基对形式的寻求异曲同工，但是俄国形式主义认为文学的研究对象应该是"文学性"，也就是文学的本质，而"陌生化"的语言正是文学的本质所在。[2] 陌生化的主要目的正是延长读者感受的时间，从而获得更深层次的审美愉悦。同样出于对形式的追求而造成了对再现的排斥（在视觉艺术上表现为抽象艺术，在诗歌上表现为象征主义），俄国形式主义认为感知过程被延长了，而维利里奥认为直接性取代了感知过程。由此我们可以推测，维利里奥对当代艺术的批评实际上复制了对电视、电脑等实时在线、远程拓扑视觉感知形式的批评。但是，我们仍然认为维利里奥的理论是有一定价值的，这是因为当代艺术与大众媒介的勾

---

[1] Paul Virilio, *Art and Fear*, trans. Julie Rose (London: Continuum, 2000), p. 46.
[2] 特雷·伊格尔顿：《二十世纪西方文学理论》，伍晓明译，陕西师范大学出版社，1987，第 7 页。

连是显而易见的事实，而其中所蕴含的工业化的意见生产所带来的对艺术的危害仍然值得进一步思考。

第七节　一种后人类主义视觉理论

从其种种观点来看，维利里奥的理论都带有浓厚的后人类主义色彩，尽管没有证据可以证明他本人受到这一思潮的影响，但可以确定的是，有些后人类主义者将维利里奥的理论视为论证的一部分①，这可以看作两者之间亲缘性的佐证。我们这里使用的"后人类主义"（posthumanism）是个含义混杂的词语，在其诸多使用者那里用法并未达成一致，所以也就不存在一种统一论述。但是，我们可以借助意大利哲学家罗西·布拉伊多蒂的划分来进一步呈现维利里奥与后人类思想之间的相似性。

在布拉伊多蒂看来，后人类思想可以划分为三个类型。第一个类型是对后人类思想的否定或者说消极形式，其代表人物是玛莎·努斯鲍姆（Martha Nussbaum），不难看出，这类思想来自道德哲学，其观点的核心在于：承认科学技术带来了社会经济的进步，但认为需要回归传统的人文主义和普遍主义价值，并且对欧洲人文主义的危机和历史衰落的观点都给予了否定的判断。从某种意义上来说，这个类型并不是后人类思想而是后人类思想的对立面。第二个类型是分析型后人类思想，代表人物是法国哲学家布努诺·拉图尔（Bruno Latour）、唐娜·哈拉

---

① 凯瑟琳·海勒：《我们何以成为后人类》，刘宇清译，北京大学出版社，2017，第65页。

维和凯瑟琳·海勒等，她们可以说是掀起后人类思想的先驱，她们以对科学和技术的研究为思想的基础，普遍认为科学和技术改变了人类、生物和整个自然的生存方式，将科学和技术化的人类作为人类的参照。第三个类型则是以布拉伊多蒂自己为代表的批判性后人文主义，其目的是建构新的非同一性的主体来取代以维特鲁威人为代表的陈旧主体，同时也是对传统的欧洲中心主义的人文主义的批判①。

根据布拉伊多蒂的划分，维利里奥的理论更倾向于以哈拉维和海勒等为代表的分析型后人类思想，但是也隐含了对布拉伊多蒂的批判性后人文主义思想的呼应。

首先，维利里奥所描述的凭借技术假肢扩展自己感知范围的人非常类似于哈拉维和海勒所讨论的基于控制论的电子人（Cyborg）。威廉·J. 米歇尔可以说是维利里奥和分析型后人类思想的一个交汇地，他对后人类思想先驱哈拉维所谓电子人的详细解释从某种意义上说正是对维利里奥所提出的 17 世纪神学家关于"望远镜里看的弥撒到底算不算数"这一争论的一种延续。② 米歇尔以一种在当时非常前卫的想象力描述了如今早已变成现实的各类让人电子化的设备（可他没想到如今一台智能手机就能实现他所列举的大多数功能），从心脏起搏器到类似谷歌眼镜的智能化可穿戴设备，他看到了人变成电子人的可能性，他说："一旦我们租用了外延的神经组织和器官功能，并

---

① 罗西·布拉伊多蒂：《后人类》，宋根成译，河南大学出版社，2016，第 55 页。

② Paul Virilio, *Lost Dimension*, trans. Daniel Moshenberg（New York: Semiotext（e），1991），p. 60. 米歇尔的引用可参见威廉·J. 米歇尔《比特城市：未来生活志》，余小丹译，重庆大学出版社，2017，第 26 页。

根据自己需求的变化和可用资源调配好我们在空间里的延伸度，我们所有人都将变成强大的变体电子人，可以改装自己……"随后他甚至预言："形而上学家便会尝试将精神与肉体之间的问题修订为精神与网络之间的问题。"① 电子人的存在让 17 世纪神学家的那个问题失去了意义，毕竟如今身体与电子设备已经难以分割。在米歇尔的理论图景中，技术会改变人类所居住的城市，甚至连居住本身都会发生改变。我们使用手机，而手机可以通过物联网控制家庭的每一个设备，甚至我们可以通过声控的人工智能来实现居住环境与身体的联结，当万物互联之时，我们可以凭借自己的声音甚至意念来打开电视、音响、灯光以及扫地机器人，数据就成了世界的本体。维利里奥也有类似的描述，他称之为"积极的智慧人工假肢"（active prostheses of intelligence），也就是把电脑植入大脑之中。②

其次，维利里奥所提到的感知后勤，即视觉经验从作为发出端的机器到作为接收端的人的传输，从本质上来说，就是海勒所提到的信息论中对信息的描述。凯瑟琳·海勒认为"后人类的主体是一种混合物，一种各种异质、异源成分的集合，一个物质－信息的独立实体，持续不断地建构并且重建自己的边界"③。这种软件－硬件的二元对立被湿件替代的现状无疑可以理解为对维利里奥技术假肢和视觉机器理论的抽象概括。但必须指出的是，维利里奥对这种变化的态度是消极的，他仍然坚

---

① 威廉·J. 米歇尔：《比特城市：未来生活志》，余小丹译，重庆大学出版社，2017，第40页。

② Paul Virilio, *The Aesthetics of Disappearance*, trans. Philip Beitchman (New York: Semiotext(e) , 2007) , p. 57.

③ 凯瑟琳·海勒：《我们何以成为后人类》，刘宇清译，北京大学出版社，2017，第5页。

持认为电脑屏幕上的内容是信息，但不是感觉（sensation），是一种"情感的缺失"（apatheia，ἀπάθεια），人接收的信息越多，就越是处于世界的荒漠，反复出现的海量信息扰乱了观察，让感知变得自动化，最重要的是"信息不再是存储而只是展示"①。

最后，隐含的一点是，维利里奥有着一个未曾言明的目的，即与布拉伊多蒂一样，想要在"人的终结"之后重建一种新型主体。克拉里认为，维利里奥在对感知的研究中发现感知由各种区别于康德意义上的整一主体性（尤其是柏格森描述的时间感知的整一性）要素组成，这就是"断裂、缺席、错位，以及生产各种偶然世界的拼凑物的能力"②。所以，从"失神症"这一概念的提出来看，维利里奥带有明显的后现代色彩，统一、自为、自律的主体在各种技术假肢的侵蚀之下出现了断裂并通过时间体验表现出来，这也与柏格森所说的时间绵延理论截然不同。这种主体不同于现象学的静止主体，也不是梅洛－庞蒂基于身体的主体，而是以高速运动和感知的技术假肢为依托的后人类主体，即一种以（身体或信息的）高速运动为核心特征且将技术假肢与身体进行联结的主体，可以称为德勒兹所谓的生成的主体，但是这个主体没有布拉伊多蒂图绘的后人类融合（posthuman convergence）野心那么大，后者包含了水、动物、植物、细菌、电线和算法等。③ 但是，这两位思想家都显然拥有重建新型主体的野心。

---

① Paul Virilio, *The Aesthetics of Disappearance*, trans. Philip Beitchman (New York: Semiotext(e) , 2007), p. 56.

② Jonathan Crary, "Introduction to the Aesthetics of Disappearance", in *The Aesthetics of Disappearance*(New York: Semiotext(e) , 2007) , p. 11.

③ Rosi Braidotti, *Posthuman Knowledge*(Cambridge: Polity Press, 2019), p. 46.

根据上述内容，我们可以辨析出维利里奥与后人类思想之间诸多一致之处，但需要指出的是，维利里奥的态度与之截然相反。客观地看，无论维利里奥如何讨厌这些技术假肢，我们已经生活在一个后人类世界之中，而他基于厌恶和批判态度而总结的视觉理论仍然为我们精密绘制了一种后人类主体观看世界方式的起源，而这一切都起源于电影发明时那个在拍摄过程中消失的现实世界。

总而言之，维利里奥的驳杂思想使其在多个领域产生了巨大的影响，我们可以从以下三个方面对之进行归纳：第一，他的视觉假肢理论和视觉机器理论实际上与唐娜·哈拉维、凯瑟琳·海勒以及罗西·布拉伊多蒂的后人类思想有着异曲同工的效果，他们都致力于思考机械与人类结合之后的超人类（trans-human）以及全面自动化乃至强人工智能诞生之后的新世界；第二，视觉假肢理论实际上还被乔纳森·克拉里运用于更为细致的对历史上人们观看方法的考察上，并基于此撰写了其代表作《观察者的技术》；第三，他的竞速学则直接对当代的"加速社会"研究产生了积极影响，这主要体现在罗萨在其代表作《加速：现代社会中时间结构的改变》对维利里奥著作的借用和阐发上。即便维利里奥已经形成了巨大的影响力，但毋庸置疑的是他仍然有大量有趣的思想等待我们进一步发现。

此外，还需要补充的是，维利里奥驳杂的思想也给他带来了相当大的困扰。他对相对论、光学、几何学等内容的使用以及相关概念在社会、电影领域的类比遭到了曾掀起科学家与哲学家大战的美国物理学家艾伦·索卡尔（Alan Sokal）和让·布里克蒙（Jean Bricmont）的质疑。索卡尔在《时髦的废话》中列了专章对维利里奥所讨论的时间、空间和光速等内容进行驳斥，斥之为"伪物理学"，他指出维利里奥发表于《世界报》上的文章中关于速度和加速度之间的错误区分是科学尚未入门的表现，而他关于"时间－空间"的描述则与现实世界和宏观世界毫无关联，这一观念属于量子力学，应该适用于微观世界。① 而詹姆斯在为维利里奥辩护时表示索卡尔等人的说法是欠缺哲学背景的表现，维利里奥是在现象学意义上而非在科学意义上使用这些概念。可以说，詹姆斯的辩护有一定道理，但仍然是蹩脚的，对于科学概念的肆意挪用让人难以分辨哲学家在何种意义上进行了思想的原创，在何种意义上不过是重复科学家的观点，所以无论维利里奥是否欠缺基本的物理学知识以及对相对论的理解是否到位，这种比附科学的做法本身的确是一种没有必要的晦涩。

① Alan Sokal and Jean Bricmont, *Fashionable Nonsense: Postmodern Intellectuals' Abuse of Science*(New York: Picador, 1998) , p. 171.

第四章

非美学

艺术的终结，这个问题从本质上来说是以感性呈现为基本方式的艺术与以思辨为基本方式的哲学之间的张力问题，换句话说，是诗歌（艺术的代表）与哲学之争的一种现代翻版，具体地表现为艺术和哲学谁最终具有对真理的所有权。或者说，是否需要哲学来完成对艺术真理的解释。这个问题不但是个历史悠久的问题，而且是个不断被挑战的问题。之所以不断被挑战正是因为它悬而未决，每个时代的哲学家都会从自身的基本预设、理论方法出发来对这个问题提出新的解答思路。而哲学史家或美学史家又会将每个时代的答案分门别类形成对哲学史或美学史的新的解释秩序，从而赋予断裂的历史以一种逻辑的结构。阿兰·巴迪欧作为当代最具代表性的法国哲学家，在这个问题上自然也没有采取回避的态度，而且为了能让这个问题融入自己的哲学体系，他首先选择以重新赋予美学史秩序的方式来拆解既有的艺术和哲学之间关系的答案。但是这种拆解本身可以被理解为一种逻辑的方式，而不是一种历史的方式，他更重视的是从逻辑结构上提出存在于美学史或哲学史上的三种具体的范式。在将某种话语的历史转变为话语的逻辑范式这一点上，巴迪欧的范式与福柯的知识型理论以及朗西埃的艺术体制论如出一辙。在此基础上，巴迪欧才提出了自己的"非美学"的概念，用来描绘艺术与真理问题这一具有悠久历史的平面。

第一节　阿兰·巴迪欧其人

阿兰·巴迪欧可谓当代法国最具名望的哲学家之一，他于1937年出生于摩洛哥首都拉巴特（Rabat），拥有法国知识分子精英最典型的求学和工作经历。他中学就读于法国最负盛名的路易大帝中学（Lycée Louis – Le – Grand），随后沿着学长布尔迪厄同样的道路就读于法国著名的学府巴黎高师（École Normale Supérieure，ENS），原本是存在主义者的他在成为阿尔都塞的学生后转向了阿尔都塞派，并且加入了阿尔都塞于1967～1968年组织的学习小组"给科学家讲哲学"（philosophy for scientists），他在其中扮演非常积极的角色，还给阿尔都塞的学生编辑出版的《分析手册》（Cahiers pour l'Analyse）供稿。毕业之后，他通过了教师资格证考试（d'agrégation），曾短暂地任教于兰斯大学（University of Reims）文学院。不久之后，他进入了福柯、德勒兹、朗西埃等人任教的实验性大学——巴黎八大（University of Paris Ⅷ at Vincennes，也就是当时的樊尚大学），该校迁往圣丹尼斯时他仍在该校任教。这所学校是为了反对索邦大学的学院派教学模式而建立的新型实验性大学，教师授课性的课程是被禁止的，这给了这群年轻的后68教师以巨大的自由思想施展空间，多斯说："许多毛主义者来到这里……他们喜欢把这个微观世界视为世界的中心，或者把自己的世界限制在大学校园之内……1968 年'五月运动'的活跃力量都在这里会集。"① 当然更为重要的是，这所新型大学强调跨学科研究，而巴迪欧似乎是这种教学理念的代表。从 1999 年开始，他任教于巴黎高师并担任哲学系主任，他一直担任该职务，直到 2002 年退休。② 同时他也是欧洲研究生学校（The European Graduate School，EGS）的笛卡尔讲席教授。他的家庭背景在某种程度上预示了他后来哲学上的发展，这主要体现在两个方面：一方面，他的父亲——雷蒙·巴迪欧（Raymond Badiou）——是一位数学家，这让人不难联想到巴迪欧哲学中深厚的数学背景；另一方面，他的父亲是第二次世界大战期间法国抵抗运动（La Résistance）的成员，这个运动主要针对纳粹的统治以及与纳粹同流合污的维希政府，所以不难理解巴迪欧在"五月事件"中的积极表现。关于父亲的影响，巴迪欧曾经在《元政治哲学概述》一书的序言中写道："或许在这一点上，我受父亲的影响很大。因为正是我的父亲让我们接触到他纯粹逻辑上的抵抗。父亲说，自从祖国受到纳粹铁骑践踏时起，除了抵抗，我们别无选择。这个问题一点都不复杂。那时，我的父亲正好是一位数学家。"③ 由此可知，对巴迪欧而言，父亲无论在数学上还是

---

① 弗朗索瓦·多斯：《从结构到解构》下卷，季广茂译，中央编译出版社，2004，第 193 页。

② Christian Delacampagne, "Alain Badiou", in *The Columbia History of Twentieth - Century French Thought*(New York: Columbia University Press, 2003), p. 401.

③ 阿兰·巴迪欧：《元政治学概述》，蓝江译，复旦大学出版社，2015，第 5 页。

在政治上都是他的引领者，并且二者在一种柏拉图主义中融为一体，因为数学是走向真知的第一步。

在"五月事件"之前，作为学生的巴迪欧就加入了联合社会主义党（Unified Socialist Party，PSU），这个组织的主要斗争目标是解放阿尔及利亚，让阿尔及利亚摆脱被法国殖民的命运。"五月事件"对他的影响是巨大的，在这一点上他与战友朗西埃是一致的，他们都曾受到阿尔都塞的强烈影响，因此走向了极左。具体来说，他是毛主义分子，但他并没有加入朗西埃所在的法国毛主义组织"共青联（马列）"（UJCml），这个组织的大多数人来自巴黎高师，也深受阿尔都塞影响。但阿尔都塞本人却十分反感这个激进的政治组织，认为他们的行为并不是政治行为而是孩子的行为。[①] 但巴迪欧是一名活跃于政治舞台上的学生，他加入的组织是"法共联（马列）"（Union des Communistes de France marxiste‑léniniste，UCFml），从名字就不难看出，这同样是一个毛主义组织，但是成立的时间是在"五月事件"之后，他是创始人之一。1985 年他又与一些来自法共联（马列）的朋友组建了新的政治组织——"政治组织"（L'Organisation Politique）。

巴迪欧的思想来源主要有三个方面：一是家学——父亲的数学，二是阿尔都塞的马克思列宁主义以及毛泽东的思想，三是他自己非常感兴趣的拉康的精神分析。正是这三股力量塑造了他的存在论。他在 20 世纪 80 年代出版了自己篇幅巨大的代表作《主体理论》（*Théorie du sujet*，1982），这部著作奠定了他

① 布金：《巴黎红卫兵：1960 年代法国学生的毛主义》，载汪民安主编《生产·第六辑：五月风暴四十年反思》，广西师范大学出版社，2008，第 188 页。

的哲学理论的基石；而几年之后出版的《存在与事件》（*L'Être et l'Événement*，1988）则让他名声大噪，其哲学体系开始形成，这是一部明显延续了海德格尔关于"存在"这个被遗忘问题的思考的著作，只是巴迪欧的存在论融入了数学的元素。将近 20 年后，他又出版了该书续篇《世界的逻辑：存在与事件 2》（*Logiques des mondes：L'être et l'événement 2*，2006）。他所处的时代正是哲学在某种意义上面临质疑甚至将要终结的时代，所以，他写了一本为哲学辩护的书《哲学宣言》（*Manifeste pour la philosophie*，1989），他似乎有写续篇的爱好，因为将近 20 年后他又出版了《第二哲学宣言》（*Second manifeste pour la philosophie*，2009）。巴迪欧对于哲学与其他学科之间关系的思考是独特的，但核心无疑是围绕着真理的，他认为必须具备一定的条件才能让真理浮现，于是他撰写了《条件》（*Conditions*，1992）这部著作来阐释自己的观念。

任教于巴黎八大期间，有一位对巴迪欧有着重要影响的当时在世的哲学家是他的同事，这就是德勒兹。但是据学者研究，他们之间交流很少，没有一起吃过饭，甚至也没有长时间的谈话，据说他俩在 1992～1994 年是有哲学通信的，这是应巴迪欧要求进行的通信，可是这些信因为德勒兹的反对而无法出版，并且德勒兹的部分已经被销毁。① 虽然如此，巴迪欧经常引用德勒兹的观点并加以评述，还出版了一本以德勒兹为主题的研究著作，这就是《德勒兹：存在的喧嚣》（*Deleuze：La clameur de l'Être*，1997）。他对哲学的理解是非常独特的，一方面，他认为

---

① Jean - Jacques Lecercle, *Badiou and Deleuze Read Literature*(Edinburgh: Edinburgh University Press, 2010) , p. 8.

哲学必须依靠四种程序来表达真理，所以他写了关于数学的著作《数与数字》（*Le nombre et les nombres*，1990），关于艺术的著作《非美学手册》（*Petit manuel d'inesthétique*，1998），关于政治的著作《元政治概述》（*Abrégé de métapolitique*，1998）以及一本讨论爱的小册子《爱之颂》（*Éloge de l'Amour*，2009）；另一方面，他将许多哲学家归入反哲学的类别之中，比如尼采、维特根斯坦，所以他写了《维特根斯坦的反哲学》（*L'antiphilosophie de Wittgenstein*，2004）一书来阐述他的观点。当然需要特别指出的是，巴迪欧与往常的哲学家不一样，他还是一位成功的作家，写了许多戏剧，如《微妙的艾哈迈德》（*Ahmed le subtil*，1994），并且广受好评。对于戏剧的偏好使人们不难理解在他的戏剧评论中为何贝克特和瓦格纳占据了重要的位置。当然，他也对诗歌有着浓厚的兴趣，这体现在他的艺术和美学著作中，如他非常喜欢马拉美和佩索阿的诗歌，在多部著作中对他们的诗歌有所涉及，尤其是马拉美的《骰子一掷消除不了偶然》，因为这首诗完全符合他对事件的理解。

巴迪欧之所以在当代法国哲学界有着如此之高的地位，一方面是因为他的哲学原创性很高，这主要体现为他将集合论引入了哲学，给哲学尤其是存在论带来了新的思考；另一方面是因为他后来任教的巴黎高师本来就是哲学家辈出的地方，继承了他的思想的学生昆汀·梅亚苏（Quentin Meillassoux），成为思辨实在论（speculative realism）的开创者之一，并且受到了他的提携（他曾为梅亚苏的第一部著作撰写序言）。这可以说是对阿尔都塞与他的关系的一次复制。

第二节 重新诠释真理

巴迪欧之所以要提出"非美学"的概念，恰恰缘于对既有美学史中的各种美学理论的不满（按照朗西埃的说法）。首先需要明确的是，在巴迪欧的语境中，美学特指艺术哲学，而不是回到鲍姆加登式的美学概念，所以他主要关注艺术、哲学与真理之间的关系问题。如果按照黑格尔的艺术哲学所说"艺术最终会被哲学所取代"，那么最终表达真理的还是哲学，但巴迪欧并不认为哲学比艺术更靠近真理，而是认为真理具有四种程序，即艺术、科学、政治和爱，而哲学并不是统摄这四者的所谓知识的知识（在巴迪欧的语境中，知识并不是真理，这是两个截然不同的概念），而是一种非常具有依赖性的话语。与以往的观念非常不同的是，巴迪欧认为哲学自身并不能独立思考，而需要上述四种话语来引发、帮助它进行思考，它们作为外在的异质性的话语对哲学提出了要求（demand），换句话说，在哲学之前，思考已经开始了，哲学只是对这些非哲学的异质性话语提出的要求或问题进行回应，所以按照巴迪欧的说法，这四者构成了哲学的条件（conditions）。[①]

"条件"是巴迪欧在写作《主体理论》与《存在与事件》的过程中诞生的重要概念，他后来还出版了一本同名论文集《条件》，他在《哲学宣言》和《世界的逻辑：存在与事件2》中都曾对这个概念加以解释。这个概念应该是巴迪欧对康德哲

① Justin Clemens, "The Conditions", in A. J. Bartlett and Justin Clemens, ed., *Alain Badiou: Key Concepts* (Durham: Acumen, 2010), p. 25.

学术语的沿用，康德在《纯粹理性批判》中区分了经院哲学的两个术语，一个是先验的（transcendental），也就是让人得以认知世界的一些属于主体的形式，比如时间、空间或者十二个先验范畴；另一个是超验的（transcendent），指的是超出可能性经验（possible experience）之外的物自体，也就是在可认知的显象（appearance）和表象（representation）之外的不可认知但可以思考的物自体，物自体永远不能成为知识的对象，而那些关于物自体的知识是理性的一种谬误。在康德的语境中，"条件"就指的是可能经验的条件。① 而巴迪欧之所以在自己的哲学理论中使用这一术语，主要是因为它与他的真理观有关。

艺术、科学、政治和爱不仅是哲学要发生的四种条件，其中艺术的代表是诗（poem），而科学的代表是数元（matheme，一个借自拉康的术语），同时这四者也是四种"真理程序"（truth procedures），或者说类性程序（generic procedures）、"类延展"（generic extensions）。巴迪欧认为："哲学的前提是彼此贯穿（transversale）的，它们有着统一的程序（procedure），而这些程序在一定距离之外才能认识，它们与思想的关系保持恒定（inivariant）。这种恒定性的名称（nom）非常清晰：它的名称就是'真理'（verité）……这些成为哲学前提条件的程序就是真理程序（procedures de verité），而这些程序可以在它们的递推（recurrence）中得到认识。"② 所谓真理程序，从字面来看，是一个负责生产真理的过程（也就是与德勒兹一样强调生成而不是既

① Justin Clemens, "Conditions", in *The Badiou Dictionary*, ed, Steven Cocoran (Edinburgh: Edinburgh University Press, 2015), p. 72.
② 阿兰·巴迪欧：《哲学宣言》，蓝江译，南京大学出版社，2014，第 10~11 页。

定的结果），是由事件所引发，而哲学本身不是真理程序，所以
与传统哲学看法不同，在巴迪欧的哲学语境中，哲学不负责生产
真理，也不会更接近真理。但是，真理有一个重要的作用，即维
持各个条件之间的稳定关系。

巴迪欧的研究者克莱门司（Justin Clemens）认为这四种
真理程序通过以下四个方面来生产真理：第一，自我授权
（self - authorising），指的是自己给自己立法，因为这四种真理
程序并不会被自身所处的情境（situations）所决定；第二，自
我问题化（self - problematising），也就是根据前述的法则来给
自身设定基本的问题域；第三，自我限制（self - limiting），这
包括两个方面，一方面是根据具体的问题来划定特殊问题的界
限，另一方面则是将这个特殊问题的界限形式化为普遍的界限；
第四，自我巩固（self - sustaining），指的是如果要让自身焕发
新的生命力就必须不停地进行自我创造和更新，不停延展自己
既有的边界①。我们可以这样来理解克莱门司的这一说法，现
代艺术的高度自律就是艺术对情境的剥离，也就是自己为自己
立法，比如"为艺术而艺术"话语的兴起，而随之何为艺术的
问题的提出则是在划定自身的问题域。像杜尚的《泉》这样的
作品作为一个事件引起了对艺术边界的思考和讨论，用巴迪欧
式的语言来描述，就是这个作品在我们既有的对艺术的知识上
打开了一个洞，这个洞就是一个真理（或者说真相），而这一
真理又极大地拓展了艺术的边界。在这一边界内的不断创新
（如波普艺术的诞生）在很大程度上是对艺术自律法则的巩固，

---

① Justin Clemens, "Conditions", in Steven Cocoran, ed. , *The Badiou Dictionary*
（Edinburgh: Edinburgh University Press, 2015）, p. 69.

但同时又是对现代艺术的一种反叛，从而走向了后现代艺术，这也可以被视为一种拓展。

哲学与这四种话语最大的不同在于，哲学本身并不能完成自我授权，之所以需要这四种条件，正是因为哲学本身需要条件来激发自身的思考，这种思考也可以理解为换一种表述方式来陈述由上述四种话语依照自身的法则所制造的问题。巴迪欧称哲学与其他四种真理程序之间的关系为"共同可能"（com-possobility）。这个术语来自莱布尼茨，在他的哲学中，"可能世界"（possible worlds）是一个核心概念，这个概念不但影响了德勒兹也影响了巴迪欧。可能世界理论认为存在的世界是现实世界，但是随着组合的不同可以形成不同的世界，而后面这一种世界就是可能世界，可能世界并不是实存的但必须是"共同可能的"，也就是说，组成自身的各个个体之间不能形成矛盾，而必须遵循统一的逻辑。按照巴迪欧的说法，"真理是异质性的"这个陈述同时包含两个方面：一方面，真理是事物多的状态（a plural state of things）；另一方面，必须在思想上统一（unity of thought）。[1] 在巴迪欧看来，哲学就是为多元的真理及其共同可能性提供的思想场所（place of thought）。[2] 简单来说，哲学提供的这个场所或者说空间，是被各种真理所共有的场所（common place），真理在这里可以相互交流和传递。[3]

---

[1] Alain Badiou, *Conditions*, trans. Steven Corcoran(London: Continuum, 2008), p. 11.

[2] Alain Badiou, *Conditions*, trans. Steven Corcoran(London: Continuum, 2008), p. 23.

[3] Jan Voelker, "Compossibility", in Steven Cocoran, ed. , *The Badiou Dictionary* (Edinburgh: Edinburgh University Press, 2015), p. 66.

需要指出的是，巴迪欧的这一真理观显得与法国的主流哲学氛围不相合，因为后结构主义思潮将真理以多种方式消解了。而这一思潮的理论源泉之一就是维特根斯坦的语言哲学，真理最后被等同于一种基于语言自身的游戏规则，德里达以此为基础建立了自己的解构主义哲学，将永恒真理拆解为逻各斯中心主义。也可以从福柯的角度来理解，即真理不过是知识和权力的媾和。然而这些后现代哲学家都被巴迪欧看作"智术师"（sophist）在当代的代表，即现代智术师，而维特根斯坦则是现代智术师的代表。巴迪欧认为哲学是钟情于"永恒的真理"的，而维特根斯坦却不一样，他"把永恒归结给意义"，既然是意义，那么就根植于"多样的可能性"，也就可以"在命题的结构中获得解读"，从而脱离了外在的证实，也就是说，"为了意义而解构了真理"。① 所以，维特根斯坦不是一个哲学家，而是一个反哲学家，与帕斯卡尔、尼采、拉康等人构成一个非哲学的谱系。而巴迪欧严格遵循柏拉图、笛卡尔、黑格尔的谱系继续着哲学和真理事业。所以，对反哲学的批判与对美学传统的批判是有着内在逻辑联系的，这就是艺术、哲学与真理之间的关系问题，为了深入这个问题，巴迪欧必须首先对美学史上的代表性观点进行分析。

第三节　艺术与真理关系的三种类型

在巴迪欧看来，艺术与真理（他常常会替换为哲学，但这

① 阿兰·巴丢：《维特根斯坦的反哲学》，严和来译，漓江出版社，2015，第51页。

里的"哲学"是传统意义上的，而非巴迪欧自身语境中的哲学）的关系有三种基本的模式（schemata）：第一种是教诲型（didactic schema），也被他称为教诲主义（didacticism）；第二种是浪漫型（romantic schema），也被他称为浪漫主义（romanticism）；第三种是古典型（classic schema），也被他称为"古典主义"（classicism）。毋庸置疑，这一划分让人很容易联想到黑格尔对艺术类型的区分。

教诲型关系的要点在于"艺术不能承载真理，或者说，真理是外在于艺术的"①。艺术与真理之间的基本关系是模仿的关系，即艺术模仿真理。这种观点的代表人物是柏拉图，众所周知，在柏拉图的哲学世界之中，真理以"理式"（eidos）的方式存在，而现实世界不过是理式世界的投影，人在洞穴中被束缚着，无法直视真理的世界，只能凭借作为墙上投影的现实世界来接近真理。而艺术更加难以接近真理，因为艺术本身不过是对现实世界的模仿，因此只能是影子的影子，用巴迪欧的话来说，艺术是对"事物的效果"（effect of things）的模仿，所以艺术所有的光辉都不是来自自身而是来自对真理的非常隔膜的模仿，也就是说艺术因为与真理有着非常有限的相似性而获得了自身的地位。也正是从这一点出发可以推导出这一结论："艺术的规范（norm）必须是教育"，也就是说艺术必须对人们有所教益，对于共同体也必须是有用的，而"教育的规范则是哲学"，这也就是说由城邦的统治者哲人王来确定艺术所承载的教育的内

---

① Alain Badiou, *Handbook of Inaesthetics*, trans. Alberto Toscano(Stanford: Stanford University Press, 2005), p. 2.

容。① 之所以要这样是因为只有哲学家才能接触真理，他们能拨开云雾看见常人难以看见的理式，艺术说到底不过是对理式的模仿的模仿，艺术不具有自身独立存在的价值，而是他为的，为了更高的存在而存在，因此，作为真理的宣讲者，哲学家必须控制艺术，让好的艺术能教育城邦中的众人，让坏的诗人尽快离开城邦以免对共同体造成恶劣的影响，因此巴迪欧所说的教诲其实就是将艺术、哲学和教育缝合在一起，变成一个彼此紧密交织的结（kont），艺术可以说是哲学的一种教育工具。

　　浪漫型关系的要点在于"艺术自身可以承载真理"，更为重要的是，如果这样的话，那么"哲学只能指向真理而艺术最终能完成真理"，因为在浪漫型关系中，艺术"是真理真正的躯体（real body）"。② 需要指出的是，巴迪欧在提到浪漫派与真理的关系时，指出他所设想的艺术中的真理有一个很好的例子，就是南希和拉库 - 拉巴特在研究浪漫派的同名著作中所说的"文学的绝对"（the literary absolute）。与第一种类型不同，在浪漫型关系中，艺术本身就能承载和传达真理，而不需要哲学的介入，因此艺术本身就能发挥教育的功能，而不需要哲学家和哲学来控制和解释。因此，在这种关系中，艺术的地位被大大提高，因为艺术本身不需要通过与外在世界的相似性来获得自身的合法地位，而可以通过艺术家的想象来获得接近真理的合法地位，艺术家成为类似于哲学家的先知，他们通过主观和客观的融合来利用作为有限事物的艺术品以接近无限的真理。

---

① Alain Badiou, *Handbook of Inaesthetics*, trans. Alberto Toscano(Stanford: Stanford University Press, 2005) , p. 3.

② Alain Badiou, *Handbook of Inaesthetics*, trans. Alberto Toscano(Stanford: Stanford University Press, 2005) , p. 3.

也正是在这一关系中，感觉的地位得到了极大提升，直觉成为一种接近真理的更为有效的方法。事实上，巴迪欧的这一看法可以说是对浪漫派的共识，例如，威廉斯就曾在《文化与社会》中提到浪漫派完成了一个艺术史上的重要任务，那就是"艺术的神秘化"，这主要包括两个方面：第一个方面是"强调艺术活动的特殊性质——以艺术活动为达到'想象真理'的手段"；第二个方面是"强调艺术家是一种特殊的人"，这就使艺术家区别于匠人而成为拥有上天赐予的"天才"的人[1]。也是说，浪漫派的哲学家和艺术家赋予了艺术超越古希腊的"技艺"（tekne）的地位，也赋予了艺术家超越城邦中匠人的地位。完成前者依靠的是围绕"真理"这个概念所构建的话语，完成后者依靠的是围绕"天才"这个概念所构建的话语。

教诲型关系和浪漫型关系代表了艺术与哲学或真理关系的两极，一极是哲学对艺术的控制，另一极是艺术的狂放和自我，所以在教诲型关系和浪漫型关系中间还有一种关系类型在艺术和哲学之间实现了一种和平状态，这就是古典型关系。

古典型关系的要点有二：第一，"艺术不能承载真理，其本质是模仿，而且它是一个基于相似性（semblance）的体制（regime）"；第二，亚里士多德与柏拉图不同，他并不认为这是一个严重的劣势，相反，他让艺术从哲学和真理的掌控之下脱离出来，走向一个新的功能，这就是净化（katharsis）。[2] 正如这个术语的古典主义起源一样，这种关系的开端是亚里士多德

---

① 雷蒙德·威廉斯：《文化与社会》，吴松江、张文定译，北京大学出版社，1991，第65页。

② Alain Badiou, *Handbook of Inaesthetics*, trans. Alberto Toscano(Stanford: Stanford University Press, 2005), p. 4.

的诗学，我们都知道亚里士多德在《诗学》中有一句非常著名的描述诗歌与历史之间区别的话："诗人的职责不在于描述已经发生的事，而在于描述可能发生的事，即根据可然或必然的原则可能发生的事。"① 换句话说，亚里士多德区分了真实（truth）和可能（likely），而且并不因为可能发生的事情不是真实发生的，就贬低其地位。由于亚里士多德并不让艺术臣服于已经发生的事情，切断了将现实（the real）作为艺术意义来源的外在渠道，所以古典型关系的信奉者更在意的是"逼真"（verisimilitude），或者是一种虚构或想象化的真理（imaginarinization of truth），也就是说，并不一定是真的，但让人觉得是真的，因为它是合乎逻辑、合乎道理的。由此哲学被赋予一个非常特殊的职责，即去发现那些感觉上不具有可能性但确实是真实的事情，这样的话，哲学家就具有了为世界祛魅的职责。

巴迪欧除了找到这三种关系类型的起源，还归纳了这三种关系类型在 20 世纪的代表。首先，巴迪欧选出的教诲型关系的代表是马克思主义，但巴迪欧所举的例子并不是马克思本人，因为他要选择一个 20 世纪的代表，所以选择了马克思主义的信奉者、著名的戏剧家布莱希特（巴迪欧称之为柏拉图 – 斯大林主义者）。这是因为布莱希特认为艺术应该被用来建立一个辩证法的社会，也就是要让艺术履行教育功能，而哲学家正是这一功能的监督者。马克思主义在很大程度上继承了柏拉图对城邦的描述，只有当人民具有高度的觉悟之后，整个人类社会才能走向共产主义。在巴迪欧看来，布莱希特的戏剧关注的是"描绘和从戏剧上展开个人的命运，人物和非个人的

① 亚里士多德：《诗学》，陈中梅译注，商务印书馆，1996，第 81 页。

历史发展之间的关系"，所以戏剧需要回到古希腊而不是回到
浪漫派。①

其次，浪漫型关系的代表则是海德格尔。海德格尔认为艺
术作品的本质就是真理的发生，只不过他所说的真理指的是
"无蔽"，或者也可以用对"遮蔽"的否定来称呼它。在他看
来，真理有几种根本的发生方式，艺术作品就是其中之一，他
说："真理发生的方式之一就是作品的作品存在。作品建立着
世界并制造着大地，作品因之是那种争执的实现过程，在这种
争执中，存在者整体之无蔽亦即真理被争得了。"他还由此得
出了对美的描述："美是作为无蔽的真理的一种现身方式。"②
这里需要说明的是，艺术描绘的现实并不是真理，而是澄明与
遮蔽的原始争执。正是在这个意义上，海德格尔体现了浪漫型
关系的特点，即艺术不需要一种与现实的相似性来获得对真理
的承载权。

最后，古典型关系在 20 世纪的代表是精神分析理论，巴迪
欧直截了当地表示精神分析理论完全是"亚里士多德式的"，
也就完全是古典型的。③ 这也并不难理解，因为精神分析理论
并不在意艺术与现实世界的对应关系，相反，无论弗洛伊德还
是拉康都更重视艺术的象征作用，也就是实在界之外的象征界。
这与巴迪欧所描述的亚里士多德的虚构或想象的真理如出一辙，
另外，精神分析理论对欲望（desire）的关注，从根本上来讲与

① 阿兰·巴迪欧：《世纪》，蓝江译，南京大学出版社，2011，第 48 页。
② 海德格尔：《艺术作品的本源》，孙周兴译，载《海德格尔选集》上卷，上海三联书店，1996，第 276 页。
③ Alain Badiou, *Handbook of Inaesthetics*, trans. Alberto Toscano(Stanford: Stanford University Press, 2005), p. 7.

亚里士多德诗学对净化的强调有异曲同工的效果，即可以通过文学或艺术的方式来宣泄被压抑的欲望，从而实现升华的效果。弗洛伊德认为："作家与玩耍中的孩子做着同样的事情。他创造了一个他很当真的幻想世界。"① 人在小的时候通过游戏来娱乐和获得快乐，而当他成年的时候便不得不中止游戏，但是仍然可以通过别的方式来满足和宣泄自己的欲望，也就是在游戏中获得快乐，这就是用语言的方式来做白日梦，也就是写作。在精神分析理论中，艺术也不具有对真理进行反映的功能，而是更强调艺术的治疗性。正是基于这样的类似性，巴迪欧才认为精神分析理论是亚里士多德式的。

第四节　作为第四种模式的非美学

巴迪欧提出艺术与真理之间的三种关系类型有着自身的基本逻辑，这种逻辑建立在两个基本范式之上：第一个是内在性（immanence），第二个是独异性（singularity）。关于这两个基本范式，巴迪欧给出了非常简洁的定义：内在性指"艺术与它所产生的真理具有相同的外延（coextensive）"；独异性指"艺术所呈现的真理在别的地方都不存在"。② 正是根据这两个要素的不同取值组合而形成了三种不同的关系类型。

更具体地来看，内在性关注的问题是真理是否内在于艺术，换句话说，真理是否真的是艺术品及其效果的一部分。或者说，

---

① 弗洛伊德：《作家与白日梦》，孙庆民、乔元松译，载《弗洛伊德文集（7）：达·芬奇对童年的回忆》，长春出版社，2004，第59页。

② Alain Badiou, *Handbook of Inaesthetics*, trans. Alberto Toscano(Stanford: Stanford University Press, 2005) , p. 9.

艺术品不过是外在于真理的，也就是说艺术品是抵达和接近真理的一种工具。关于内在性的这个问题，巴迪欧很可能受到了斯宾诺莎和德勒兹的影响。内在性也是德勒兹受到斯宾诺莎影响之后诞生的一个重要论题，德勒兹认为从古希腊开始就存在以"内在性"为核心的哲学和以"超验性"（transcendence）为核心的哲学。德勒兹认为这种内在性就像语法中的"与格"（dative），是一种伴随存在的特性，德勒兹还强调如果属于某样东西（immanent to something），那么这种被属于的东西很可能就会蜕变为超验的存在。① 一旦变成了超验的存在，那么真理与艺术之间的关系就变成了外在的，它们有着各自的存在方式。

独异性关注的问题是艺术所证实的真理是否绝对地属于艺术，是否还有其他具有同等地位的表达或呈现的方式。② 这里很显然关注的就是艺术是否会被哲学取代的问题，因为如果艺术所传达的真理最终都可以被哲学所传达，那么艺术本身就是可以被取代的，相反的话，艺术则是独异的。

首先，从教诲型关系的角度来看，艺术与真理之间的关系是有独异性的，因为"只有艺术才能够用相似性的方式来展现真理"③。所谓相似性也就是模仿，由于艺术与真理之间的关系是模仿的关系，这是一种独异的呈现方式，这种方式所呈现的真理并不能在其他类型的真理表达方式中流通，因此在这种方式中艺术与真理的关系是独异的。换一个角度来看，真理也就

① Gilles Deleuze and Felix Guattari, *What is Philosophy*, trans. Hugh Tomlinson and Graham Burchell(New York: Columbia University Press, 1994) , p. 44.

② Alain Badiou, *Handbook of Inaesthetics*, trans. Alberto Toscano(Stanford: Stanford University Press, 2005) , p. 8.

③ Alain Badiou, *Handbook of Inaesthetics*, trans. Alberto Toscano(Stanford: Stanford University Press, 2005) , p. 9.

是理式与艺术之间的关系还表现出一种外在性，也就是理式并不是艺术的一部分，而是独立存在于万物之上的，这就使艺术与真理之间不具有内在性的联系。

其次，从浪漫型关系的角度来看，艺术本身就是真理的承载者，所以毫无疑问，真理是内在于艺术的，也就是艺术与真理之间的关系具有内在性。但是，由于艺术表达的真理就是真理本身，所以这个内在于艺术的真理与其他类型的思想（如哲学）表达的真理是一样的①。比如在海德格尔的语境中，艺术能够向我们敞开存在者的存在，让我们能够遭遇世界与大地相争执的紧张状态，换句话说，正是艺术最终能够给我们带来真理，但是在海德格尔这里真理又区别于真实，而直接指向去蔽、无蔽，这与模仿论中将艺术的意义追溯到被再现的世界及世界的本源是完全不同的，也正是因为这种不同，艺术与真理之间的关系也就不具有独异性了。

最后，从古典型关系的角度来看，艺术与真理是没有直接关联性的，因为艺术追求的是"逼真"，也就是说并不是"真"，而是"可能性"，是可能发生的事情而不是已经发生的事情。由此不难发现，艺术与真理的关系不可能是"内在性"的，追求真实的真理是完全外在于追求逼真的艺术的。从另一个角度来看，艺术与真理之间的关系也不具有独异性，因为艺术并未表达出一种可以在多种思想之间流通的真理。

基于两个判断要素进行组合之后的分类显然有四种可能性，而巴迪欧对美学史上的各种理论进行归纳所得出的类型只有三

---

① Alain Badiou, *Handbook of Inaesthetics*, trans. Alberto Toscano(Stanford: Stanford University Press, 2005) , p. 7.

种，并且是 20 世纪艺术哲学的三种基本类型：马克思主义、阐
释学和精神分析理论。从逻辑上不难推出还有第四种类型，也
就是同时具有内在性和独异性的关系类型，这就是"非美学"
的类型。

关于什么是"非美学"，巴迪欧并未在正文中给出定义，
而是在同名著作的扉页上给出了一个简短的定义，他写道：
"我所说的'非美学'（inaesthetics）指的是一种哲学与艺术之
间的关系，这种关系认为艺术自身是真理的生产者，但并不要
求将艺术变成一个哲学的对象。与美学思辨不同的是，非美学
描述的是某些艺术品的独立存在所产生的严格的内哲学效应
（intraphilosophical effects）。"① 从这一段话不难看出，巴迪欧赋
予艺术非常高的独立地位，这种独立地位使艺术不需要臣服于
外在的解释者和真理，换句话说，哲学不具有垄断解释艺术所
包含真理的权力，也就意味着艺术是具有独异性的，艺术本身
就是真理的生产者意味着真理是内在于艺术的，即艺术与真理
之间的关系具有内在性。

从巴迪欧对这种新的关系类型的命名中就可以看出，他并
不希望这种新的关系类型重蹈以前艺术哲学的覆辙，也就是说，
非美学不是传统意义上的艺术哲学，而是要重新定义艺术与哲
学的关系。根据杜宁（Elie During）的看法，"艺术真理必然采
取特殊的（本质上是未定义的）艺术构型（artistic configura-
tions）中的艺术程序作为其形式"② 。艺术构型对于巴迪欧而言

---

① Alain Badiou, *Handbook of Inaesthetics*, trans. Alberto Toscano(Stanford: Stanford University Press, 2005).
② Elie During, "Art", in A. J. Bartlett and Justin Clemens, eds. , *Alain Badiou: Key Concepts* (Durham: Acumen Publishing Ltd. , 2010), p. 87.

是一个非常重要的概念，事实上，真理作为一种纯粹的多（mul-tiplicity）只有在艺术的构型当中才能够被把握。根据巴迪欧的看法，艺术构型既不是艺术的形式或体裁，也不是艺术史当中的"客观"分期或者一种"技术"装置（"technical"dispositif）。这种构型说到底是可以明确识别出来的系列事件（sequence），由某个单一事件引发，又包含了众多的作品，它们作为系列事件可以产生艺术的真理，即一种艺术 - 真理（art - truth）。① 重点在于，艺术构型与事件相关联，而这种关联保证了艺术与真理关系的独异性，因为艺术通过独特的方式来呈现真理。

从巴迪欧的角度出发，延续了上千年的诗与哲学之争也有了一个新的答案，就是把诗（poem）和数元（matheme）看成同样重要的两种抵达真理的方式，他认为："诗与数元都铭刻在一种真理程序的一般形式之中。"② 数元在巴迪欧语境中的重要地位是显而易见的，因为数学（尤其是康托尔的集合论）构成了巴迪欧的存在论，也就是存在作为存在（being qua being）的科学，数学本身可以呈现纯粹的多，而集合论可以用来描述一个没有超越存在的无穷（或无限）。而诗是用语言构成的，它的每一个词语都能构成一个纯粹的"多"（multiple），这指的是诗中的大多数词语不会指向一个特定的对象，而是用一种抽象的方式来表达，或者用一种象征的方式来指代世界。这也是巴迪欧喜欢马拉美这样的象征主义诗人的原因，因为当象征主义提到一朵花的时候不是指某一朵特定的花，而是一种理念，

---

① Alain Badiou, *Handbook of Inaesthetics*, trans. Alberto Toscano(Stanford: Stanford University Press, 2005) , p. 13.
② Alain Badiou, *Handbook of Inaesthetics*, trans. Alberto Toscano(Stanford: Stanford University Press, 2005) , p. 22.

万花之中的花，这也正是象征主义诗歌晦涩的原因。虽然巴迪欧并不认同柏拉图的教诲型关系，但他对柏拉图追寻真理的理论路径是认同的，所以巴迪欧并未放弃存在论，而是用新的方式来诠释存在论，这才是哲学的基础，是不能因为语言难以抵达就放弃的思考。

第五节　诗人时代的终结

无独有偶，巴迪欧提出的三种艺术与哲学的关系类型均为诞生自德语区的流派，除此之外，20 世纪的主流美学理论就只有一个诞生自法国的流派：结构主义－后结构主义，这一流派与巴迪欧有着最为亲密的关系。为何这个流派没有被归为某一种类型呢？这是因为如上文所说，在这个流派当中，"真理"的概念被消解了，而巴迪欧是反对这一观点的，他认为这不符合"哲学"的本职，会导致哲学的危机或死亡。所以，巴迪欧最终的诉求是指向"哲学"和"真理"的，而他对于艺术与哲学和真理之间关系的重新定义，即一种"非美学"关系类型的提出，不过是将艺术归于一个新的秩序之中。也就是说，艺术要作为四种真理程序的条件而存在，从此不再与哲学产生争执，也就不存在艺术被哲学取代，或艺术取代哲学而成为真理代言人的情况，从而真正地终结了诗（艺术）与哲学之争。因此，从巴迪欧的角度来看，结构主义－后结构主义根本不能算作"哲学"，而只是他重新定义的一个类型，即"反哲学"，一种受尼采和维特根斯坦这两位"反哲学家"启发而形成的思潮。唯一有些出人意料的是，拉康被认为是继尼采和维特根斯坦之后第三位伟大而迷人的"反哲学家"，但他的艺术哲学理论却与弗洛伊德一起成了"古典型"的代表,这主要是因为拉康关注亚里士多德式的净化功能,即对欲望的宣泄。如果撇开拉康这个特例,我们可以重新思考结构主义 – 后结构主义为何会在巴迪欧的美学理论中失踪。

维特根斯坦和尼采这两位反哲学家在巴迪欧看来具有三个相互关联的相同之处:第一,他们都"对哲学陈述进行语言的、逻辑的、谱系的批判;对真理范畴的消解,对哲学自我建构为理论这一企图的瓦解";第二,他们都持有这一观点,即"哲学是一个行动,围绕着'真理'的那些虚构只是外在的楚楚衣冠,是宣传和谎言";第三,他们"召唤另一种极端的革新行动,它要么也被称为哲学的,由此创造一种含糊其词……要么更诚实地被称作超 – 哲学的,甚或去 – 哲学的"①。从根本上看,对"真理"的看法是反哲学与哲学之间的最重要的区别,现代智术师(或反哲学家)将哲学看作一种行动,故真理不过是一种语言规则的结果,或者说是一种权力游戏的结果。

由于存在、主体和真理这三个现代哲学的核心范畴都在后结构主义中被消解了,所以哲学再一次陷入危机之中,开始受到质疑。根据巴迪欧的理论,"哲学每一次遭受质疑,都适逢哲学将自己与其中一个前提缝合起来"②,所以就有了让 – 吕克·南希将爱与哲学进行缝合、阿尔都塞将科学与哲学进行缝合等诸多哲学理论。巴迪欧认为在所有的缝合中,从黑格尔开

---

① 阿兰·巴丢:《维特根斯坦的反哲学》,严和来译,漓江出版社,2015,第 25 页。

② 阿兰·巴迪欧:《哲学宣言》,蓝江译,南京大学出版社,2014,第 37 页。

始，哲学的主要缝合对象是科学和政治，而到了 20 世纪，影响最广泛的是形而上学的终结者尼采所进行的将哲学与诗（艺术）进行的缝合，但尼采只是鼻祖和先行者，真正的开创者，在巴迪欧看来，却是柏格森。后续的支持者则有海德格尔、布朗肖、德里达和德勒兹等。① 这与尼采之前的哲学家非常不同，因为笛卡尔和莱布尼茨都是数学家，而康德则在某种意义上是科学家，他们都不是诗人，而尼采之后的思想家都以诗人自居。

巴迪欧认为，"在哲学的缝合无人承继（déshérence）的时候，真的有一个诗人时代。这个时代处于荷尔德林与保罗·策兰之间"②。但是，海德格尔的出现意味着诗人时代的终结，由诗人通过隐喻来掌握真理的时代结束了，哲学不得不与诗进行缝合并且借以重生，这成了一种新的形式，隐喻的内容可以通过哲学的概念得到传达。但是，前尼采时代里哲学与科学（数学）进行缝合所强调的客体被消解了，因此将真理定义为主体与客体之间的相合的做法也被抛弃了，哲学与诗的缝合不需要客体，更不需要主客体之间的相合，因为主体作为一个形而上学的概念被抛弃了，真理变得不可描述、没有名字。

所以，巴迪欧的最终目的是要重新建立起现代哲学的基石，包括主体、存在，更包括真理。在某种程度上，巴迪欧是一个柏拉图主义者，正是因为他对于柏拉图式的理式的追求，但是，这种最终归结为"大一"（Un）的做法显然已经不适合于当代

---

① 阿兰·巴迪欧：《哲学宣言》，蓝江译，南京大学出版社，2014，第 43~44 页。
② 阿兰·巴迪欧：《哲学宣言》，蓝江译，南京大学出版社，2014，第 45 页。

的哲学，因为德勒兹说过，这必然走向一种超验的哲学，而不是内在性的哲学。巴迪欧作为深受德勒兹影响的哲学家，也用集合论来寻找追求无限性但同时放弃超验性的哲学，从这个意义上来说，巴迪欧是反柏拉图的。但是，他仍然强调对真理的追求是哲学的义务，而不是将真理的概念消解掉，只不过，在他这里，真理不再是一种知识，而是在知识这个看似完备、连贯的体系上面打一个洞。这个洞就是一个事件，艺术的意义正是制造这样的事件，或者说去打出这样一个洞来。巴迪欧最终想要挽回后结构主义所毁灭的存在论，毕竟他是这么认为的："哲学的存在仅仅是去保卫那些我们不能言说的东西，那些东西正是我们准备要去说的东西。"①

---

① 阿兰·巴迪欧:《哲学宣言》，蓝江译，南京大学出版社，2014，第89页。

第五章

复数的独异缪斯

第一节　让－吕克·南希其人

让－吕克·南希（Jean－Luc Nancy）是法国当代著名哲学家，他 1940 年出生于法国波尔多市附近的冈戴昂（Caudéran），毕业于巴黎索邦大学，随后曾经在科尔马（Colmar）当过一段时期的教师。从 1968 年开始，他成为斯特拉斯堡大学哲学系（Institut de Philosophie in Strasbourg）的助教，此后长期生活在斯特拉斯堡。1973 年在著名哲学家保罗·利柯（Paul Ricoeur）的指导下完成了关于康德的论文并且获得博士学位，不久之后，他成为斯特拉斯堡人文科学大学（Université des Sciences Humaines in Strasbourg，曾被称作斯特拉斯堡二大，或者马克·布洛赫大学，如今已并入斯特拉斯堡大学）的讲师（maître de conférences）。受制于法国独特的陈旧学制，1987 年他在吉拉尔·格拉内尔（Gérard Granel）的指导下在图鲁斯（Toulouse）获得了国家博士学位（Docteur d'Etat），答辩委员会包括著名哲学家利奥塔和德里达，该博士学位论文后来出版，这就是《自由的经验》（*L'expérience de la liberté*，1988），书中分析了康德、谢林和海德格尔等人哲学中对自由问题的讨论。让－吕克·南希直到 2002 年才退休，在此期间，他曾担任巴黎高师的客座教授，也曾在德国、美国等国家讲学，担任柏林自由大学和加州大学的客座教授。他在多个领域都有涉及，因此著述广泛，根据伊安·詹姆斯的统计，从 20 世纪 60 年代到 21 世纪初，南希个人独著以及与他人合著加在一起已经超过 53 部，其中有多部著作是他与另一位法国哲学家、他的同事菲利普·拉库－拉巴特（Philippe Lacoue－Labarthe）合作完成的，除此之外，他发表的各类论文和评论超过 400 篇，可谓成果丰硕。① 南希从 20 世纪 70 年代开始他的学术生涯，发表各类哲学论文和出版著作，这些成果主要是对哲学史上主要哲学家的评论性研究，其中包括康德、笛卡尔以及德国浪漫派哲学家等。其第一本著作是与拉库－拉巴特合作的《信件的名称》（*Le titre de la lettre*，1973），这是一本关于拉康的精神分析的著作，同年他出版了论述黑格尔的著作《思辨的标注》（*La remarque spéculative*，1973）；随后他出版了一本论述笛卡尔的著作《我在》（*Ego sum*，1979）、两本论述康德的著作——《眩晕的话语》（*Le Discours de la syncope I. Logodaedalus*，1976）和《绝对命令》（*L'Impératif catégorique*，1983）；另外他还出版了一本论述海德格尔的著作《声音的分享》（*Le Partage des voix*，1982）。这一系列对古典和当代哲学家的思考构成了南希研究的基石，他对自我问题的讨论，对艺术终结论的讨论都明显受益于早期的研

---

① Ian James, *The Fragmentary Demand: An Introduction to the Philosophy of Jean － Luc Nancy*(Stanford: Stanford University Press, 2006), p. 1.

究，更不用说海德格尔的思想直接影响了南希的哲学，即走向了一种新的存在论。20 世纪 80 年代，南希出现过一次转向，他逐渐放弃了对哲学史上的著名哲学家的评论性研究，开始发展出自己的原创性哲学，而且更多地将关注的领域转向了政治哲学。这主要表现在两个方面。

一方面，在 1980 年 7 月，南希与拉库 - 拉巴特在法国的萨勒（Cerisy - la - Salle）组织了一次著名的研讨会，以德里达的论文《人的终结》（Les Fins de l'homme，后收入《哲学的边缘》一书中）为研讨核心，这次研讨会是以德里达这篇文章的标题命名的。随后在德里达的建议下，他们一起在位于乌尔姆大街的巴黎高师的"政治的哲学研究中心"（Centre de recherches philosophques sur le politique）工作，利奥塔和克劳德·勒夫（Claude Lefort）曾经参加这个中心的活动并且发表演讲，这个中心一直运行到 1984 年 10 月，出版了两本论文集，一本是《重播政治》（Rejouer le politique，1981），另一本是《政治的后撤》（Le Retrait du politique，1983）①。

另一方面，就是他对共同体的研究，尤其是出版了《非功效的共同体》（La Communauté désœuvrée，1986），这本代表性著作使他迅速走红，成为法国当代赫赫有名的后德里达哲学家。20 世纪 90 年代，南希的身体恶化，不但接受了一次心脏移植手术，而且患有癌症，在停止了教学活动和各类学术活动之后，他开始专注自己的哲学，由于心脏移植手术带来的异质性物体对自己身体的介入，他开始更多地关注身体及其经验，这些成

---

① Ian James, *The Fragmentary Demand: An Introduction to the Philosophy of Jean - Luc Nancy* (Stanford: Stanford University Press, 2006), p. 155.

果包括论身体和具身化的著作《身体》（*Corpus*，1992）、论在世界之中存在和感觉的著作《对世界的感觉》（*Le Sens du monde*，1993）以及《复数的独异存在》（*Etre singulier pluriel*，1996，2013 年出版增订本）等①。异质性物体（心脏支架）在自己身体中存在的体验，尤其是移植产生的排异反应，使他提出了"闯入者"的概念，所以他完成了《闯入者》（*L'intrus*，2000）。

南希涉及的领域非常广，虽然他早期关注的是对哲学家的评论，后来转向自身哲学体系的建构，尤其重要的是在梅洛-庞蒂的身体-主体思想的影响下关注身体在存在论中的重要作用从而撰写了一系列的著作，但是他也非常关心文学和艺术的问题。这不只体现在他早期与拉库-拉巴特合著的关于德国浪漫派的著作《文学的绝对》（*L'Absolu littéraire*，1978），也体现在他后来的一系列论文集之中，南希最新的著作明显地显示出对艺术的各种兴趣，仿佛要将其存在论运用于建构一种艺术存在论上。但更多的是，他在成名之后受到了许多艺术展览的邀请，撰写了大量的展评，这些对艺术的思考都体现在了《缪斯》（*Les Muses*，1994）、《在图像的底层》（*Au Fond des images*，2003）等著作之中。除此之外，与巴迪欧、朗西埃等当代哲学家一样，他也将目光转向了电影艺术，2001 年他就出版了专门论述伊朗著名电影导演阿巴斯（Abbas Kiarostami）的著作《电影的证明》（*L'evidence du film*，2001）。在对艺术的思考中，他表现出非常强烈的个人哲学印记，无论是关于艺术的本体思考，

---

① Ian James, *The Fragmentary Demand: An Introduction to the Philosophy of Jean-Luc Nancy*(Stanford: Stanford University Press, 2006), p. 6.

还是关于艺术批评的思考，都是以其关于独异性和复数的存在论思想为基础的。

正如人们通常所认为的那样，对南希的哲学思想起奠基作用的人是海德格尔，他对存在问题的重新思考也是南希整个哲学的出发点。南希也期望能够建立一种自己的独特存在论，这种存在论的主要特点就是共同存在（coexistence），或者用南希自己的术语来表达就是"与－存在"（being－with），这明显来自海德格尔的 Mitsein（共在）。他还有一个更为独特的表达，就是独异的复数存在（singular plural being），而只有从这一思想出发才能理解他的共同体思想。但非常明显，南希作为德里达的朋友和学生，也深受解构主义思想的影响，值得一提的是，德里达唯一一本评论在世哲学家的著作就是献给南希的，即《论触觉，让－吕克·南希》（Le Toucher，Jean－Luc Nancy），不过对触觉的强调也的确是南希整个存在论体系当中非常有原创性的一点。

第二节　世界的感觉/意义

20 世纪是一个以"终结"为标志的世纪，因为在这个世纪里充满着各种关于终结的话语，文学、历史和艺术都遭遇了终结的命运，许多哲学家也开始反思 20 世纪对于自身的意义，海德格尔于是提出了哲学终结的命题。我们知道这是在宣告一种形而上学的终结。然而，也正是在这一终结论的思潮之上，尤其是哲学终结的思想之上，南希构建了自己的整个哲学体系。他首先要回应的问题就是：为何一切似乎都走向了终结，这背后的本质是什么。在他看来，一切的终结最后指向的是"世界"的终结："世界不再存在了，没有世界（mundus），没有宇宙，没有一个被组成但是完整的秩序，从这个秩序中人们可以发现一个地点，一处居所，以及构成一个方向的各种元素。或者，一个'就在这儿'的世界不再存在了，原本通过这个世界，人们可以向着世界之上和世界之外走去。世界的精神（Spirit）不再存在，人们原本可以站上的历史审判台也不再存在。"①南希所形容的这一切其实是一个被不断抽象出来的概念问题，故而这一切的终结也都是人的某种理念或思维方式的终结，也可以理解为某一套话语系统的终结，原本的概念耗尽了内涵，像形而上学这样的话语因为自然科学的高速发展而逐渐失去了自身大部分的领地，说到底，这是一种概念或话语层面的革新。而问题的关键在于，现实是否发生了本质性的改变，至少从南希非常执着的现实主义立场来看，这一切都是"幻觉"，我们所认为的一个接着一个终结的事物，最终都可以归结为我们犯下的一个又一个错误：我们将历史、哲学、政治和艺术等概念"直接等同于事物本身了"②。

但是，将之归结为"幻觉"是一个过于简单的否定，它并不意味着这个"世界"的安全，真正令南希感到疑惑的是这个世界为何会在话语层面上迎来一个又一个终结。最终，这个"世界"是否也会迎来末日？这个问题一直是"西方哲学传统中长期存在的比喻"。③但是，长久以来，西方哲学传统对世界终结的想象主要是一种末日图景，这与南希的思想并不一致，

① Jean - Luc Nancy, *The Sense of the World,* trans. Jeffrey S. Librett(Minneapolis: University of Minnesota Press, 1997), p. 4.

② Jean - Luc Nancy, *The Sense of the World,* trans. Jeffrey S. Librett(Minneapolis: University of Minnesota Press, 1997), p. 5.

③ Sean Gaston, "Derrida and the End of the World", *New Literary History* 42 (2011), p. 499.

后者明显受到了德里达的影响，而德里达对"世界"问题的思
考明显来自对胡塞尔"生活世界"（Lebenswelt）理论的反思。
德里达指出在胡塞尔的哲学思考中，"世界"这个概念是含混
的，它有双重含义：一方面，"世界"是前述谓的（antepredi-
cative），也就是说，实际存在的现实"永远已经在那里，作为
原初的存在论结构，也是所有意义预先建构的基底（sub-
strate）"；另一方面，世界是"每一个判断的可能基础的无限总
体的观念，以及超验经验的无限可能性"，或者说是"可能经
验的无限视域"（infinite horizon of possible experiences）。① 简言
之，德里达指出的问题是，世界到底是作为一个实际存在的总
体现实而存在，还是作为一种包含不断变化的所有可能世界的
观念而存在，即世界是现实的还是超验的可能性。胡塞尔关于
这个问题的矛盾在于，他的生活世界同时具有这两方面的性质，
也就是说，既是真实的又是可能的，但问题在于，主体要么在
没有真实世界经验的情况下虚构世界，要么基于日常生活的世
界经验，这两者本身是难以调和的。② 在德里达看来，"死亡就
是世界的终结"，也就是说，每一个主体的死亡，或者说相对
于我而言，每一个独一无二的他者的死亡，都是他者所意味的
那整个独一无二的世界的终结，然而也正是在独一无二的他者
的死亡中，我才能发现自己与那个世界的关系，而且我开始想
象"世界"不存在了，基于此，我想象了一个我并不属于的世
界，我超越于那个世界，没有那个世界我仍然存在（I am without

---

① Jacques Derrida, *The Problem of Genesis in Husserl's Philosophy*, trans. Marian
Hobson(Chicago: University of Chicago Press, 2003) , p. 110.

② Sean Gaston, "Derrida and the End of the World", *New Literary History* 42
(2011) , p. 502.

the world)。① 这个问题之所以重要，是因为在南希看来，世界的终结并不表现为世界这个概念的终结，也并非如德里达所言每一个独立个体的死亡就是那个世界的整体的毁灭。因为若是前者，世界的概念也不过是等着被替换为别的概念，那么南希就陷入了他所反对的那种世界在话语层面终结的观念之中；若是后者，那么主体间性所代表的世界与世界之间的关系就是一座一座的孤岛，而且是没有联系的孤岛，理解是不可能的。

那么在南希看来，世界到底在何种意义上终结了呢？要言之，世界的终结表现为有意义的世界的终结（the end of the world of sense）。② 南希在此并不想重复那种话语体系所表征的世界的终结，而是想要超越表征与世界的意指关系（signification），即从作为表征的语言来理解世界的意义，或者将世界上的万事万物理解为符号去寻找能指对应的所指。为了做到这一点，南希这里要回归的是对世界的感觉/意义（法文为 sens，英文为 sense），它既是感觉也是意义，是二位一体的。南希想要表达的感觉/意义指的是什么呢？他说："当我用'感觉/意义'这个词的时候我指的是绝对的独特感觉/意义：对生命、人、世界以及存在的感觉，对在的存在以及有意义的存在的感觉（the sense of existence which is or which makes sense），没有了感觉它也就不再存在。"③ 所以我们对世界的感觉，其实就是指对在世界之中存在的各种存在者的感觉，正是有了这个感觉，才

---

① Sean Gaston, "Derrida and the End of the World", *New Literary History* 42 (2011), p. 510.

② Jean‑Luc Nancy, *The Sense of the World*, trans. Jeffrey S. Librett(Minneapolis: University of Minnesota Press, 1997), p. 9.

③ Jean‑Luc Nancy, *A Finite Thinking* (Stanford: Stanford University Press, 2003), p. 3.

让这个世界充满了意义，这些存在者才存在，或者换一句话来说，"世界被当作感觉而被建构起来……并且反过来，感觉也被当作世界而被建构起来"①。南希还指出，对世界的感觉"只有当出现问题、进入游戏以及出现危机的时候才会出现"，而且明明无论你身处何种地方、身处何种文化都知道这个世界的存在，能够感知到它，但是"它却从未被证明，它要么即将诞生要么即将消失"。② 世界就像是我们所穿的鞋子，当我们穿着鞋子行走的时候，并不会注意到它们的存在，一旦我们注意到鞋子或者感知到鞋子的存在，那就说明，它们出现了问题。他在这里显然利用了"感觉"（sens）这个词的双重含义，既指主体对世界的感受，也指主体对世界所赋予的意义（这必须区别于意指，或者说先于意指）。所以，南希以感觉/意义为出发点重新定义了世界，他说"世界不仅仅是感觉/意义的交织，它就是被建构为感觉/意义，与之相应，感觉/意义也被建构为世界。显而易见，'世界的感觉/意义'就是一种同义反复的表达"③。除了上述两种常见的理解，他在解释"sens"的词源时指出欧洲语言中的"sens"还有第三种独特的含义，无论在爱尔兰语、高地德语还是在哥特语中，"sens"都有"有方向的挪动、旅行、朝向"等意思，也就是"带着自身走向某物的过程"。④

---

① Jean – Luc Nancy, *The Sense of the World*, trans. Jeffrey S. Librett(Minneapolis: University of Minnesota Press, 1997), p. 8.

② Jean – Luc Nancy, "Making Sense", trans. Emma Wilson, in *Making Sense: For An Effective Aesthetics*, (Bern: Peter Lang, 2011), p. 219.

③ Jean – Luc Nancy, *The Sense of the World*, trans. Jeffrey S. Librett(Minneapolis: University of Minnesota Press, 1997), p. 8.

④ Jean – Luc Nancy, *The Sense of the World*, trans. Jeffrey S. Librett(Minneapolis: University of Minnesota Press, 1997), p. 12.

南希关于"朝向"的诠释是对海德格尔和梅洛－庞蒂的继承。众所周知，海德格尔基于对被遗忘的存在问题的考察提出了此在（Dasein）在－世界－之中－存在（Zur Welt sein）的生存论结构，而南希借用了梅洛－庞蒂对海德格尔的阐释，即我们不是在世界之中（dans－le－monde）存在，而是朝向－世界－存在（être－au－monde）①。简单地说"在－世界－之中－存在"被替换为"朝向－世界－存在"。南希认为，être－au－monde 既可以翻译为"在－世界－之中－存在"（being－in－the－world）也可以翻译为"朝向－世界－存在"（being－toward－the－world），关键在于如何理解 à。② 因为"à"既可以表示"在－之中"，也可以表示"朝向"。南希之所以进行这一阐释，就是想把哲学从形而上学以及神学的窠臼中拯救出来，当我们拥有一个抽象的"世界"时，我们就会存在一个"世界的主体"（sujet－du－monde）。③ 这就会是上帝或其他的至高无上者，总之，哲学因此陷入了超验性（transcendence）思想，世界的意义需要一个超验的维度来确保，可对于南希而言，他是一个内在性（immanence）哲学家，世界的意义可以交给主体自身。

按照南希的逻辑，感觉/意义（sense）不是语言的意指，而是给予，是人与人、人与物之间的接触，是触摸（toucher）。人

① Verena Andermatt Conley, "Nancy's Worlds", *Diacritics* 42(2014), p. 95.
② 可参见南希自己说的：Jean－Luc Nancy, *The Sense of the World*, trans. Jeffrey S. Librett(Minneapolis: University of Minnesota Press, 1997), p. 8；以及詹姆斯的解释可参见 Ian James, *The New French Philosophy*, (Cambridge: Polity Press, 2012), p. 43。
③ Jean－Luc Nancy, *The Creation of the World or Globalization*, trans. François Raffoul &David Pettigrew(Albany: The State University of New York Press, 2007), p. 40.

和物都是独特的（singular），所以这种接触也是独特的，"感觉是独特个体的独异性（singularity）"①。但是，这并不代表感觉与感觉之间没有共同性，所有的感觉/意义之所以能够被理解，就是因为它们被不同的个体所共享，所以不同个体的世界也是共享的，这种多世界共同存在被南希称为共同可能性（com-possibility），而不同世界、不同感觉的共同呈现被称为"出庭"（comparution，其实就是共同到场、共同出现的意思）。南希对世界的基本描述就是"共同的"，世界是每一个独存（ipse，南希用来取代人或主体概念的一个拉丁词）共同存在的地方，也是所有的存在发生的地方，所以这个世界是复数的世界（plurality of worlds），也是一个具有共同可能性（compossibility）的"星丛"（constellation）。② 这种共享如何实现呢？在南希看来，所有的个体之所以能够"共同到场"，就是因为共享了"有限性"（sharing and com pearance of finitude）③，这是唯一的纽带，而不是某种可被共享的特质或信息。独存之间的相互理解、感觉的共享都需要依靠身体这一媒介来实现。

第三节　身体与触觉

在南希对世界的思考中最重要的因素之一就是身体（cor-

---

① Jean - Luc Nancy, *The Sense of the World*, trans. Jeffrey S. Librett(Minneapolis: University of Minnesota Press, 1997), p. 68.

② Jean - Luc Nancy, *The Sense of the World*, trans. Jeffrey S. Librett(Minneapolis: University of Minnesota Press, 1997), p. 155.

③ Fred Dallmayr, "An' inoperative' global community? Reflections on Nancy", in Darren Sheppard & Simon Sparks and Colin Thomas ed. *On Jean - Luc Nancy: The Sense of Philosophy* (London: Routledge, 2005), p. 175.

pus）。身体之所以重要，是因为感觉在南希的哲学中占据了重
要地位，而所有的感觉其实都可以归结为身体的感觉，所以感
觉的本体论一定会走向以身体为核心的本体论，当然从哲学史
的角度来看，这是超越笛卡尔"我思"（cogito）哲学的一条路
径，也是摆脱抽象的超验性哲学的一条路径。这个主体是什么？
在笛卡尔那里，主体回到了一个在火炉前思考并且反思自身思
考的人，剥离了身体的那个人，从此"我思"构成了"我在"
（sum）的唯一方式。而南希强调的是一个感知的身体（a sens-
ing body）才构成一个思考的主体，他认为正是一具可以感觉的
身体（one body with sensing）才能从感觉中构成一个身体，所
以所谓身体就是各种感觉的集合。① 感觉有两个重要的含义：
一个是被感知到的，另一个是去感知的（faire du sens）。而这
两者都可以在身体上实现，身体既是可以被感知到的客体，也
可以是理解、产生意义的感觉主体。正如南希所说："感觉只
存在于从一个人或少数人到一个人或少数人的转送之中（the
relay of one or several to one or several）。从某人自身（oneself）
到某人自身的条件是将这种'自身'（self）呈现为一个他者
（an other）——这就是身体的条件。"关于这种转送功能，南希
随后解释道："身体是一个外部（outside），通过这个外部我可
以将我自身的变体转送到我自身身上。"② 所以说，转送就是建
造一个桥梁，是连接不同世界的桥梁，我们每个人都会与世界
共在，每个世界都会在我们面前有一个独特的表象，但是要确

① Ian James, "Affection and Infinity", in *Making Sense: For An Effective Aesthet-ics*(Bern: Peter Lang, 2011) , p. 28.

② Jean - Luc Nancy, "Making Sense", trans. Emma Wilson, in *Making Sense: For An Effective Aesthetics*(Bern: Peter Lang, 2011) , p. 215.

定自身并非唯一的存在，为自身打开的这个世界并非唯一的世界，就必须确定他者的存在，也就是要确定其他世界的存在。身体在感觉的同时也被感觉到，我们用自身的身体触摸自身的时候，我们触摸也在被触摸，感觉也在被感觉，以这个为转送点我们就能够想象另外世界的存在，另一个独存（ipse）的存在，他者的存在。

所以，触觉在南希的语境中获得了极高的地位，它与其他的感觉如视觉、听觉、味觉、嗅觉不一样，后面四种感觉都只能感觉，而触觉可以"感觉自身在感觉"（it feels itself feeling），或者还不仅仅是这样，触觉"感觉自身在感觉自身"（it feels itself feeling itself），所以触觉不仅是一种内部的感觉，而且能将感觉变成外置（extraposition）的感觉。① 也就是说，当你触摸的时候，你的感觉是内在的；当你感觉自身被触摸的时候，你的感觉是外置的。置换成视觉可能会更好理解，我们对外在世界的感知是视觉（vision），而事物作为被观看的对象，需要有一种可见性（the visible），身体同时具有两种特性。并且，身体首先不是作为一个"可见的"（visible）身体而存在，而是作为"不可见的"（invisible）身体而存在，正是不可见的身体才能感知，或者"原初地如其所是地接近客体"。② 而身体之所以具有这样的特性正是因为触觉的存在，没有生命的物质，比如石头，会进行触摸的行为，但是不会有触摸的反馈，而身体既可以"投射感知"（也就是触摸），也能够被反向触摸

① Jean – Luc Nancy, *The Muses*, trans. Peggy Kamuf(Stanford: Stanford University Press, 1996) , p. 17.

② Ian James, *The Fragmentary Demand: An Introduction to the Philosophy of Jean – Luc Nancy*(Stanford: Stanford University Press, 2006) , p. 127.

（touched in turn）。① 所以南希认为，"触觉用感觉的方式形成了
一具身体（one body），或者它用感觉的官能（sensing faculties）
构成了一具身体——它就是各种感觉的集合体（the corpus of
the senses）"②。Corpus（身体）这个词原本是个拉丁词，无论
在法文中还是在英文中都有两种含义：一种是肉体、身体，另
一种就是集合，比如在指文集的时候就是用的第二种含义。南
希这里的用法显然也是在暗示第二种含义，即作为一种集合体
而存在，从这个角度来理解，身体就是各种感觉的集合体。需
要强调的是，虽然身体是一个集合体，但是身体最大限度地接
收信息的渠道是触觉而不是视觉和听觉，而在绝大多数情况下，
触觉是被遗忘的，尤其是被哲学家遗忘的。南希继承了德里达
对语音中心主义的反叛，自古希腊以来的"逻各斯"传统都被
抛弃掉了，所以听觉自然无法成为南希以感觉为核心的存在论
的要素。视觉同样是南希要排除的选项，因为南希提出触觉意
象就是为了超越现象学的各种视觉隐喻（optical metaphors）。事
实上，"现象"（pheonmenon）一词来自古希腊语 phainomenon，
意即可以显象的或可以被看见的，这就决定了现象学的基础就
是一种视觉隐喻。南希认为，现象被理解的方式是涌现（surging
forth）、"出现"（appearing）、"变得可见"（becoming visible）、
"光辉"（brilliance）、"发生"（occurence）等，都是以视觉为基
础的隐喻，它们将被南希选中的以下核心概念所取代，这就是移
位（disposition）及其包含的一些具体方式，如"分隔"（spac-

---

① Ian James, *The Fragmentary Demand: An Introduction to the Philosophy of Jean - Luc Nancy*(Stanford: Stanford University Press, 2006), p. 128.

② Jean - Luc Nancy, *The Muses*, trans. Peggy Kamuf(Stanford: Stanford University Press, 1996), p. 17.

ing)、"触摸"（touching）、"接触"（contact）、"交叉"（cross-ing）等①。除此之外，对南希来说，触摸这个概念的重要性还体现在描述艺术与感觉之间的关系时，因为触摸的法文"toucher"（正如英文 touch 一样）还可以表示触动，也就是一种远距离的靠近，如果说传统的艺术哲学认为图像的主要任务是再现这个世界，那么南希认为并非如此，他认为图像要激起"内在的力量"，"正是因为有了这种力量，图像才能触动（touches）我们"。② 所以，无论是在存在论上还是在艺术哲学上，触摸在南希的哲学中都有着非常重要的意义。

　　南希对身体的关注显然来自法国现象学家梅洛－庞蒂。梅洛－庞蒂反对传统哲学将身体作为客体的论断，他认为身体不应该"被看作世界的对象，而应该被看作与世界交流的手段，世界也不再被看作确定的客体的总和，而应该被看作我们经验的潜在界域（horizon）"③。所以南希和梅洛－庞蒂所坚持的主体可以视作一种"身体－主体"（body－subject）。④ 也就是说，南希与梅洛－庞蒂一样想要将身体纳入主体之中，这说明了身体所具有的特殊地位，即处于外在和内在的交界处、客体与主体的交界处。南希对身体的这种特性有一个比喻，叫作"寄信"（address），从一个地方到另一个地方，寄给远方的陌生人；也称之为"接触"（contact）。我们的触觉其实就是"从我

① Jean－Luc Nancy, *The Sense of the World*, trans. Jeffrey S. Librett(Minneapolis: University of Minnesota Press, 1997), p. 176.

② Jean－Luc Nancy, *The Ground of the Image*, trans. Jeff Fort (New York: Fordham University Press, 2005), p. 5.

③ Maurice Merleau－Ponty, *Phenomenology of Perception*, trans. Colin Smith (London: Routledge and Kegan Paul, 1962), p. 92.

④ Ian James, *The New French Philosophy*(Cambridge: Polity Press, 2012), p. 47.

的身体给我的身体寄信",正是在这个情况下"我让我的身体变成了我的陌生人",所以这种书写的方式并不是铭刻（inscription），而是外写（exscriptioin），也就是把内在的感觉书写到外面去，在南希看来"身体的存在论"其实就是存在的"外写"（exscription of being）。① 有学者甚至认为，南希哲学的核心就是把书写改造为这种"外写"，是感觉/意义的移动，不是向内的，而是向外的，去触摸/感动其他与之共在的存在。② 所以说，主体与客体交会的点就是自己给自己写信，自己将自己看作一个陌生人，这就是南希的身体 - 主体观。值得注意的是，南希对梅洛 - 庞蒂的继承使之区别于 20 世纪 70 年代以来所流行的文化理论对身体的思考。在文化理论中，身体不是作为一种感觉的集合体被看待，而是被当作一种符号或者一种意指实践，所以伊安·詹姆斯认为文化理论中的身体"是作为抽象的存在而出现的"，因为在这种语境中要理解身体，就必须通过"社会的符号秩序或者限制系统"来考察，因为文化理论中的身体是"一种再现的主题"而不是"活生生的物质存在"。③

　　南希对身体的讨论显然与他对世界的感觉的理解密切相关。虽然南希强调了世界就是感觉，但是个体在感觉的时候，会同时处于两种情境中，第一种是把世界之中的存在者如其所是地感觉出来，例如，看见一棵树、听见一只鸟叫，可以表述为将

① Jean - Luc Nancy, *Corpus*, trans. Richard A. Rand(New York: Fordham University Press, 2008), p. 19.

② Peter Gratton and Marie - Eve Morin, "Introduction", in *Jean - Luc Nancy and Plural Thinking: Expositions of World, Ontology, Politics, and Sense*(Albany: State University of New York Press, 2012), p. 5.

③ Ian James, *The Fragmentary Demand: An Introduction to the Philosophy of Jean - Luc Nancy*(Stanford: Stanford University Press, 2006), pp. 114 - 115.

一个存在者当作（as）一棵树来看见，或者把一个存在者当作（as）一只鸟来听。所以，感觉的一个重要功能就是分隔（spacing），通过分隔出一个一个的存在者从而完成了对空间的划分，这种划分不仅是对"感觉"的划分，还是对"意义"的划分。所以，南希认为，"当呈现（presence）不只是单纯的呈现，还通过分离（se disjoint）来成为自身时，意义也就产生了"①。简言之，第一种情境是分，分成一个一个的独异体（singularities），每个独异体之间所共享的就是大写的存在（Being）。那么独异体的区分何以可能呢？南希认为是身体，因为"一个独异体总是一个身体（body），并且所有的身体都是独异体（身体，它们的状态、运动和变化）"②。正是有了身体才有感觉和意义。

与之相应，第二种情境就是合，合成一个共同体（community）。南希认为，"存在（Being）只能是一个与另一个共同存在（being‐with‐one‐another），在这种独异的复数共存（singularly plural coexistence）的'与'（with）之中，并且作为'与'而循环"③。这一点已经比较明显地体现在南希对共同体问题的讨论之中，即共同体已经作为此在的一种存在论的特征而被表达出来，只是南希在晚年的讨论中逐渐抛弃了共同体这一表达方式，而采用了更接近存在论的方式来表达，即用"与‐在"（法文为 être‐avec，英文为 being‐with）来取代

---

① Jean‐Luc Nancy, *Being Singular Plural*, trans. Robert D. Richardson and Anne E. O'Byrne(Stanford: Stanford University Press, 2000), p. 2.

② Jean‐Luc Nancy, *Being Singular Plural*, trans. Robert D. Richardson and Anne E. O'Byrne(Stanford: Stanford University Press, 2000), p. 18.

③ Jean‐Luc Nancy, *Being Singular Plural*, trans. Robert D. Richardson and Anne E. O'Byrne(Stanford: Stanford University Press, 2000), pp. 2‐3.

"此 - 在"（法文为 être - là，英文为 being - there）。所以，对于南希来说，世界上所有的存在者必然以一种复数的状态存在着，因此"存在者的复数状态（the plurality of beings）是存在的基础（fondment）"。

复数状态的存在者最终都表现为上文所提到的"分"与"合"两个方面。首先是"分"，南希认为关键在于"每一个位置（position）都是分隔位置（dis - position）"，这里的 dis - position 来自拉丁文 disponere，也就是赋予秩序、安排、分配的意思，其中"dis -"表示分隔，而"ponere"表示放置。除了这个词，南希还会用分散（dispersal）、差异（disparity）等表述方式。其次是"合"，南希也表示"所有的表象（appearance）都是共同表象（英文为 co - appearance，法文为 comparution）"。① 将这两个方面合起来就构成了南希存在论最独特的表达方式，这就是"复数的独异存在"（法文为 être singulier pluriel，英文为 singular plural being），而且从某种角度来看，独异也就暗示着复数的、多重的，因为南希指出，"独异"（法文为 singulier，英文为 singular）的词源为拉丁语 singuli，其基本含义就是"一个接着一个"。② 还必须指出的是，singulier 在法语语法中指的是单数，而 pluriel 在法语语法中指的是复数，所以该表达方式也可以翻译为"单数的复数"，这显然是一个充满矛盾的修辞，南希刻意地利用了这一点。他也正是借用这种矛盾修辞来阐明他的政治哲学和艺术哲学。

---

① Jean - Luc Nancy, *Being Singular Plural*, trans. Robert D. Richardson and Anne E. O'Byrne(Stanford: Stanford University Press, 2000), p. 12.

② Jean - Luc Nancy, *Being Singular Plural*, trans. Robert D. Richardson and Anne E. O'Byrne(Stanford: Stanford University Press, 2000), p. 7.

第四节　非功效的共同体

　　世界被建构为感觉，而感觉就是世界，身体成为主体的一部分，维持着内部与外部的联系，而这种联系的方式就是触摸，这一系列哲学思想显然是为了从一种笛卡尔式的、康德式的主体观中逃离出来，但是他又不太赞同从结构主义到后结构主义思潮对主体概念的消解，也就是将主体概念抛弃，要么成为变动不居的结构的伴随性产物，要么成为动态生成的主体性。用南希在《我在》（*Ego Sum*）一书中的话来说就是："人们也许会说，在以结构、文本、过程的名义将之流放或遮蔽数年之后，主体又回归了，重新占据了当代的话语。"① 在这个问题上，南希既不打算回到德国古典哲学的主体概念，又不打算抛弃主体概念，那么他就不得不面对主体性的多元化问题，或者可以看作胡塞尔主体间性的一种发展。简单地说，可以回到列维纳斯等人讨论的那个问题，如果这个世界并不像笛卡尔所设想的那样基于我思（cogito），即什么是他者，他者以何种方式存在，而又与我（ipse）构成何种关系，如果每一个独特的个体都是真正意义上的存在，那么这就涉及不同我（ipse）的共同存在何以可能的问题，这就具体地表现为一个关于共同体的问题。

　　但是，除了哲学层面的重要性外，显然讨论共同体的问题在真实的经验的政治场域中也十分必要，这是因为当代世

---

① Jean‑Luc Nancy, *Ego Sum*(Paris: Flammarion, 1979)；转引自：Ian James, *The Fragmentary Demand: An Introduction to the Philosophy of Jean‑Luc Nancy*(Stanford: Stanford University Press, 2006), p. 49.

界充满动荡、冲突、战争、灾难，人与人之间的关系、群体与群体之间的关系、国与国之间的关系都变幻莫测。这让南希感慨："这个地球绝对没有共享人性。"① 不仅如此，当今资本主义社会存在各种各样的撕裂，问题的根源在于不同的共同体在同一个社会当中在价值观、生活方式上表现出种种差异，西方思想长期以来就是希望回到个体与个体之间更为直接呈现的共同体模式中，而不是在更宏大的层面上形成一个社会或国家，这就直接导致了社会不同阶层、不同群体之间的割裂。当欧洲遇到难民问题时，当非洲遇到饥荒问题时，当美国遇到黑人问题时，是不是还存在一个"我们"（nous）、一个共享着人类名义的我们？这显然引起了哲学家的深刻思考。

实际上这并不是一个新鲜的问题。亚里士多德在《政治学》中开始了对共同体问题的思考，他称为共同体政治（koinonia - politike），这个词被西塞罗翻译为拉丁文 societas civilis，后来成为"市民社会"概念的先声，虽然埃斯波西托认为亚里士多德术语中的 koinonia 更应该被翻译为拉丁文 communitas 而不是 societas。② 对于共同体问题的讨论可以说贯穿了整个西方政治哲学史，包括利维坦、社会契约论都是讨论人与人如何共存的社会问题。共同体的问题和社会的问题一直纠缠不清。从 17 世纪开始，共同体（community）和社会（society）两个词开始出现含义上的分歧，到 19 世纪，共同体或社群（community）

---

① Jean - Luc Nancy, *Being Singular Plural*, trans. Robert D. Richardson and Anne E. O'Byrne(Stanford: Stanford University Press, 2000) , p. XIII .

② Roberto Esposito, *Communitas: The Origin and Destiny of Community*, trans. Timothy Campbell(Stanford: Stanford University Press, 2010) , p. 6.

这个词相对于社会这个词而言指代与我们更加亲密的关系①。
同样是在 19 世纪，德国社会学家滕尼斯（Ferdinand Tönnies）
撰写了《共同体与社会》一书，区分由共享着相同的生活方
式、价值观的人们所组成的共同体或社群（gemeinschaft）与由
社会分工和社会契约所带来的社会（gesellschaft），这仍然是一
个社会学层面的问题。直到海德格尔"此在"概念的提出，共
同体的问题在存在论的层面上才得以形成，因为在此之前从存
在论层面上来说，我们只有我思这唯一的主体性建构方式，对
主体的描述是抽象的也是普遍化的，就像康德哲学所展示给我
们的那样。但是"此在"打破了这种传统的主体观念，"此在"
所带出的"共在"问题就成了从存在论层面对共同体进行探讨
的契机。此后才有了巴塔耶基于海德格尔哲学对该问题的探讨
以及布朗肖、阿甘本、埃斯波西托等人的回应，其中布朗肖的
《不可言明的共同体》使南希的著作在英美世界流行起来。毋
庸置疑，南希对共同体问题的探讨也是基于海德格尔和巴塔耶
对共同体的思考，这并不仅体现在《非功效的共同体》（旧译
《解构的共通体》）② 这一南希的成名作之中，也体现在《我
在》《独异的复数存在》等多部著作中。南希之所以要回应这
个问题，是因为一种见证（testimony），我们见证了"共同体的
分解（dissolution）、混乱（dislocation）或冲突（conflagra-

---

① 雷蒙·威廉斯：《关键词：文化与社会的词汇》，刘建基译，生活·读
　书·新知三联书店，2005，第 79 页。
② 两个中译本均为南希的学生夏可君所翻译，法文原文为 *La communauté
désoeuvrée*，其中 désoeuvrée 一词的意思就是不起作用的、不运作的，所
以英译本将之翻译为 inoperative，但从原文来看新译本的题目更贴合南
希的原意。

tion）"，这是我们这个时代必须回答的问题。①

首先，从共同的组成来看，南希认为个体脱离了共同体的概念便没有意义，因为个体本身只不过是"共同体分解之后的经验残余"，虽然个体是原子，是不可分割的最小的单位，但是个体的概念要产生意义必须得先有共同体的概念，所以个体不过是"分解的抽象结果"（the abstract result of a decomposition），这里所说的分解无疑就是共同体的分解，所以个体要诞生需要先经过共同体的分解，也就是说这两者相辅相成，正是出于这个原因，南希得出了一个结论，"共同体至少是个体的趋势（clinamen）"。②

共同体与社会的区分在上文有所涉及，但是南希并未按照滕尼斯的理论来进行二分思考，他从两个方面来界定什么是共同体：一方面，他认为共同体是与社会相区分的，这一切入点与滕尼斯类似，在他看来，社会是"一个力量和需求的简单联系以及划分"；另一方面，共同体的对立面是骑士冒险（emprise），这一行为强调的是个人英雄主义和对远方的征服，所以南希认为骑士冒险"通过把共同体的人民交给军队并献给荣耀而消解了共同体"。③ 这里南希说明了共同体的类似概念和相对概念分别是什么，从而划定了这个概念的界限。

① Jean‑Luc Nancy, *An Inoperative Community*, trans. Peter Connor, Lisa Garbus, Michael Holland, and Simona Sawhney(Minneapolis: University of Minnesota Press , 1991), p. 1.

② Jean‑Luc Nancy, *An Inoperative Community*, trans. Peter Connor, Lisa Garbus, Michael Holland, and Simona Sawhney(Minneapolis: University of Minnesota Press , 1991), p. 4.

③ Jean‑Luc Nancy, *An Inoperative Community*, trans. Peter Connor, Lisa Garbus, Michael Holland, and Simona Sawhney. (Minneapolis: University of Minnesota Press , 1991), p. 9.

那么从正面来回答的话，共同体是什么呢？南希认为：

> 共同体不仅是成员之间的亲密交流（communication），
> 而且是与其自身本质的有机分享（communion）。它不只是
> 通过公平地分享任务和物品来实现，或不只是通过力量和
> 权威的平衡来实现；它主要通过成员对一个身份的分享
> （sharing）、扩散（diffusion）、浸润（impregnation）来实
> 现，而复数（plurality）成员中的每个人确认自身身份是通
> 过与共同体的活生生的身体的补充性调和（supplementary
> mediation）而实现的。①

　　南希在这里想要表达的是，共同体并不只是一种对财物的
公平分配，也不只是社会各团体、各阶层之间的关系的协调，
这是社会。共同体是基于此的一种亲密联系，这种联系一方面
体现为对共同体身份的分享，另一方面体现在对共同体的共同
参与。这就让共同体的概念走向了法兰西共和国（Republic）
的三个重要信条之一，即自由、平等之外的博爱（fraternity），
南希认为博爱可以"通过唤起'类的身份'（generic identity）
来解决平等（equality）或平等自由（英文是 equiliberty，法文
是 égaliberté）的问题"②。从字面意思来说，博爱就是兄弟之
爱，不同血缘的人共享同样的身份，参与共同的事业，像一个
充满爱的家庭一样，与其说博爱解决了自由和平等的问题，不

① Jean‐Luc Nancy, *An Inoperative Community*, trans. Peter Connor, Lisa Gar‐
bus, Michael Holland, and Simona Sawhney. (Minneapolis: University of Min‐
nesota Press , 1991), p. 9.

② Jean‐Luc Nancy, *Being Singular Plural*, trans. Robert D. Richardson and
Anne E. O'Byrne(Stanford: Stanford University Press, 2000), p. 25.

如说博爱悬置了自由和平等的问题，这就是共同体的基本含义。从这个基本含义可以看出西方世界的来源之一是基督教，人与人之所以能够脱离狼与狼的关系而形成共同体是因为分享了同一个上帝，上帝成为共同的神（deus communis），用南希的话来说就是"人们共享（partaking）神圣生活"①。这也就是说，凭借着对共同的神的信仰、对共同的宗教仪式的参与，上帝成为每个人心中的内在性（immanence）起源。正是因为这一宗教背景，所以社会（gesellschaft）与共同体（gemeinschaft）之间存在较大的区别，这主要体现为从共同体变成社会失去了一些东西，这些莫可名状的东西可以带来一种交流，"与上帝、宇宙、动物、死者和未知事物的交流"，取而代之的是社会中"力量、需求和符号之间的疏离性联系（dissociating association）"②。

共同体对于每一个成员而言是感知不到的，如果要被感知到，共同体就需要被揭示出来，这种揭示就必须以个体的死亡为代价，因为只有个体死亡的时候，那个作为人的自我（ego）就消失了，相对于我这个自我而言，那个自我是一个他者，但是从他者的死亡中我意识到了我与他者之间的联系，一种共同拥有的有限性（finitude）。南希对死亡的思考无疑深受海德格尔所描述的此在的"向死而生"（being - towards - death）影响。海德格尔的此在区别于笛卡尔的我思的主体性的一点在于

---

① Jean - Luc Nancy, *An Inoperative Community*, trans. Peter Connor, Lisa Garbus, Michael Holland, and Simona Sawhney. (Minneapolis: University of Minnesota Press , 1991), p. 10.

② Jean - Luc Nancy, *An Inoperative Community*, trans. Peter Connor, Lisa Garbus, Michael Holland, and Simona Sawhney. (Minneapolis: University of Minnesota Press , 1991), p. 11.

此在是有限的，但主体是无限的，因为主体本身就是抽象的，没有物质性的存在，这也是这个概念被海德格尔抛弃的原因。但是海德格尔的此在虽然是有限的，却是孤独赴死的此在，而没有将共在纳入思考。南希则正好以此作为自己的出发点，如果共同体都是每一个自我与他者的相遇和交流，并且每一个个体都是趋向共同体的，那么每一个自我的消亡都意味着共同体中自我意识的觉醒，正如南希所说："共同体在他者的死亡中被揭示；因此它总是揭示给他者看。共同体总是通过他者以及为了他者而发生。"① 不同的个体最终都是要趋向死亡的，那么这种有限性作为个体的共同特性如何体现出来呢？南希对之有一个描述，就是"有限性共同出现"（co‐appear 或者 compears，法文为 com‐paraît）②，而且只能是共同出现，也就是说，这种有限性存在于所有个体之中，被每一个独特个体所分享。

南希共同体理论的最大不同在于没有建造一个大写的精神来统摄所有的个体，也不存在将所有的个体都统一为一个大写的我们（We），他一直强调复数状态的个体，也就是一个一个的他者所构成的复数的他者（others），这些他者都是有限性的个体，也就是会死去的存在，当他者死去的时候，他者自身的内在性（immanence），属于这个共同体的内在性就消失了。也正是在这个意义上，失去了大写的统一的精神，就失去了一种

① Jean‐Luc Nancy, *An Inoperative Community*, trans. Peter Connor, Lisa Garbus, Michael Holland, and Simona Sawhney. (Minneapolis: University of Minnesota Press , 1991) , p. 15.

② Jean‐Luc Nancy, *An Inoperative Community*, trans. Peter Connor, Lisa Garbus, Michael Holland, and Simona Sawhney. (Minneapolis: University of Minnesota Press , 1991) , p. 28.

统一性，共同体就"不是一个融合性的事业"，也不是一个"生产性的或者起作用的事业（productive or operative project）"。① 每一个个体都作为一个独特的他者而存在，作为一种特异性而存在，不能被统一为一个整体的抽象概念，所以共同体无法形成一种功能、完成一个事业，那么一个经济的、社会的、政治的、技术的共同体就无法形成，说到底，它是一个非功效的（inoperative）或者起不到作用的共同体。所以南希认为，"共同体没有实体也没有本质（hypostasis），因为这种共享、通路（passage）并没有完成"，而且"未完成"（incompletion）是共同体的"原则"，因为共享完成也就意味着"被共享的东西的消失"。② 没有本质在南希的共同体哲学中是一个非常重要的方面，因为对卢梭的社会契约论而言，社会得以成立的基础就是作为共同体本质的社会契约论，而南希想要强调的是共同体本身不是社会，没有本质，因此也就不存在一个完成的共同体，也就没有起源（arkhe）和目的（telos）。

如果是这样，那我们以共同体为基础能够做什么呢？不能做什么！共同体的显现意味着个体的消亡，也就是一个不能继续参与共同体的个体的消亡，那么共同体本身就失去了统一性。而恰恰是因为要做什么，我们才以共同体的名义将人们团结成一个整体，从而实现某种统一的命运，而南希是反对这种命运

---

① Jean‐Luc Nancy, *An Inoperative Community*, trans. Peter Connor, Lisa Garbus, Michael Holland, and Simona Sawhney. (Minneapolis: University of Minnesota Press , 1991), p. 15.

② Jean‐Luc Nancy, *An Inoperative Community*, trans. Peter Connor, Lisa Garbus, Michael Holland, and Simona Sawhney. (Minneapolis: University of Minnesota Press , 1991), p. 35.

统一体的。此外，因为共同体是一个哲学层面的概念，是我们理解世界的方式，在写《非功效的共同体》的时候，南希还未将世界以及对世界的感觉作为一个主要概念来对待，所以他的书中包含了一些后来哲学观念的萌芽，这其中最重要的就是对海德格尔世界概念的理解。我们提到过，世界被建构为感觉，感觉被建构为世界，所以我们的感觉就是世界，而共同体其实就是我们每一个自我作为一个他者相对于其他人而言所形成的这个世界，只是世界的概念更为广泛。每一个个体出生之后就进入一种存在论的状态，这就是共同的存在（being‐in‐common）或者与‐在（being‐with），自我和他者都是同样的存在论结构，这样就没有了主体与客体的区分，也不存在在一个主体的感觉中另一个主体成为客体。关于这一点，他在后期的著作《复数的独异存在》中有所阐发，他认为"存在（Being）自身被给予我们的时候是作为意义"，这里的意义其实也就是感觉（sens），"如果意义不能共享，那么意义也就不存在，这并不是因为会有一个所有的存在者都共有的终极或第一意指（ultimate or first signification），而是因为意义自身就是存在的共享（sharing of Being）"①。

南希会这样看待共同体，其实说明的是在 20 世纪 80 年代，他对当时普遍的情况感到不满，即政治取代了哲学，他想要回到哲学层面来讨论共同体的问题，正是因此他才写了《政治的撤退》，这并不是说南希的思考没有政治上的动因。在詹姆斯看来，这个现实层面的动因是存在的，这就是对 20

---

① Jean‐Luc Nancy, *Being Singular Plural*, trans. Robert D. Richardson and Anne E. O'Byrne(Stanford: Stanford University Press, 2000) , p. 2.

世纪泛滥的"极权主义"的反思，但他同样认为，无论是南希还是拉库－拉巴特都不会直接介入现实层面的政治，这种层面的政治被南希称为经验政治（la politique），他更在意的是从哲学层面或者存在论层面对政治的思考，他称之为政治（le politique），也就是"他者性（alterity）的具体维度"，这种他者性是先于经验政治的，也是经验政治各种可能模式的基础。① 值得注意的是，这种用阴阳定冠词来区分政治（le/la politique）不同含义的方式也体现在朗西埃的政治哲学之中，却表达着完全不一样的意思。在南希的哲学中，他者性其实就是那些超验的统一体，比如上帝、绝对精神、人民（Volk）、历史、民族精神（ethnos），所以当政治思考从这些超验统一体中抽身的时候，具体的个体才可以被揭示。这让我们明白南希的最终目的在于说明一种共同体主义（communism）的失败，并不能简单地归罪为新的个体主义的诞生（正如埃斯波西托所说的那样②），共同体和个体鲜明对立的做法应当被抛弃，因为个体正是共同体的基础，个体的有限性构成了共同体的呈现，共同体是自我的存在论的状态。虽然如此，南希的上述思考也可以从经验层面得到解释，南希可能是反感当时极权主义政治体制下个体自由和平等的消失，所以才思考如何在维持一种共同存在的可能前提下保持每一个个体的自主性（sovereignty），才提出了既独异又复数的存在状态。

① Ian James, *The Fragmentary Demand: An Introduction to the Philosophy of Jean - Luc Nancy*(Stanford: Stanford University Press, 2006) , p. 165.
② Roberto Esposito, *Communitas: The Origin and Destiny of Community*, trans. Timothy Campbell(Stanford: : Stanford University Press, 2010) , p. 2.

第五节　独异性与复数艺术

自我（ego）是独异的存在，并且有了他我（alter ego）的存在，就有了复数的存在，南希正是在这一存在论的基础之上建立了具有同源结构的独特艺术哲学。独异性与原创性在南希的艺术哲学中是一回事，并且他认为这"超过了风格或才能"，更为重要的是，艺术作品的独异性不可以"被化约为任何形式的分析"，从而将之确立为艺术，这其实就是在肯定其独异性或原创性。① 所以，南希从自己独特的存在论出发提出了一个有趣的命题："诸种艺术"（the arts）其实也是"复数的独异"（plural singulars）。② 南希主要在《缪斯》（The Muses）一书中对这个问题展开了论述，他在该书的开篇以一个问题的方式引出了自己的思考："为什么是多种艺术（several arts）而不仅仅是一种艺术（just one）？"这个问题还有一个更有历史渊源的表征，那就是"存在诸位缪斯（Muses）而不是一个缪斯"。③ 这里的缪斯实际上就是艺术女神，也就是艺术本身。为什么艺术是复数状态的？虽然数量上有差异，但唯独不变的就是不存在唯一的一种艺术，一种统摄一切的"艺术"，就像统摄一切的"世界"概念一样，相反，在西方传统中，艺术从来都是"诸种艺术"，从一开始的技艺（tekne）演化出了技能

---

① Jean - Luc Nancy, *The Pleasure in Drawing*, trans. Philip Armstrong (New York: Fordham University Press, 2013), p. 2.

② Jean - Luc Nancy, *Being Singular Plural*, trans. Robert D. Richardson and Anne E. O'Byrne (Stanford: Stanford University Press, 2000), p. 14.

③ Jean - Luc Nancy, *The Muses*, trans. Peggy Kamuf (Stanford: Stanford University Press, 1996), p. 1.

（mechanical arts）和自由艺术（liberal arts），前者还包含纺织、狩猎、农耕、行医等如今与艺术完全不相关的内容；后者诞生于 18 世纪，又演化出了"美的艺术"（beaux‐arts）——绘画、诗歌（悲剧）、雕塑、音乐、建筑、舞蹈。那么在思考什么是艺术的时候，我们到底该如何推进呢？显然，我们可以从同与异的基本分类方法中来思考。首先，关于各种艺术之异，显然一开始我们根据技艺类型的差异，将艺术区分为非常细的各种类型，但是随着艺术的发展，我们开始更为抽象地为艺术寻找划分的方法，比如在《拉奥孔》中，莱辛根据材质的不同对各种艺术进行分类，与之类似，康德对艺术采用的是三分法，分别是语言的艺术、形象的艺术以及感官游戏的艺术。① 其次，关于各种艺术之同，我们常常借助哲学的方法来思考，即寻找一种本质，这个本质被所有的艺术类型所共享，显然亚里士多德在《诗学》中找到了这种本质，他称之为"摹仿"（mimesis）。但南希在柏拉图的哲学中找到另一个能更好地描述这种状态的词——"分有"（methexis，英文为 participation）②，这个词被柏拉图用来描述现实世界的事物与理式（eidos）之间的关系。虽然这也是一种模仿，但这种模仿最终都指向一个永恒不变的本体，那就是理式，理式也就是所有的物的统一的存在，这是一种典型的超验哲学。南希认为，正是因为图像中的模仿包括了分有，所以才会有参与和接触（contagion），而正是这种接触"使图像可以抓住我

① Jean‐Luc Nancy, *The Muses*, trans. Peggy Kamuf(Stanford: Stanford University Press, 1996), p. 8.
② Jean‐Luc Nancy, *The Muses*, trans. Peggy Kamuf(Stanford: Stanford University Press, 1996), p. 24.

们"。① 除了柏拉图式的超验艺术哲学,还有海德格尔的另辟蹊径,他想通过寻找一种艺术来包含所有的艺术,这就是诗,他想让诗成为所有艺术的艺术,即成为一种最接近真理的艺术,用南希的话来说就是成为艺术的部分之总(pars pro toto),就像是"诸位缪斯的合唱一样"②。

南希并不认同这样的方式,他认为,正是他们的这种思维方式导致了艺术总是不断地迎来自己的终结,因为大写的艺术概念总会被耗尽,新的艺术总会涌现,与之相应,作为一种多元状态的或者说复数状态的艺术就得以诞生,但是也有可能让一种新的总体的"技艺"得以诞生。③ 南希的这些观点可以具体地应用于对"艺术终结论"的讨论,他认为艺术之所以会陷入如今的各种争议之中,有两个层面的原因。第一,是物质层面的原因,即艺术不再作为艺术存在,而是作为"市场"存在,也就是说,艺术"被化约为市场"④。南希在这一点上非常赞同阿多诺对文化工业的批判,他认为艺术不能追求感官的快乐,这从本质上来说是消费主义的,并且是资本主义虚假满足的一种方式。他认为艺术应该是凝视而不是消费:"凝视并不消费你所凝视的对象——通过凝视,它会更新它的饥渴"⑤。第

---

① Jean – Luc Nancy, *The Ground of the Image*, trans. Jeff Fort (New York: Fordham University Press, 2005) , p. 9.

② Jean – Luc Nancy, *The Muses*, trans. Peggy Kamuf(Stanford: Stanford University Press, 1996) , p. 5.

③ Jean – Luc Nancy, *The Muses*, trans. Peggy Kamuf(Stanford: Stanford University Press, 1996) , p. 37.

④ Jean – Luc Nancy, *The Muses*, trans. Peggy Kamuf(Stanford: Stanford University Press, 1996) , p. 82.

⑤ Jean – Luc Nancy, *The Pleasure in Drawing*, trans. Philip Armstrong (New York: Fordham University Press, 2013) , p. 17.

二,是理论层面的原因,对艺术的思考被纳入艺术之中,如今的艺术都变成了关于艺术的理论。① 这正好呼应了阿瑟·丹托所说的"哲学对艺术的褫夺"。但是,南希在对黑格尔艺术终结论进行分析之后发现,实际上终结并不存在,或者说在艺术史的发展过程中只存在一种终结就是"无限的终结"(finite finishing),简言之,艺术史处在不停地达到完善然后陷入衰落的传统之中,终结本身在重复发生,所以整个艺术史表现出来的不是一种进步(progress)的状态,而是一种"过程"(passage),"连续"(succession)、"出现"(appearance)、"消失"(disappearance),或者就是"事件"(event)。② 这是非常典型的后现代主义论调,即对宏大叙事的消解,对进步论的消解,抽象而宏大的"艺术意志"(Kunstwollen)被重新划分为一个又一个的事件,这样也就不存在所谓终极目的,自然也就不存在艺术的终结。南希这一观点源自他所提出的艺术的复数独异状态,即在保持每种类型的艺术、每一件艺术品都具有自身独特性的情况下,仍然将所有的艺术都归之于一个复杂的多元状态,即复数状态之中,这就避免了走向绝对艺术或总体艺术的各种问题。要走向绝对艺术或总体艺术则是德国浪漫派的一种艺术主张,而南希正好在早期对之进行过细致的研究。

南希并不希望找到一个可以统一的大写的概念,无论理式还是诗,都不是南希所希望的,他认为不需要去寻找艺术的本质或定义,这样会消除掉艺术的多元性或复数性,重要的是让

---

① Jean – Luc Nancy, *The Muses*, trans. Peggy Kamuf(Stanford: Stanford University Press, 1996) , p. 83.

② Jean – Luc Nancy, *The Muses*, trans. Peggy Kamuf(Stanford: Stanford University Press, 1996) , pp. 86 – 87.

艺术保持独异的复数状态，或者一种"非有机的复数状态"，
"不需要综合"，"也不需要系统"。① 总之，南希不希望找到
"部分之总"（pars pro toto），他所寻找的一个替代的类似说法，
来自莱布尼茨，用拉丁文来表示就是"部分之外的部分"
（partes extra partes）。从哲学层面来说，这个说法表达的是物与
物之间是共同存在的，每一个个体（无论人或物）都是独立
的，都是他者的外部，同时他者也是该个体的外部，他所找到
的这种"部分之外的部分"所仰仗的就是"感觉"。我们不难
发现，所有的艺术都是源自独特的感觉，同时诸种艺术的差异
也都来自感觉的差异，甚至可以理解为艺术家主观世界的差异，
所以南希认为，诸种艺术之间的同与异其实就是感觉的结构或
基础之间的同以及各种感觉之间的异。而且南希以此论述为基
础更为激进地指出，其实各类艺术之间的差异并不是由五种感
觉本来的差异导致的，而是因为艺术操作（artistic operation）
或者由之带来的产品，也就是艺术品，用一种将感知技术视角
化（a technical perspectivizing）的方法将我们的感觉变成了如今
的样子，这个被南希总结为"对诸种感觉的分配（the distribu-
tion）或多种分配（distributions），并不是如其所示的感性
（sensibility），而是'艺术'的产物"。② 需要指出的是，南希
这里所说的艺术并不是我们现在所理解的艺术，而是艺术和技
术的混合体，也就是回到一种西方文化原初语境中的艺术
（tekhne）。我们对技术的使用实际上塑造了我们感受世界的方

---

① Jean - Luc Nancy, *The Muses*, trans. Peggy Kamuf(Stanford: Stanford Universi-
ty Press, 1996), pp. 36 - 7.

② Jean - Luc Nancy, *The Muses*, trans. Peggy Kamuf(Stanford: Stanford Universi-
ty Press, 1996), p. 10.

法，这种方法是一种对感觉的分配。南希并不是对所有的感觉
都一视同仁，而是将"触觉"摆在了最重要的位置，因为触觉
能感受到感觉自身，因为触觉既是感觉也是被感觉。所以从另
一个角度来说，触觉是一种"打断"（interruption），即对于已
经存在的让人难以察觉的感觉的打断，也就是对一种意指功能
的打断，同时还让世界脱离了意指而成为一种感觉，所以给人
一种既靠近又远离的感觉，当我们在感觉的时候，这是一种靠
近，当我们在感受自己被感觉的时候，这是一种远离，所以南
希说"触觉是最靠近的距离（proximate distance）"，或者也可
以说是"远距离的接近"（proximity of the distant）。① 艺术在某
种程度上与触觉有着相同的效果，南希认为"艺术使得感
觉脱离了意指，更确切地说，艺术使得世界脱离了意指"，
或者换一种更为现象学的表达就是，艺术使得"对世界的
感觉悬置了意指（suspension of signification）"②。那么在悬置
了意指之后，艺术所具有的意义又是什么呢？此时的意义不再
是意指而是感觉/意义/方向（sens），也就是作为触觉的感觉。

可是以上的理论都是在南希自身的艺术哲学框架之中，那
么艺术的危机所存在的深层次问题仍然落在了艺术与真理之间
的关系上。在南希看来，真理不是只有一种形式，艺术中的真
理有着非常不一样的模式：一种真理是"被认为能够符合可验
证的（可确认的、可识别的或者可测量的）真理"，另一种真
理"被认为是前于验证的"，换句话说就是"不能确认，不可

① Jean – Luc Nancy, *The Muses*, trans. Peggy Kamuf(Stanford: Stanford University Press, 1996) , p. 17.

② Jean – Luc Nancy, *The Muses*, trans. Peggy Kamuf(Stanford: Stanford University Press, 1996) , p. 21.

识别，或者，甚至不太能测量的"，而且这种真理"作为一种原则，是没有形式的"①。显然后面这种真理就是南希所期待的绘画中的真理，所有的自然科学实验中最强调的是可重复性，也就是说自然科学实验得出的结论可以被验证、被复制，但独异性的一个重要特征就是不可重复性，一旦被重复了也就失去了作为艺术的资格，而变成了一种纯粹的技艺。那么艺术中的真理是什么呢？从美学的历史中找答案，可以是柏拉图的理式（eidos），也可以是黑格尔的绝对理念，但南希旗帜鲜明地表示，"摹仿所要掌握并且使之显现的，它必须展示或呈现的，不是别的，正是理式"②。但是，如前文所说，南希并不赞同柏拉图对艺术与真理关系的描述，即艺术品模仿现实，而现实模仿理式。南希曾借用阿奎那的"烟－火"比喻来说明这个问题，他认为"艺术是没有火的烟，是没有上帝的印迹（vestige without God），不是理式的呈现"③。这一类比恰恰说明，在南希的语境里，神学存在论是被抛弃了的，超验性的存在是被抛弃了的，超验性必将被内在性取代，超验的形式、理式、真理，最后都被具有内在性哲学特征的"感觉"所取代。

需要指出的是，南希所说的感觉并不是我们通常意义上的感知（perception 或 sensation），这就是南希要强调感觉（sens）的三种含义的原因，如果只是感觉，那么与感知没有区别，但如果是感觉并且同时是意义，那么也就具有了价值，或者说是

① Jean – Luc Nancy, *The Pleasure in Drawing*, trans. Philip Armstrong（New York: Fordham University Press, 2013）, p. 11.
② Jean – Luc Nancy, *The Pleasure in Drawing*, trans. Philip Armstrong（New York: Fordham University Press, 2013）, p. 20.
③ Jean – Luc Nancy, *The Muses*, trans. Peggy Kamuf（Stanford: Stanford University Press, 1996）, p. 96.

感觉的价值（value of a sensation）。① 从这一点我们也不难推论出南希对艺术的基本看法，即以写实和再现为主的艺术被他称为模仿艺术，这种艺术要做的是把给予的东西展现（make manifest）出来，那么与之相对的就是象征主义艺术，这种基于象征和形式的艺术将自身变为符号，来"赋予世界以秩序"。② 换言之，真正的艺术是一种呈现，让事物如其所是地呈现出来，所以艺术本身就是标志着真理不在场的独特痕迹，它所呈现的是不可见的事物（the invisible），但"并不是让一个客体变得可见"。③ 也就是说，是呈现/在场而不是再现才是艺术的真理所在。所以模仿艺术是一种奴役的模仿（servile imitation），与真正的艺术创作无法相提并论，更为重要的是，只有真正的艺术才能赋予感觉以秩序，所以象征主义艺术带来的是世界的在场/呈现，或者就是对世界的感觉。南希在提到肖像画的时候说，肖像画本身并不是为了再现，肖像画不是为了"复制出一个人的痕迹"，而是为了牵扯出一种接近性和力量，所以一幅肖像画必须"触摸/触动"（touches），否则就不过是像照片那样的记录而已。④ 简言之，真正的肖像画会改变我们对世界的感觉，通过激发一种力量来让我们触动，而不是记录真实的世界，也就不是传统的艺术哲学所强调的对世界的再现。就这一

① Jean - Luc Nancy, *The Pleasure in Drawing*, trans. Philip Armstrong（New York: Fordham University Press, 2013）, p. 22.

② Jean - Luc Nancy, *The Pleasure in Drawing*, trans. Philip Armstrong（New York: Fordham University Press, 2013）, p. 60.

③ Jean - Luc Nancy, *The Ground of the Image*, trans. Jeff Fort（New York: Fordham University Press, 2005）, p. 12.

④ Jean - Luc Nancy, *The Ground of the Image*, trans. Jeff Fort（New York: Fordham University Press, 2005, p. 4.

点而言，他以一种同源的结构重复了他对表征与世界意指关系的批判，无论语言还是形象，都不能成为世界的一种意指方式，这会导致一种耗尽，而感觉才是世界本身。

总而言之，在南希的哲学中，感觉是要先于意指的，正如世界是先于意指的一样，而且正是感觉"使它们成为可能"，或者说"使普遍意指性（signifyingness）的敞开得以形成"，所以说身体的感觉是先于这种意指的，正是触摸那些不可穿透的事物才构成一种活生生的现实，这也就是感觉的具体性①。正是因为这种具体性，身体也具有了另一个特性，这就是独异性，"身体总是独异体（singularity），所有的身体都是独异体（all bodies are singularities）"②。身体就是这种独异性的来源。此外，身体是可以通过触摸外展的（exscribe），而精神是向内呈现的，南希在分析古典绘画《不要触碰我》（*Noli me tangere*）的时候曾讨论为什么是身体得以再现，因为"只有身体才可以被升起和放下，只有身体才可以触摸或不触摸。精神不能实现这些"③。从这句话可以看出在南希的语境中身体被赋予的崇高地位恰恰来自与精神的对比，这从根源上来说就是超验性与内在性的对立。我们依照传统哲学的路径，总会归于一个超验的存在，比如上帝或绝对精神，那么我们所处的这个世界就不再是那个世界，而是一个世界，因为在此之上还有另一个世界

---

① Jean – Luc Nancy, *The Sense of the World*, trans. Jeffrey S. Librett(Minneapolis: University of Minnesota Press, 1997), pp. 10 – 11.

② Jean – Luc Nancy, *Being Singular Plural*, trans. Robert D. Richardson and Anne E. O'Byrne(Stanford: Stanford University Press, 2000) , p. 18.

③ Jean – Luc Nancy, *On the Raising of the Body*, trans. Sarah Clift, Pascale – Anne Brault, and Michael Naas(New York: Fordham University Press, 2008) , p. 48.

（outre - monde）。① 所以，世界与世界的关系就会变成艺术哲学中最常见的关于"意指"和表征的讨论。总体的艺术与诸种艺术之间的关系仿佛重复了上述讨论，没有另一个超越的世界，也没有一个超越的艺术，除此之外，由于艺术可以与"感觉/意义"和"触觉/感动"相关联，所以成为南希以"复数的独异存在"为标志的存在论的重要特征。

---

① Jean - Luc Nancy, *The Creation of the World or Globalization*, trans. François Raffoul & David Pettigrew (Albany: State University of New York Press, 2007), p. 37.

第六章

美学与平等

第一节 雅克·朗西埃其人

雅克·朗西埃（Jacques Rancière）是法国目前最有名的哲学家、美学家和电影理论家，法国巴黎八大（Université de Paris，Ⅷ）荣休教授以及欧洲研究生学校（European Graduate School，EGS）哲学教授。1940 年，他出生于法国的殖民地阿尔及利亚，这样的经历在法国的知识分子中很普遍，德里达和加缪也是如此。后来，他随父母回到法国本土。他的学术之路可以说非常幸运，这不仅体现在他入读的学校是法国著名的大学校巴黎高师（ENS），而且体现在他的老师是非常有名的人物——结构主义的马克思主义者、法国著名哲学家路易·阿尔都塞（Louis Althusser）。更为幸运的是，阿尔都塞在巴黎高师任教期间主持"读《资本论》研讨班"，研讨班的思考和讨论成果最后以阿尔都塞与学生合著的形式出版，这就是著名的《读〈资本论〉》（*Lire le Capital*）一书，正是这本书操演了阿尔都塞著名的"症候阅读"（symptomatic reading）理论。所以，在阿尔都塞名望的助力之下，拥有署名权的各位学生也随之声名鹊起，登上了学术舞台，其中就包括雅克·朗西埃、埃蒂安·巴里巴尔（Étienne Balibar）、皮埃尔·马舍雷（Pierre Machery）以及埃斯塔布莱（Roger Establet）等人。

但是，后来发生了举世瞩目的"五月事件"，巴黎的学生在法国掀起了一场席卷全世界的运动，而朗西埃及巴黎高师都处在风暴的正中心，他还参与了在运动中产生重要影响的主要由巴黎高师学生组成的乌尔姆圈子（cercle d'Ulm）。毋庸置疑，这次运动对朗西埃产生了巨大的影响，也是其无政府主义思想烙印的主要成因之一。正是在这种急剧动荡的形势裹挟之下，朗西埃出于对老师思想的反抗以及对老师在风暴期间躲避问题的行为方式的反对，激进地宣布了与老师阿尔都塞的决裂，并且在"五月事件"之后撰写了反对老师的著作《阿尔都塞的教训》（*La Leçon d'Althusser*, 1975），以批判阿尔都塞的理论并没有给自发的暴动留下空间，与之相应的是，阿尔都塞后来也在《读〈资本论〉》再版的时候删去了朗西埃写作的部分。这一决裂可以说奠定了接下来几十年朗西埃的理论基调，即反对老师对学生的"愚蠢化"（stupefication），也就是说，打倒以老师、教授为代表的知识分子所掌握的话语权，而要让普通人、穷人来发表自己的看法，追求将智力的平等作为一切的出发点而不是目的。

"五月事件"的诱因之一是当时法国非常严重的教育问题，既包括校舍、教学场地等硬件问题，也包括课程设置等软件问题。所以在事件之后，法国兴办了一些新型的大学来解决这些问题，其中就包括樊尚大学（Université de Vincennes），即后来的巴黎八大。这所新型大学的哲学系请来在运动中获得极高名望的哲学家米歇尔·福柯任系主任，并且招揽了一系列后来的法国学术明星，如德勒兹、巴迪欧、拉康的女儿茱蒂丝·米勒（Judith Miller）等，其中也包括朗西埃。但是与好朋友巴迪欧不同，朗西埃最终并未离开巴黎八大而是选择了在这里退休。在批判老师阿尔都塞的书出版之后，1975~1981 年，朗西埃一边在巴黎八大教书，一边组织编辑期刊《逻辑暴动》（Les Révoltes Logiques），并且将他在巴黎八大开设的关于工人历史的研讨班与期刊结合起来以便反思"五月事件"遗留下来的一些问题。期刊的名字明显来自诗人兰波的《民主》（Démocratie）一诗，暗含"造反有理"的思想，这也清晰地透露出朗西埃一贯的政治倾向：激进平等。

朗西埃这段时间的研究主要是用历史的方法，通过挖掘档案材料结合哲学思辨对工人问题展开探讨。正是因为这一时期的工作，他在小圈子内获得了较高的认同，1979 年，朗西埃获得牛津大学的邀请参加了《历史工作坊杂志》（History Workshop Journal）的演讲活动。① 后来，朗西埃依据从档案中发掘的工人阶级的写作，完成了一部确立其在工人历史研究中的地位的著作《无产者的夜晚：工人梦想的档案》（La Nuit des prolétaires. Archives du rêve ouvrier, 1981）。但是，他并未以历史研究为主线，随后他仍然回到了自己的主业，即哲学研究，撰写了以批判从柏拉图开始的西方哲学家"哲人王"传统为标的的《哲学家及其穷人》（Le Philosophe et ses pauvres, 1983），以

① Carolyn Steedman, "Reading Rancière", Oliver Davis, ed. , Rancière Now: Current Perspectives on Jacques Rancière, (Cambridge: Polity Press, 2013), pp. 69 - 70.

及将平等主义政治理论与被遗忘的教育家雅科托的教育理论混合而形成的著作《无知的教师：关于智力解放的五堂课》（*Le Maître ignorant：Cinq leçons sur l'émancipation intellectuelle*，1987），这本书毫无疑问地将矛头指向了当时在法国声名鹊起的社会学家布尔迪厄以及他关于教育社会学的著作《继承人：学生与文化》（*Les Héritiers：Les étudiants et la culture*，1964）、《再生产：一种教育系统理论的要点》（*La Reproduction：Éléments d'une théorie du système d'enseignement*，1970）。布尔迪厄的结论与其独特的社会学方法息息相关，正因如此，朗西埃才会在后来的著作中直接将枪口指向社会学方法问题。除此之外，朗西埃将一位木匠的文字编辑成书并且撰写了导论和介绍，这本书就是《平民哲学家路易 - 加百利·高尼》（*Louis - Gabriel Gauny. Le philosophe plébéien*，1985）。这个时期的朗西埃基本确立的是以将被历史掩盖的下层的声音表达出来作为自己学术研究的主要问题域，也正是这一段时间的工人研究使朗西埃的思想受到了同样关注工人历史的英国著名历史学家汤普森（E. P. Thompson）的关注。

在历史档案研究之后，朗西埃彻底转向了政治哲学研究，所以在 20 世纪的最后 10 年，他基本上将注意力放在了政治哲学上。在这一时期，他完成了两本代表性的政治哲学著作，一本是由几篇重要的论文组成的论文集《政治的边缘》（*Aux bords du politique*，1990，该书在 1998 年由 La Fabrique 再版，并且增加了新的文章和序言），另一本是《歧义：政治与哲学》（*La Mésentente：politique et philosophie*，1995）。这两本书基本上包含了朗西埃最重要的政治哲学观点。也是在同一时期，朗西埃的兴趣点转向了文学领域，《马拉美：塞壬的政治》

（*Mallarmé：la politique de la sirène*，1996）就是围绕法国著名诗人马拉美而写的文学评论著作，随后他的注意力几乎全部放在了文学上，接连出版了《词语的血肉：书写的政治》（*La Chair des mots. Politique de l'écriture*，1998）、《沉默的言语：论文学的矛盾》（*La Parole muette. Essai sur les contradictions de la littérature*，1998），这些著作无一例外都是将文学和政治相结合进行分析，也可以说是朗西埃政治哲学在文学分析上的应用，他对文学的研究一直都没有停止。到 21 世纪，他仍然在撰写关于文学的著作，包括总结其文学政治理论的《文学的政治》（*Politique de la littérature*，2007）以及他的最新著作《消失的线：论现代小说》（*Le fil perdu：Essais sur la fiction moderne*，2014）。同时，他还运用政治理论对同样属于书写范畴的历史书写进行知识论的讨论，以回应曾经对他的研究很感兴趣的汤普森的历史哲学，这就是《历史的词语》（*Mots de l'histoire：Essai de poétique du savoir*，1992），书中明确了他对汤普森历史书写思想的反对。

从 21 世纪开始，朗西埃的文学政治理论被升华为更具普遍性的审美政治理论，这就是著名的感性分配论。他出版了一系列著作来阐释其美学观点，例如总结性的著作《感性的分配》（*Le Partage du sensible*，2000）、由几篇小文章组成的小册子《审美无意识》（*L'Inconscient esthétique*，2001）、对美学理论进行详细阐释的《美学中的不满》（*Malaise dans l'esthétique*，2004）。更具普遍性的理论的诞生使朗西埃将目光从文学扩展到其他艺术领域，这其中最重要的就是扩展到电影和当代艺术。在充满迷影（cinephilia）氛围的巴黎想要完全抛开电影几乎是不可能的，所以，从 1998 年开始，朗西埃就撰写了大量的电影评论，发表于著名的电影杂志《电影手册》（Cahiers du cinéma）和《交通》（Trafic）上，进入 21 世纪之后，他出版了电影方面的著作《电影寓言》（*La Fable cinématographique*, 2001）、《电影的距离》（*Les Écarts du cinéma*, 2011）、《贝拉·塔尔，之后的时间》（*Béla Tarr, le temps d'après*, 2011）。与电影类似的是，他与南希等法国哲学家一样受到了艺术家的青睐，并且经常被邀请观看展览和撰写艺术评论，随后这些文章被结集出版，就有了其当代艺术批评的代表作《图像的命运》（*Le Destin des images*, 2003）。2011 年，他出版了全面解释其"美学体制"或审美现代性理论的著作《论感性》（*Aisthesis, Scènes du régime esthétique de l'art*, 2011），这也是其近年来最重要且最系统的美学著作。与当代许多法国哲学家一样，朗西埃涉及的领域非常广泛，除了对政治哲学、美学、艺术、文学、电影方面的精深研究，他还对精神分析和戏剧研究发表了自己的看法。最近几年他大量将小篇幅的论文整理出版，所以他出版的著作不但多，且新作出版的速度快，令研究者目不暇接[1]。但是客观地说，其核心观点早在 20 世纪的最后二三十年就已经确立，他后来关于文学、艺术、电影等的思考更多是在重复以前的思考，只是更为细化，收纳了更多的经验例证。无论是感性分配论，还是"艺术体制论"，他的关注重点都是那些被遮蔽的无产者如何发出自己的声音，他们是不是拥有对作品进行自己解读的权利，他们是不是被赋予了这种可能性，换句话说，平等

---

[1] 汤姆·康利的文章专门提到了这一研究者的共识，参见 Tom Conley, "Savouring the Surface: Rancière Between Film and Literature", in Oliver Davis, ed., *Rancière Now: Current Perspectives on Jacques Rancière*(Cambridge: Polity Press. 2013), p. 143。

在美学上是否可以实现以及如何实现，这是他矢志不渝的政治信念。

第二节　感性的分配/分享

朗西埃因为早期曾参与"五月事件"学生运动，所以其思想中带有非常明显的无政府主义烙印，他所期待的革命是自发的暴动（spontaneous uprising）而不是来自政党的有组织的革命，这一点也反映在朗西埃和巴迪欧等许多同时代的参与运动的人因为失望而退出了法共，与之形成鲜明对比的则是阿尔都塞一直坚持政党的组织形式。朗西埃这种对以政党为核心的政治组织的不满，与另一个在"五月事件"之前突出表现出来的社会问题产生了融合，这就是关于教育的问题，也就是关于老师和学生之间的关系问题。老师是不是真理的掌握者，如果是的话，那么像朗西埃、巴迪欧这样的参与"五月事件"的学生该如何理解自身行动的合法性？所以，最好的办法就是打倒老师的权威，将老师从知识或者真理的代表地位上拉下来。①

从另一个层面来说，这也是对布尔迪厄的教育社会学理论的反思，因为布尔迪厄的整个社会学理论最后都指向了一个结果，就是所有行动者在场域内的行为都是被决定的，具体到行动者身上可以用"习性"（habitus）来描述，不同习性的行动者就会形成不同的群体，这些群体就会构成阶级。他所谓习性指的就是一个"作为原则的性情系统"，这个系统来自我们作

---

① Alain Badiou, *The Adventure of French Philosophy*, trans. Bruno Bosteels(London: Verso, 2012) , p. 103.

为生物的各种经验，并且对我们的各种行为产生决定性影响，简单地说，这是一种实践的感觉，但是与行为主义不一样，这不是一个刺激－反应的简单模型。① 而习性的产生则来自各种资本的积累，其中就包括了布尔迪厄所提出的诸种资本类型，比如文化资本、经济资本和社会资本。而资本的总量之间的差异毫无疑问又对应着整个社会的结构，这不但表现为家庭所处的阶级，也包括个体所从事的行业内部和外部的地位。于是，一个令人悲观的结论出现了，就是作为一个个体、一个行动者，在场域内的一切行为和可能性都是被结构预先决定好的，于是有些学者对布尔迪厄的习性理论提出了疑问，认为布尔迪厄的习性理论"以一种具有决定论色彩的反唯意志论形式来系统阐述主体性"②。简言之，布尔迪厄的这种思考问题的方式最终导致了人的主动性几乎被忽略不计了，因为被赋予了自由意志的主体性都是带有决定论色彩的，那么所谓的能动性、主动性都失去了本身的意义。但是这也并不是布尔迪厄一个人的问题，社会学本身通过访谈、问卷调查、民意测验、民族志等方法做出的研究原本就是对社会已有结构特征的反映或者对深层次社会结构的解释，而这种解释本身给人带来的效果是告诉一个普通人他没有办法反抗社会结构的巨大力量，因为在概率意义上，个体的特例并没有过高的价值。这正是朗西埃所要批判的，在他看来，社会学"无疑已经遗忘了重组社会的

---

① Pierre Bourdieu, *Sociology in Question*, trans. Richard Nice (London: Sage Publications Ltd, 1994) , p. 46.

② 亚历山大：《世纪末社会理论：相对主义、化约与理性问题》，张旅平等译，上海人民出版社，2003，第172页。

最初梦想"。①作为古典社会学三大鼻祖之一的马克思想要的是改变世界，可社会学却与哲学一样成了解释世界的工具。

我们也可以从更为宏观的角度来看待这个问题，因为布尔迪厄的理论并不是唯一，在 20 世纪中期的法国知识场域中，这是普遍的，即对于深层次的结构的偏好。这明显来自语言学对 20 世纪法国学术场域整体的影响，这就是索绪尔的《普通语言学教程》，书中对"语言"（langue）和"言语"（parole）的划分决定了后来结构主义对每一个细微现象、特征、表征的描述背后都会存在一个更深层次的、静止不变的结构。而后结构主义不过是在原来的静止结构中加入了时间维度，也就是将一种历史化的、发生学的、谱系学的或者延异的观点引入了静止的模型之中，使静止结构变成了动态形构，用德勒兹的术语来表述就是生成（becoming）。与布尔迪厄总体方法类似，但是路径不一样的还有朗西埃的老师阿尔都塞，他的意识形态国家机器理论是在葛兰西的文化领导权理论的影响下诞生的，但是他从更为哲学的层面突出了主体性如何在意识形态国家机器之中被建构或者动态生成，这同样导致了能动性消失的问题，虽然阿尔都塞在另一个层面回避了决定论，那就是对《矛盾论》的引入使他产生了多元决定论的想法，但从更高的层面来看仍然是决定论压倒了能动性。另外，他对科学和意识形态的二元对立式划分也体现了典型的结构主义特征。这些特征也导致其学生对其结构主义色彩产生了质疑。所以，朗西埃除了对抗布尔迪厄的理论，还曾激烈地抨击他的老师阿尔都塞过于具有决定论色彩的哲学。如果我们深

———————

① Jacques Rancière, *Malaise dans l'esthétique* (Paris: Galilée, 2004) , p. 22.

究其原因，会发现，实际上，在整个结构主义思潮的影响下，对结构的突出，无论是社会结构还是语言结构，最后都会表现为一个难以撼动的稳定的和晶体化的形式，而只有在这个形式或结构的基础上才能诞生人的有限潜能。

这里就涉及另外一个问题，那就是当一个行动者或者主体被告知他在结构意义上失去了能动性之后，他该如何反抗这种结构，或者说他该如何处理被告知的知识与他自己对世界的感觉或实践经验相冲突的困境。如果从哲学的层面来看，要打破这一困境，自然需要与结构主义并驾齐驱的另一个哲学体系来重新制造人的主体能动性，这就是强调意向性的现象学理论，一套来自德国的哲学体系。但是朗西埃似乎并未对这一路径表示兴趣，因为与南希不同，他不想陷入纯粹的形而上学思考，他更在意的是工人的政治，所以他回到了古希腊的政治哲学。工人能否通过自发的暴动来进行自我解放，这涉及一个关键的问题，即他们是否有着对自身所处环境、处境的认识或知识。但是知识似乎并不站在他们这一边，哲学家和社会学家作为高高在上的哲人王，划定了什么是正确的什么是错误的，也就掌握了所谓知识的权力，即划定什么是知识什么不是知识的权力。按照巴迪欧的说法，这关乎一个以福柯为开端的问题谱系，这就是知识/权力的问题。在巴迪欧看来，在福柯之后最好地推进了对这个问题的讨论的人就是朗西埃。[1] 知识与权力的结合导致了人的能动性的消失，那么朗西埃在何种意义上推进了对这个问题的讨论呢？他尝试解释，工人解放自我的能动性何以可

---

① Alain Badiou, *The Adventure of French Philosophy*, trans. Bruno Bosteels(London: Verso, 2012), p. 102.

能。他认为问题的关键就在于感觉，这是一个普通的行动者区别于那些掌握知识和真理的知识分子最为重要的武器，也就是说，一个行动者可以凭借自己对世界的感觉来获得行动的力量或者说对抗结构的决定性的力量。

可是，实际上并不是所有的人都拥有这种力量，或者会站起来反抗政权、体制，发动一场革命，问题的关键就在于他们的感觉被束缚住了。这种束缚的方式就是政治，但朗西埃说的政治并不是普通意义上的政治，他重新解释了政治的含义并将之划分为三个不同的概念：第一是政治领域（le politique，英文为 the political），第二是治安（la police，英文为 the police），第三是现实的政治（la politique，英文为 politics）。原本 le politique（政治领域）和 la politique（现实的政治）在法语中有其固定的含义，如 le politique 更多地被认为是偏向哲学的政治探讨，所以朗西埃称之为"哲学性的形容词"，la politique 则更像是经验政治，也就是"政府所要的花招"。① 南希的用法就与这一通常的用法类似。但是朗西埃新建构的关于"政治"的体系却完全不同。首先，他认为，所谓"治安"其实就是管理或者统治（governing），也就是"达成共同体内的共识，并且划分出地位的等级秩序以及各自的功能"②。其次，他在提到"政治"的定义时指出："存在一个由自身构成的整体，而不是作为存在的各个部分的集合……这不会阻止国家、共同体和集体的存在，所有这些都可以按照各自的不同逻辑行事"，而政治是"非常具体的形式，在这种形式之中权力会被赋予那

---

① 朗西埃：《政治的边缘》，姜宇辉译，上海译文出版社，2007，第 3 页。

② Jacques Rancière, "Politics, Identification, and Subjectivization", *October* 61 (1992), p. 58.

些没有特别的（particular）运用这种权力的能力的人，在这种
形式中对整体的计算可以与所有有机的概念相分离，与集会、
政府和统治的一般性相分离"。① 这个定义虽然来自一段访谈，
但是晦涩的程度却丝毫不减，特别明显地体现了朗西埃思考问
题的方式。实际上，他想要表达的是，所谓政治就是让那些没有
能力的人、穷人、底层百姓，总之是让那些没有资格担任统治者
的人也能够发表对共同体的看法，甚至参与共同体的设计、建
设之中来，这就是所谓无分者之分（part des sans – part），在某
些情况下，朗西埃也称其为共同体当中的"错误"（le tort）。
当然，也许我们传统理解的国家形式的共同体并不是朗西埃所
要追求的，他要追求的究其实质仍然是无政府的，所以他所提
出的政治其实就是一种打破和扰乱，对正常的所谓政治（也就
是治安）的扰乱。显而易见，这里存在两种逻辑：一种是治安
所代表的共识（consensus）逻辑，另一种则是朗西埃所强调的
歧见（dissensus 或 disagreement，法文也表述为 la mésentente）
逻辑。共识让共同体更为顺利地运转，而歧见则让共同体产生
错误，而这两种逻辑相互斗争的场所正是"政治领域"，在他
看来，所谓政治领域其实就是"两种异质过程的对峙"。②

　　这里我们要重点关注的是治安的概念，其实治安就其本质
而言就是赋予秩序，而秩序的根本就在于安排好位置，安排好
每个位置上的每个人的工作或任务，这就是朗西埃所批判的柏

① Jacques Rancière, "Politics and Aesthetics an Interview," *Angelaki Journal of the Theoretical Humanities* 8 (2003), p. 198.
② 朗西埃：《政治的边缘》，姜宇辉译，上海译文出版社，2007，第9页。

拉图在《理想国》中所提出的"一人干一件工作"［370b］。①
事实上，只有这样才能实现效率的最大化，劳动分工也由此而
来，并且只有这样才能让城邦良性地运转起来，但是从坏的一
方面来看，这给每个位置上的每个人带来的是一种决定论的结
果，人的能动性就被消除了。有闲暇（skholè）的人之间是相
互平等的，他们从事脑力劳动，掌握城邦未来的走向，学习各
种技能，这些人就是学者（scholar，其古希腊语词源就是闲暇）
或者哲人王，而没有闲暇的人，他们更适合从事低贱的工作，
比如制鞋匠、木匠等。② 这样看上去整个城邦就变得和谐了。
整个社会中，每个位置除了对应着相应的任务或工作，也对应
着相应的报酬，或者说对应着相应的资源分配。然而，并不是
每个人都会对相应的资源分配感到满意，如果大家都感到不满
意的时候，秩序便会崩塌，这时候就需要强大的国家机器进行
秩序的维护，所以就有了"治安"。但是，朗西埃自己曾经提
过，他所使用的"治安"并不是我们通常所说的"国家机器"，
因为"国家机器"这个词是带有贬义的，他用的"治安"是
个中性词。③ 而巴迪欧认为，朗西埃的"治安"（la police）概
念是与"城邦"（polis）息息相关的。④ 其实，巴迪欧的意思是
法文中的"la police"来自拉丁文"politia"，也就是民政管理
（civil administration）的意思，而拉丁文"politia"又来自古希

---

① 柏拉图：《理想国》，王扬译注，华夏出版社，2012，第 59 页。
② 朗西埃：《政治的边缘》，姜宇辉译，上海译文出版社，2007，第
45 页。
③ 洪席耶：《歧义：政治与哲学》，刘纪蕙等译，麦田出版社，2011，第
61 页。
④ Alain Badiou, *The Adventure of French Philosophy*, trans. Bruno Bosteels(London: Verso, 2012) , p. 109.

腊语"polis",也就是城邦的意思。其实,作为中性词的"治安"就是赋予城邦以秩序的意思,但是赋予城邦以秩序的方法之一正是国家机器,这说明朗西埃语境中的"治安"比这个作为国家机器的治安更深了一层:为了让城邦中每个位置上的每个人都能安于现状或者服从这一秩序,就需要在各种资源的分配之外对每个人感受这个世界的方式进行分配。这才是最根本的灵魂深处的秩序,如果大家在最根本的层面上都能满意于已有的职位、工作、财产等的分配方式,那么就不会发生暴动和革命,整个城邦也就会进入良性运转。

由此我们便可发现,朗西埃所提出的是治安的另一种形式,这种形式不是对一个人的身体和行为进行物理上的限制,而是对其观察、感受、理解时间、空间、世界的方式进行精神上的限制,而且这种限制是在意识和潜意识两个层面同时进行的,这个就是"感性的分配/分享"(partage du sensible)。这里的"partage"一词在法语中同时包含了两个意思,一个是划分出一个个空间位置的"分配"(distribution),另一个是表示共同参与的"共享"(sharing)。朗西埃利用这一双重含义指出,他所说的"感性的分配/分享"指的是"对份额和位置的安排,而这一安排又建立在空间、时间以及活动的形式上,这些决定着大众的参与行为,以及个人与他者在分配(partage)中被区别开的行为"①。

那么治安与感性的分配之间的关系是怎样的?关于这一点,朗西埃自己是这么说的:

---

① Jacques Rancière, *Le partage du sensible: esthétique et politique*(Paris: La fabrique éditions, 2000) , p. 12.

治安不是一种社会功能，而是对社会领域的符号结构。治安的本质并不是压迫，甚至也不在于对活人的控制，而是在于对感性的划分（dividing up of the sensible）。我所提到的"感性的分配"（distribution of the sensible）指的是一种一般意义上的潜在规则，这一规则首先通过对感知模式进行定义来规定参与的形式，而且参与的形式就内嵌于感知的模式之中。对感性的划分（partition of the sensible）就是对世界（de monde）和人（du monde）进行划分，也就是在其上建立起的共同体法律（nomoi）的分配（nemein）。①

当我们对感性的分配/分享问题继续进行追问时就会发现，美学正是这一分配/分享的重要战场，因为"美学"这个概念的创造者鲍姆加登（Alexander Gottlieb Baumgarten）从古希腊词源 aisthesis 中提炼出了"美学"（Aesthetica）的概念并用来命名自己的两卷本著作，而这个古希腊词本身就是感性的意思，所以美学的真正意义一直都是感性学。所以，在朗西埃的美学理论中，美学和政治是一体两面的，而这也就让人不难理解为什么朗西埃在 20 世纪的最后 10 年以及进入 21 世纪之后将思考的重点转向了文学、艺术和电影，或者更宽泛地说转向了对美学的研究。美学在朗西埃的语境中也不再仅仅指一种学科或理论，还指一种全新的政治形式，一种更符合朗西埃平等主义理念的政治形式。他的这种思考重点的迁移显然与布尔迪厄有着深层次的关联，因为朗西埃一直将布尔迪厄当作一个对话者，而布尔迪厄在《区隔》一书中花了相当大的篇幅来讨论康德的

---

① Jacques Rancière, *Dissensus: On Politics and Aesthetics.* trans. Steven Corcoran (London: Continuum, 2010), p. 36.

美学理论，以便将康德的美学理论转换为一种围绕"纯粹凝视"（pure gaze）建立起来的意识形态，从而完成将纯粹艺术与家具、衣服、食物等化约为相同的趣味区隔的手段这一建构。用布尔迪厄自己的话来说，"使得艺术成为伦理和审美区隔标准的话语被解读为对艺术和审美经验的普遍性的普遍表达，而这种伦理和审美区隔是一种被错误认识的社会区分形式"①。朗西埃在某种程度上对布尔迪厄有着继承，因为在他看来，所谓纯粹艺术中的确有相当一部分在完成阶级秩序的再生产，但不是按照布尔迪厄所说的从趣味的角度产生"区隔"，而是从感性分配的角度形成治安或统治，即划分出了什么可见、什么可说。朗西埃与布尔迪厄非常不同的是，布尔迪厄并不认为艺术发展到先锋派之后就出现了本质性的改变，所谓艺术自律也不过是在社会上更为强烈地制造出社会区隔的效应；朗西埃却反对这一说法，因为在他看来，新的艺术形式，尤其是自律的艺术，对社会区隔是一种打破，因为一种新的政治形式在艺术中得到了显现。朗西埃所描述的这一新的政治形式需要借助艺术的发展表现出来，这也就形成了朗西埃的艺术体制论。

第三节　艺术体制论

艺术体制论是朗西埃的标志性成果之一，其主要目的在于发现对艺术进行定义的形式或结构所发生的转变，与这种转变

---

① Pierre Bourdieu, *Distinction: A Social Critique of the Judgement of Taste*, trans. Richard Nice(Boston: Harvard University Press, 1984) , p. 493.

相关联的则是对艺术进行定义的权力所发生的转变，而这种转变的根本在朗西埃看来是普遍的政治观念的宏大变革，也就是趋向平等的政治观念得到了普及，而艺术中的某些细节的变化只是这一宏大变革的表征，这个变革实际上我们一般称之为"审美现代性"。

朗西埃将历史上出现过的定义艺术的方式分为三个大的类别，他将这些类别看作普遍化的结构，或者也可以说是生产知识的机制，所以他借用了一个政治化的术语"体制"（régime）。这让人不难想起托克维尔的名著《旧制度与大革命》（*L'Ancien régime et la Révolution*），无独有偶，朗西埃使用这个词同样指涉的是一场大革命，只不过不是直接的政治革命，而是艺术领域的革命。关于"体制"的确切含义，朗西埃是这么描述的："要构建一座艺术大厦，就要给一种识别艺术的体制进行定义，也就是要定义实践、可见性的形式以及可理解性的模式之间的关系，以区别它们到底属于艺术（l'art）还是某种技艺（un art）。"① 如果这与可见性、可理解性相关联，那么毋庸置疑，朗西埃的这一理论明显受到了福柯"知识型"概念的影响，只不过后者并没有局限于文学、艺术等特定领域，而是扩展到了人文科学（human science）的各个方面。朗西埃将他所划分的三个类别分别命名为：形象的伦理体制（régime éthique des images）、艺术的再现体制（régime représentatif des arts，他所说的诗学体制与之同义）以及艺术的美学体制（régime esthétique des arts）。

首先，关于形象的伦理体制，这一体制类别显然与后面两

---

① Jacques Rancière, *Malaise dans l'esthétique*(Paris: Galilée, 2004) , p. 43.

者有区别：朗西埃并未用"艺术"来对之进行命名。这是因为朗西埃并不认为在这一体制下的作品属于艺术范畴，所以他只是称其为"形象"（image），无论是绘画还是雕塑，在这一时期都不具有独立于伦理和教育功能的特点。在朗西埃的阐释者约瑟夫·坦克（Joseph Tanke）看来，这一体制主要被朗西埃用来指称亚里士多德之前的时期，也就是柏拉图时期，这一时期尚未对艺术的本质有所涉及，因此也就不存在后来的所谓艺术。① 这种教育主要表现为一种宗教性教育，也就是说这时候的手工艺品还承载着宗教性的功能，例如古希腊的雕像在我们看来是象征着古希腊精神的高雅艺术品，但在当时的人眼中可能只是神的再现，也就是用来崇拜的偶像，又或者是用于各种节日庆典之中的装饰品。② 朗西埃认为："我在这个意义上说形象的伦理体制。在这种体制中，它的重点在于知道什么东西会使得形象的存在方式关乎社会精神特质（ethos），即个体和集体的存在方式。这个问题也阻碍了'艺术'形成自己的特性。"③ "伦理"（éthique，ethic）来自拉丁文 ethica，也就是来自古希腊语 ēthikos，其词根就是 ēthos，意思是一个人或者一群人的道德特征。所以，精神特质（ethos）是相对于整个共同体而言的，也就是说在柏拉图时期，形象的重要功能是塑造和反映整个城邦或共同体的精神特质，而不是艺术自身。这是柏拉图的一贯思想，也正是因为这一点，艺术在城邦中应当为共同

① Joseph. J. Tanke, "Why Rancière Now", *The Journal of Aesthetic Education* 44 (2010), p. 7.
② Jacques Rancière, *Dissensus: On Politics and Aesthetics*, trans. Steven Corcoran (London: Continuum, 2010), p. 175.
③ Jacques, Rancière, *Le partage du sensible: esthétique et politique* (Paris: La fabrique éditions, 2000), p. 28.

体服务而不应该具有自身的独立性；一旦出现了亵渎神灵或者危害共同体的诗歌或悲剧，城邦就应当将之驱逐出去。这是柏拉图笔下的"理想国"的塑造过程。艺术家，更具体地说应该是手工艺人、匠人，他们的主要目的不是创造艺术，而是制造出相应的产品，这些产品与鞋子、桌子等并没有本质区别，它们因为离理式更远而更加失真。总而言之，在柏拉图的理想国中，没有独立存在的艺术，只存在依附于共同体，并且表现共同体精神特质的形象。按照朗西埃的理论，在这一体制中，人们不需要讨论艺术（比如雕塑）的相似性问题，而是认为对一个制品的讨论和判断应该这样来呈现：神的形象是否可以被呈现，或者应当以什么样子被呈现。① 这也正是《理想国》对我们如今所认为的文学和艺术制品的讨论方式。如果不将朗西埃的形象的伦理体制理论局限于西方传统中的前亚里士多德时代，那么在我们的时代中也存在相当多类似的案例，比如在非洲或太平洋岛国存在的所谓手工艺术品，在本地人的眼中可能只是祭祀的物品或者日常生活的物品，但因为其异域文化特质而被所谓文明社会博物馆化为原始的艺术品的代表，而从其诞生地的文化体制来看，其重要的意义是在表现共同体的精神特质上而不是作为一种独立的艺术。

其次，关于艺术的再现体制，朗西埃将其开端定在了亚里士多德，具体而言则是亚里士多德的名著《诗学》。虽然是诗学，但在亚里士多德的时代对诗的定义是宽泛的，不是我们现如今所说的狭义的诗歌，包含了史诗、悲剧和喜剧等。诗学（Poietike）从本义来说是"制作的技艺"（Poietike

---

① Jacques Rancière. *Malaise dans l'esthétique* (París: Galilée, 2004), p. 43.

tekne，陈中梅为了区别于贺拉斯的 Ars Poetica 而译为诗学），诗人的写作就是制作，而不是创作，与制鞋匠和木匠并没什么不同。亚里士多德认为诗艺之诞生，"与人的天性有关"，这个天性就是"摹仿的本能"，人不但善于摹仿以区别于动物，而且能从摹仿中获得快感①。摹仿的媒介和对象不同可以给我们带来不同的文学和艺术体裁，比如诗歌就是用语言进行摹仿的艺术，亚里士多德在描述不同类型的戏剧之间的差别时提出："喜剧倾向于表现比今天的人差的人，悲剧则倾向于表现比今天的人好的人。"② 在《诗学》接下来的章节中，亚里士多德继续对这一观点进行补充，他认为，喜剧"摹仿低劣者的行动"，这里所说的低劣者并不是坏人，而是滑稽的人、犯错的人，总之令人好笑但又不会给人带来伤害的人，而悲剧摹仿"高贵者的严肃行动"。③ 由此我们可以发现，高贵的人就是更好的人，更有道德、品行更好的人，而低劣的人则是能力更低和品行欠佳的人，没有什么特色的小人物。按照亚里士多德的说法，悲剧和喜剧的这种分野是诗歌演变的结果，实际上悲剧，也就是对高贵者的摹仿，来自颂神诗，而对低劣者进行摹仿的喜剧则来自讽刺诗。④ 这里的关键点在于，首先，亚里士多德确立了诗歌乃至艺术与摹仿之间的关联；其次，摹仿的对象存在高低之别，这种区别可能是道德上的也可能是能力上的。这种区别将构成朗西埃再现体制的基础，因为前面我们提到过，朗西埃所期待的政治是要将那些没有资格统治的人纳入对共同体的决

① 亚里士多德：《诗学》，陈中梅译注，商务印书馆，1996，第 47 页。
② 亚里士多德：《诗学》，陈中梅译注，商务印书馆，1996，第 38 页。
③ 亚里士多德：《诗学》，陈中梅译注，商务印书馆，1996，第 58、66 页。
④ 亚里士多德：《诗学》，陈中梅译注，商务印书馆，1996，第 47 页。

策中来，这才是他所期待的民主，在他看来，"民主首先意味着无政府主义的政府（anarchic goverment），其基础就是没有人拥有统治的资格（title）"①。所以，这种对有能力有道德的人和没有能力没有道德的人的划分同时构成了艺术和政治中的双重划分，艺术中的划分就为政治中的划分构成了治安的效果，也就是感性分配的效果。

朗西埃认为亚里士多德为艺术找到了一种本质性的特征，用以划分什么是艺术什么不是艺术，这就是"摹仿"（mimesis），摹仿是一条联结制作（poiesis）与感觉（aisthesis）的纽带，也正是这三者之间的平衡关系才形成了确立何为艺术的再现体制。② 为了摹仿的成功，从亚里士多德开始到新古典主义实际上都遵循着某些严格的律条，这就是三一律的诞生。这些律条会让再现陷入一种僵化的程式，也就是说，再现并不是对真实世界的呈现，而是必须符合呈现的规则和惯例，所以不是任何事情或任何人都可以被再现，也不是任何事情或任何人都能以同样的方式被再现。例如，绘画的尺幅实际上与再现的对象有着非常紧密的关系，虽然我们可以用较小的尺幅来再现耶稣或诸神，但用较大的尺幅来再现普通人却是不被允许的，大的尺幅应当用来再现更加有意义的场景，比如神话的场景或者重大的历史事件，如果非要用大的尺幅来再现某个人物，那么这个人物要么是国王要么是贵族，总之必须有重要的意义。与之相应，普通人或者亚里士多德所说的"低劣者"，其实也就是无足轻重没有能力的人，就没有在艺术中被再现的资格，否则就

① Jacques Rancière, *Hatred of Democracy*. trans. S. Corcoran (London: Verso, 2006), p. 41.

② Jacques Rancière, *Malaise dans l'esthétique*(París: Galilée, 2004), p. 16.

违背了再现的惯例。当然这一点更明显地体现在悲剧和喜剧的分野之中，如果让一个出身高贵的人被再现为一个油腔滑调且总是产生滑稽效果的形象，那就是一种错误的再现，同样，如果以一种悲壮的色彩来再现一个普通的人在命运面前的抗争也同样是错误的，因为普通的人没有代表人类与命运抗争的资格。如果这样的戏剧作品被制作出来，那么观众就会对之表示怀疑，这实际上也正是司汤达在撰写《拉辛与莎士比亚》时所面临的真实处境，观众并不能接受以莎士比亚为代表的新的戏剧类型。同样这也是库尔贝等现实主义画家在展出自己的作品时遭遇批评的原因。简言之，就是不正确的摹仿导致了制作与感觉之间无法达成和谐一致，从而导致了再现体制的裂痕。例如，马奈在《奥林匹亚》和《草地上的午餐》中完全没有遵守希腊神话母题再现的惯例，前者让黑人出现，后者让资产阶级服饰出现，都是对既有惯例的颠覆，也是对再现体制的颠覆，但正因为这样，马奈才获得了现代艺术开创者的美誉。

最后，关于艺术的美学体制，朗西埃真正在意的并不是完整地勾勒出三种体制，而是描绘再现体制的崩溃和新的美学体制的形成，也就是一种体现在文学和艺术领域的结构性巨变。虽然这第三种体制被命名为美学体制，但实际上是对"美"的反对。因为美是一种典型的再现体制的判断标准，也就是说在再现体制中，艺术必须再现得美，而美的惯例则是对一系列程式的遵守，所以在再现体制中最具有代表性的就是所谓美的艺术（Beaux - arts）以及美文（Belles lettres），换句话说，再现体制并不是以逼真作为摹仿的原则，而是以美作为摹仿的原则，而美本身则带有浓厚的意识形态的色彩，因此实现了一种感性分配的功能。那么，为何朗西埃要称之为"美学体制"呢？

这是因为德国古典美学，也就是美学的奠基者，提出了新的界定艺术的方法，无论是康德、席勒还是谢林、黑格尔，都对艺术进行了严肃的思考、哲学的思考，他们的思考使哲学成为艺术定义的判断标准。例如，黑格尔在《美学》中讨论了朗西埃也经常引用的画家穆里洛（Murillo）的作品，这些画作所描绘的对象是穷孩子，按照再现体制的逻辑，这些再现只能被表现为肮脏、下作、丑陋的样子，但黑格尔却并不这么认为，他认为，"这些半裸体的穷孩子浑身都流露出一种逍遥自在，无忧无虑的神气……这种对外在世界的无沾无碍，这种流露于外表的内心的自由，正是理想这个概念所要求的"①。这些穷孩子在黑格尔的笔下居然具有了某种神性，象征着理念的感性显现，也就是美。在这里美被重新定义了，这些穷孩子被赋予了一种未来可期的潜能。虽然这些孩子在真实的世界中能否如此令人怀疑，但是艺术赋予了这些孩子一种潜能，这其实就是重复了布尔迪厄的理论与朗西埃理论之间的差异，前者告诉我们在真实的世界中这些孩子没有希望也没有未来，我们的艺术应该如其所是地呈现真实，而后者告诉我们艺术应当呈现一种改变的力量。

德国古典美学以哲学作为艺术的立法者和判定者，给予艺术更多的自由，这就是艺术自律的开端。从历史的角度来看，这就构成了一场革命，用雷蒙·威廉斯的说法，这场革命是与以法国大革命为代表的政治革命、以工业革命为代表的经济革命并列的第三场革命，是一场漫长的文化革命。这场革命与其

① 黑格尔：《美学》第一卷，朱光潜译，商务印书馆，1979，第197~198页。

他两场革命最大的区别在于它不属于某一个小的群体或阶级，而属于所有人。① 朗西埃则将之命名为"美学的革命"，他认为，"现代美学革命造成了双重原则的断裂：既是对社会秩序与艺术秩序相互勾连的平行主义的废除，这也意味着不再存在高贵和低贱之别，什么都可以成为艺术的主题；又是对将模仿的实践与日常事物的形式和客体区分开来的原则的废除"②。当什么都可以成为艺术的主题之时，另一个问题也悄然浮现，这个问题在黑格尔时代就已经被提出，后来被阿瑟·丹托所继承和发展，这就是"艺术终结论"。

当艺术逐渐脱离必须符合程式的再现惯例之后，我们首先迎来了以库尔贝和福楼拜等人为代表的现实主义，当所有的人和物都具有了被再现的资格之后，某些更为极端的内容逐渐成为再现的主题，比如线条、色彩和形状等，所以逐渐地出现了奥尔特加·加塞特（Ortega y Gasset）所说的"艺术的去人性化"，人的要素在先锋派艺术中所占的比重越来越低。更重要的是，一些日常生活中的物品开始被艺术家点石成金，成为艺术品，这种艺术的开端无疑就是杜尚的《泉》，随后的达达主义和沃霍尔的波普艺术将日常生活中的寻常事物完全带入了艺术的殿堂，例如，沃霍尔使布里诺盒子（Brillo Box）和坎贝尔汤罐头这些超市里常见的物品成为艺术品。而艺术也逐渐进入生活场景，这就是各种各样的艺术品成为家庭的装饰品或者公共场所的雕塑（尤其是像杰夫·昆斯的气球狗之类的媚俗艺

① Raymond Williams, *The Long Revolution* (New York: Harper & Row Publishers, 1961), pp. x – xi.
② Jacques Rancière, *The Future of Images*, trans. Gregory Elliot(London: Verso, 2007), p. 106.

术）等，于是艺术与生活之间的壁垒被拆除殆尽。用朗西埃的话来说就是："艺术作为一个隔离的世界而存在因为无论什么东西都能属于它……它展现出一种关于艺术的感知、感觉和解释的体制是如何通过接纳那些与美的艺术最没有关联的图像、物件和表演而建立起来的。"① 如果用别的术语来描述，我们也可以称之为日常生活的审美化。关键点在于，这一切成为可能，是因为哲学家成为译定何为艺术的裁判，一件作品是否艺术品不再取决于是否与模仿对象相似，而取决于哲学家能否从中解读出深刻的内涵，而且被哲学家解读出深意的作品将具有更高的地位。从某种意义上来说，20 世纪我们进入了批评家的世纪，因为批评家掌握了哲学的武器，例如罗兰·巴特和阿瑟·丹托都是其中代表。这也带来了非常明显的副作用，那就是艺术作品越来越难以理解，艺术在自律的道路上渐行渐远，这也是艺术所面临的再现秩序崩塌引发的危机。

第四节　解放的观众

如果说艺术进入了高度自律的状态，那么这实际上就将艺术——尤其是当代艺术——的观众局限在了那些不但拥有闲暇而且拥有较高文化水平、经济资本的特定人群中，或者也可以用丹托的说法，这就是一个"艺术界"的小团体游戏。而大众与艺术的接触可能更多来自日常生活审美化的另一个维度，即艺术进入生活，比如媚俗的艺术品成为日常生活的点缀。在

① Jacques Rancière, *Aisthesis: Scenes from the Aesthetic Regime of Art*, trans. Zakir Paul(London: Verso, 2013) , p. x.

艺术品变得越来越晦涩，人们越来越不愿意进入美术馆观看展览的前提之下，朗西埃说艺术的美学体制是一种更为平等化的体制，这会让人难以接受，所以，在朗西埃的理论语境中，必须有另一个维度来作为支撑，这就是"解放的观众"（spectateur émancipé），这一概念来自其同名著作。

朗西埃的这部著作将矛头指向了两位先锋派戏剧作家，对他们的戏剧理论表示了质疑，这两个人就是布莱希特和阿尔托。众所周知，布莱希特非常强调戏剧的"离间"效果，而且对中国古代戏剧的程式化表演非常赞赏，原因就是中国的戏剧从舞台、化妆甚至动作等多个方面都在让观众脱离故事而不是沉浸在故事里难以区分真假。按照布莱希特自己的说法："我衡量高超水平的演技只看你们在完成演出时，用的共鸣手段越少就越好，而不是像以往那样，按照你们能够引起多少共鸣。"① 布莱希特所说的共鸣手段就是指让观众沉浸在虚幻的戏剧之中的手段，因为他希望观众能够保持一个理性客观地观看戏剧的状态。阿尔托与之有着类似的看法，在他看来，"如今戏剧仅仅使我们进入某些傀儡的内心中，使观众成为看热闹的人……我们的敏感性已经磨损到如此地步，以致我们迫切需要一种戏剧来使我们——神经和心灵——猛醒"②。也就是说，观众在观看那些令人沉浸的戏剧时整个人已经完全被戏剧人物和故事情节牵着走，所以渐渐地就让自己的感官变得麻木，这个时候就需要对神经的刺激来唤醒观众的自主意识，让观众恢复自觉，所

---

① 布莱希特：《布莱希特论戏剧》，丁扬忠等译，中国戏剧出版社，1990，第 187 页。
② 阿尔托：《残酷戏剧：戏剧及其重影》，桂裕芳译，中国戏剧出版社，1993，第 80 页。

以阿尔托所推崇的是"残酷戏剧",让观众的心灵不停地被捶打,从而脱离自动观看、自动接受的状态。

与视觉艺术类似的是,布莱希特与阿尔托的理论表明他们对形式的关注大过对内容和情节的关注,所以他们所要推倒的剧院里的"第四堵墙"从根本上瓦解了以情节为基础的亚里士多德式戏剧,而更为激进地指向一种全新的将观众从座位上调动起来的观看方式。理论上,朗西埃应该对他们的理论表示支持,但是他却明显地表示了反对。而且,如果朗西埃支持布莱希特和阿尔托的戏剧理论,那么也会出现同样的悖论,这些前卫的艺术形式无法被大众接受,那么这些艺术作品到底是更具有平等的意味还是更让阶级固化?于是朗西埃反其道而行之,针对他们二人的戏剧理论反驳道:"如果不是事先预设了积极与消极之间的根本对立,如何能够声称坐在座位上的观众是消极的(inactive)呢?为什么要将凝视和消极性画上等号?还不是预设了观看(to view)就是从图像和表象中获得快乐,而忽视了图像背后的真理和剧场之外的现实。为什么要将倾听归属于消极性?还不是因为偏见,即认为说话是行动的对立面。"① 所以,从朗西埃的视角来看,布莱希特和阿尔托的问题在于他们预先设定了那些观看的观众不知道如何观看,他们是消极的观众,他们需要专业人士的指导,比如布莱希特和阿尔托。而布莱希特和阿尔托之所以具有指导的资格,是因为他们预设了这些观众是消极的,忽视了真实世界而沉沦于戏剧表象之中。这看上去并无不可,但是内在隐含了一个重复的逻辑,即通过

---

① Jacques Rancière, *The Emancipated Spectator*, trans. Gregory Elliott(London: Verso, 2009) , p. 12.

预设观众的无能为力来确立自己的权威地位，然后再告诉观众该如何观看以巩固自己的地位，从而完成一种知识的传授。

虽然说，朗西埃看上去有些强盗逻辑，毕竟要承认布莱希特和阿尔托比普通观众更懂得如何观看戏剧也不是一件不可以理解的事情，甚至在大家看来这是一件顺理成章的事情，专家和普通人之间存在天然的沟壑。但是如果将这个解放的观众的理论纳入朗西埃一贯对知识和权力问题的拷问这一谱系中就不难理解其内在的逻辑。我们首先可以看看朗西埃如何来定义一种不是消极状态的观众，也就是解放的观众：

> 当我们挑战观看和行动之间的对立时；当我们明白那些自明的事实结构了说、看和做之间的关系，并且这些事实属于统治与被统治的结构时；当我们明白观看也是一种行动，并且这种行动巩固或改变了对位置的分配时，解放就发生了。……（一个解放的观众）她观察、选择、比较、解释。她把她看到的与一系列在其他的地方、在别的舞台上看到的不一样的东西联系在一起。她用面前的诗的元素创作自己的诗篇。她将表演按照自己的方式来重塑以加入表演之中……①

朗西埃所期待的解放的观众应该是真正意义上的主动，也就是不需要被告知该怎么来观看戏剧，而是根据自己的兴趣、经验来观看戏剧，观看本身就是一种行动，而不是说在第四堵墙被打破之前观众都是被动的、消极的。所以，观众自身可以

---

① Jacques Rancière, *The Emancipated Spectator*, trans. Gregory Elliott(London: Verso, 2009), p. 13.

解释戏剧，按照自己的经验来理解作品，而不需要被告知该如何来理解作品。朗西埃与布莱希特和阿尔托不一样的地方在于如何理解平等。在布莱希特和阿尔托看来，平等应该是作为专家的他们通过教育的方式让不会观看的观众学会观看，但是一旦这样的结构形成，那么永远都会存在一个会观看的人和一个需要被教育的人，知识和权力的关联就无法被解开。而在朗西埃看来，"智力解放是对智力平等的确认"①，何谓"确认"，其实就是假定大家都是平等的，观看者与创作者是平等的，观看者不需要按照创作者的逻辑来观看和思考一部作品，专家的每一次教育都是在告诉大众他们是愚蠢的。这一理念与 20 世纪的许多理念不谋而合，比如新批评派的意图谬误（intentional fallacy）又或者是接受美学，去重新建构一个作为权威的作者，还不如让作者的意图死去，而让读者诞生，这就是罗兰·巴特和米歇尔·福柯在讨论作者问题时的基本结论。从这一点可以看出，朗西埃对后结构主义理念的贯彻是非常深刻的，但不一样的地方是，新批评派的意图谬误以及后结构主义的作者之死所产生的读者并不是普通的读者，而是像巴特那样的批评家或哲学家，这些人从作者手中抢夺了对作品的话语权，朗西埃比他们更进一步，将话语权还给最普通的人，提出了更激进的将平等作为起点的理论。这一理论的提出与他的另一个研究相关，这就是《无知的教师》中对雅科托（Joseph Jacotot）教育理念的阐释。

　　巴迪欧曾经在论述朗西埃的时候指出，他与朗西埃的差别

---

① Jacques Rancière, *The Emancipated Spectator*, trans. Gregory Elliott(London: Verso, 2009), p. 10.

可以用两个矛盾修辞（oxymorons）来总结，在朗西埃这里就是无知的教师（ignorant master），在巴迪欧自己那里就是无产阶级的贵族制（proletarian aristocracy）。[1] 的确，无知的教师构成了朗西埃整个美学和政治理论的基石，也的确是一个充满矛盾的表述，因为在我们的理解中教师是知识的传授者，也就是传道授业解惑的人，但如果这个人是无知的，那么他还能教给学生什么呢？简单地说，无知的教师要教会学生的是求知的勇气而不是具体的知识。朗西埃的这个想法来自对 18 世纪历史材料的研究。他在对 18 世纪历史材料的研究中发现了一个名叫雅科托的教育家以及他所倡导的普遍教育法（universal teaching）。这位教育家有一段令人咋舌的过往，他曾经是一名炮兵，也当过国民议会代表，后来由于政治原因离开法国，前往鲁汶大学教授法国文学。但是一件匪夷所思的事情发生了。他的学生不懂法语，而他又不懂当地的弗莱芒语，这种教学可以说寸步难行。但是他想到了一个独特的方法，就是用一本法语和弗莱芒语对照的小说《泰勒马克》（Télémaque）来教学生，由于无法沟通，所以他无法教授法语的语法，学生居然通过自学掌握了法语并且可以用这种语言来写作文章。那么老师要做的事情就是告诉学生"你能行"。雅科托的理由也非常简单，在嗷嗷待哺的时候，我们也没有与父母以及周围环境沟通的能力，但是通过长久的共同生活，我们可以掌握一种甚至多种语言，因为我们在婴儿时要做的事情就是去认识周围的世界，那时我们的注意力非常集中，所以学习速度非常快，最终都能掌握自己的

---

[1]　Alain Badiou, *The Adventure of French Philosophy*, trans. Bruno Bosteels(London: Verso, 2012) , p. 110.

母语。① 这正是朗西埃所苦苦寻求的关于智力平等的证据，需要指出的是，这里所说的平等并不是指智商上的绝对平等，而是一种掌握语言的平等，也就是所有人都能掌握一种甚至多种语言来表达自己、来解释整个世界，这其中就包括了表达自己的政治观念、表达自己的政治诉求。因为，朗西埃并不认为共同体的统治者需要超凡的能力，而认为共同体的领导者中应该有来自各个层面的人，其中就包括没有什么能力的普通人，而这一类人最被人诟病的一点就是他们缺乏相应的政治能力，他们会危害共同体的发展。但是，假如我们可以确认一个普通人在掌握语言这个层面上是与其他人同样的、平等的，那么就说明他具有与他人平等的最基本的政治能力，即表达自己的想法与他人进行沟通的能力。

而正是因为这一点，他还论述了另一个重要的问题，即语言为什么让这个社会变得更加平等。其实这与语言本身的发展特性有着密切的关系，这就是语言从口头发展到书写所引发的一场平等主义的变革，他称之为"无父的文字"。

第五节　无父的文字

意大利著名哲学家维柯在《新科学》中曾经有过这样一段词源分析："Logic（逻辑）这个词来自逻葛斯（logos），它的最初本义是寓言故事（fabula），派生出意大利文 favella，就是言

---

① Jacques Rancière, *The Ignorant Schoolmaster: Five Lessons on Intellectual E-mancipation.* trans. Kristin Ross(Stanford: Stanford University Press, 1991), p. 5.

语。① 在古希腊文里寓言故事也叫作 mythos，即神话故事，从
这个词派生出拉丁文 mutus，mute（缄默或哑口无言的），语言
在初生时代是哑口无声的，它原是在心中默想的或用作符号的
语言。"② 维柯在这里发现了一个很有趣的事情，如今法文中
"无声的"（muette）与"言语"（parole）这两个词的古希腊词
源有相同的意思，都是说话的意思。德国著名后结构主义媒介
学家弗雷德里希·基特勒（Friedrich Kittler）认为，在古希腊，
区分人和动物的首要标准就是掌握语言，而在古希腊用来表示
语言的词语正好是"μῦθος"（muthos）和"λόγος"（logos）。但
是，这种区分人和动物的方法显然不是来自基特勒，甚至也不
是来自维柯，而是有着悠久的历史，从亚里士多德开始就有
了这一判定。他在《政治学》当中就曾指出："在所有动物
中，只有人拥有言语（speech）。其他的动物仅仅能用单纯的
声音来表达痛苦和欢乐；因为它们的本性的确使它们不只是
感觉到欢乐和痛苦，而且能在彼此之间交流这些感情。然而，
言语是为了指出什么是有益的，什么是有害的，以及什么是
公正的，什么是不公正的（1253a）。"③ 其实这里所说的言语
（speech）就是德里达一直批判的逻各斯（logos），它不只是
有言语的意思，也有理性的意思，而亚里士多德在这里所说
的说话的能力、对语言的辨别和使用的能力，可以说出"什

---

① 这个地方朱光潜译文有误，他将"言语"错误地翻译为"说唱文"，
本人依据英文版修正。参见 Giambattista Vico, *The New Science of Giam-battista Vico*, trans. Thomas Goddard Bergin& Max Harold Fisch(Ithaca: Cornell University Press, 1948), p. 114——作者注。

② 维柯：《新科学》（上），朱光潜译，商务印书馆，1989，第 197 页。

③ Aristotle, *Politics*, trans. H. Rackham (Boston: Harvard University Press, 1932), p. 11.

么是公正的，什么是不公正的"，正好描述的是一种政治的能力，所以要想参与城邦或国家的建设，真正需要的不是某种资格，如财富、血统、智慧、勇气等，在朗西埃看来，真正重要的是你什么都没有，却仍然具有参与共同体事务的资格。但即便是朗西埃也没有否认的一个能力就是对语言的使用能力，或者说，他认为在对语言的使用能力上，大家是平等的。不过，他并不是表示所有人在修辞、语法、写作方面有着同样的水平，而是说我们都拥有通过语言表达自己幸福与否、喜欢与否、公平与否的能力，而这一点就是我们平等的根源，也是我们能够将平等作为一个起点而非实现的目的的基础。

可是在亚里士多德所处的古希腊，这种语言能力也并不被所有人拥有，至少女人和奴隶不被认为拥有这种能力，所以被排除在城邦治理的权力之外。语言的重要功能就在于传递经验或知识，有了经验和知识才能回避过去的错误。但是，即使女人和奴隶掌握了语言（从阅读史的角度来看，西方曾经出现相当长一段时期贵族不识字而贵族的奴隶识字），他们也不会拥有知识，因为知识的传授只在特定的人群中间，如苏格拉底、柏拉图和亚里士多德以及他们的学生中间。这种空间的限制导致知识的传递非常有限，但是文字的发明为知识的传递起到了重要作用。但是，文字却遭到了以苏格拉底为代表的哲学家们的反对。柏拉图的《斐德罗篇》（*Phaedrus*）中就讨论过这一个问题，即言语和书写，到底哪个手段离真理更近，而苏格拉底自然是坚定地站在了言语这一边，他不但不支持书写，而且认为书写是危险的，败坏了真理，这是为什么呢？他是这样解释的："一件事情一旦被文字写下来，无论写成什么样，就到处流传，传到能看懂它的人手里，也传到看不懂它的人手里，还传到与它无关的人手里。它不知该如何对好人说话，也不知道该如何对坏人说话（275e）。"① 苏格拉底喜欢的是面对面的诘问，也就是精神助产术，这一哲学思考的模式必然以两人或多人对话的形式展开，而书写显然不符合这一模式。从实际情况来看，有老师的当面教学也是最理想的状况，这也是即便在数字通信如此发达的当今社会里，面对面的教学仍然是绝对主流的原因。苏格拉底还提到了另一方面的原因，这里涉及一个神话故事。古埃及有一个神叫作塞乌斯（Theuth），他是文字的发明者，有一天他见到了埃及的国王萨姆斯（Thamous），并且向国王介绍自己发明的各种东西，其中就包括文字，他向国王声称他所发明的文字可以帮助人们进行记忆，也可以增进人们的智慧。但没想到的是，国王在了解了这一发明之后却并不同意他的看法，他说："现在你是文字的父亲，由于溺爱儿子的缘故，你把它的功用完全弄反了！如果有人学了这种技艺，就会在他们的灵魂中播下遗忘，因为他们这样一来就会依赖写下来的东西，不再去记忆。他们不再用心回忆，而是借助外在的符号来回想。所以你所发明的这服药，只能起提醒的作用，不能医治健忘（275a）。"② 这样看来，《斐德若篇》中所讲述的理由也是成立的，但是更为关键的问题是，这种知识传递的方式非常低效，涉及面也非常窄，那么在一个反对民主的时代里，这种模式也起到了垄断真理的作用。也正是基于这一点，一个西方哲学传统就此被建立起来。

---

① 《柏拉图全集》第二卷，王晓朝译，人民出版社，2003，第198页。
② 本人依据英文版进行了改动，英文参见 Plato, *Phaedrus*, trans. Robin Waterfield(Oxford: Oxford University Press, 2002), pp. 68 – 69；中文参见《柏拉图全集》第二卷，王晓朝译，人民出版社，2003，第197页。

德里达所要破除的也正是这一传统，他称其为"逻各斯中心主义"，也就是说整个西方哲学的传统都是围绕这个"逻各斯"而展开，而他用来对抗逻各斯中心主义的正是苏格拉底所谴责的"书写"。德里达在他的名作《签名、事件、语境》（Signature Event Context）中就曾经指出，这些被书写的文字，本身没有传达的对象和目的，文字就像是漂流一样，流落到谁的手里就被谁所占有、理解、吸收，而且书写本身并不能像对话一样在两个人之间展开一种交流，它只能是一种"重复的结构"（iterative structure），也就是说你作为一个读者，无论你如何模仿苏格拉底对之进行诘问，它也只能给你同样的答案，但是这种结构也使得作者不需要在场，意义仍然可以被传达，所以他说："书写从一出生就是孤儿，它脱离了父亲的帮助，也帮作者摆脱了责任。"① 所谓没有父亲，其实也就是没有一个作者，因为读者每一次直面的是文本，作者是不在场的，所以这些文字不过是一群失去了父亲的孤儿。德里达将《斐德若篇》当中塞乌斯和国王的对话总结为文字的一个特性，即"φάρμᾰκον（pharmakon）"，这个词在古希腊文中既可以指毒药，也可以指有治疗作用的良药。那么当这个词出现的时候该如何给它定义呢？这就需要结合文本的语境或者说上下文的意思来重建作者的意向性，这样它在某一个特定文本中的意义就确定了。但是，德里达更倾向保留这个词的这种晦涩的意义，使其具体的含义变得模糊，正是因为含义的模糊才能带来更多的阐释空间。所以德里达与柏拉图完全相反，他认为根本就不应该去追

---

① Derrida, "Signature Event Context", in *A Derrida Reader: Between the Blinds*, trans. Peggy Kamuf(New York: Columbia University Press, 199) , p. 92.

求意义的确定性和不变性，而是要追求"播散"（dissemination），只有这样才能打破逻各斯中心主义①。

与德里达一样，朗西埃也曾讨论过《斐德若篇》，这就是《词语的血肉》一书。他在书中认为苏格拉底的那段关于蝉鸣的论述是非常关键的场景：苏格拉底和斐德罗一边谈话一边来到了一棵树下，他们听见有蝉的叫声不绝于耳。此时苏格拉底说，蝉的叫声会让他们产生精神上的倦怠，为了避免这样的情况，他们应该继续说话，只有这样，那些在大声叫的蝉才不会笑他们。关于这一点，他的表述是这样的："它们会认为是来了一些奴隶，到这小溪旁边与世隔绝的地方睡午觉，就像绵羊一样。"② 由此我们不难看出，奴隶会选择在树荫下睡午觉，在蝉的叫声中被催眠，而哲学家却不能如此，要保持对话，奴隶会把时间浪费掉，而哲学家不会。所谓对话其实也就是哲学思考，这就是哲人王与普通的奴隶之间的巨大差异。朗西埃认为，自由对话实际上是一个手段，用来"制造区分而不是带来混同"③。有一类人是有闲暇的人，他们是城邦的统治者，他们的时间用来闲谈而不用来休息，因为他们也并不会感到劳累。而奴隶们因为劳累而不得不睡觉这件事又反过来佐证了他们不会自由对话和交谈，所以他们没有使用逻各斯的能力，一套重复的逻辑使得能够参与政治的人和不能参与政治的人被区分开。

---

① Derrida, "Signature Event Context", in *A Derrida Reader: Between the Blinds*, trans. Peggy Kamuf(New York: Columbia University Press, 1991) , p. 109.

② Plato, *Phaedrus*, trans. Robin Waterfield (Oxford: Oxford University Press, 2002) , p. 45；《柏拉图全集》第二卷，王晓朝译，人民出版社，2003，第 174 页。

③ Jacques Rancière, *Philosopher and His Poor*(Durham: Duke University Press, 2004) , p. 42.

这样，基于原有的逻辑，那些愿意自由说话的人也完全不用与奴隶讨论任何严肃的问题，因为奴隶根本没有时间来讨论政治也没有逻各斯来讨论政治。书写的重要意义就在于改变了这种不断重复的逻辑，按照朗西埃的说法，书写是对既有秩序的挑战，因为书写"打破了一个有秩序的共同体当中话语和身体被分配的方式"①。话语被分配指的是谁可以说话而谁不可以说话，当然这里指的是关于政治事务，而身体被分配则指的是当共同体需要就严肃的政治问题进行讨论的时候，谁有闲暇和资格到场而谁没有闲暇和资格到场，往往闲暇就构成了资格的一部分。当然这个逻辑并非只适用于古希腊，这只是一个原型。在新自由主义统治的当下，我们仍然按照同样的逻辑在运行，一个普通的工人，我们可以说他有足够的政治资格和法律权利，但是这一资格是否能够得到实现却存疑。如果他需要面临一场诉讼，而他如果要处理就必须耗费大量原本用来赚取生活费用的时间，那么他显然会放弃自己的权利。同样的道理，穷人不是不能讨论政治，不是不能思考政治，也不是缺乏能力来思考政治，而是他们没有足够的时间来让自己获得严肃讨论政治的能力。所以，穷人对政治、经济、社会等各个方面的无知是结构性的无知，也就是没有足够的时间来改变自己的现状，然后所谓有知识的人宣告他们缺乏的是最基本的能力，因此他们应当将讨论政治这样严肃的事情交给别人来代理，这就有了代议制民主。事实上这个逻辑在大众媒介和娱乐产业上体现得更为明显，由于劳累而不得不通过各种娱乐的方式让自己放松，因

---

① Jacques Rancière, *The Flesh of Words: the Politics of Writing*, trans. Charlotte Mandel(Stanford: Stanford University Press, 2004) , p. 103.

此将对很多事情的判断交给了大众媒介，缺乏对信息辨别的能力，于是在严肃的共同体事务的判断上被有知识的人判断为愚蠢。没有人真正在改变结构的问题，无论花费多少时间和精力让某一部分人可以获得更多受教育的机会，最终也是生产出整个结构里的一小部分励志的故事，让他们摆脱血统论而成为统治阶级。基本的逻辑是没有改变的，朗西埃面临的正是这一状况。

从这个角度来说，文字的力量是巨大的，因为它蕴含着解放的力量。对话需要身体在闲暇的时候聚集到某一个地方，如果你没有资格，那么在需要你来学习和吸收知识的时候，你就只能放弃你的权利。但是，文字可以摆脱身体的限制，我们借用文字来学习，文字并不是只对有钱人、有权力的人或者整个统治阶级才开放，文字对所有人都是平等的。他将文字的这种因为没有父亲也就没有约束和限制的普遍可获得性命名为"文学性"（literarity 实际上也可以称为文字性），他说，"再分配的原则即在于孤儿一般的文字的可获得性（availability），也就是我们说的文学性（literariness）"①。这种"文学性"并不是停留在俄国形式主义者雅各布森所讨论的意义上，而是被赋予了新的意义，所谓文学性是对日常语言的背离，而这种背离也可以被理解为对既有的语言再现世界的秩序的扰乱，扰乱了既有的秩序，也就扰乱了所谓"感性的分配"而启动了新的分配。以文学性为标的的文字是自我指涉的，也就是说是不及物的，不需要现实世界来赋予意义，也就自然而然地摆脱了现实世界的

① Jacuqes Rancière, *Mute Speech: Literature, Critical Theory, Politics*, trans. James Swenson(New York: Columbia University Press, 1998) , p. 95.

再现逻辑。这些文字没有父亲，也就是说他们摆脱了父亲和作者的统治，而可以漂流到任何人的手里。朗西埃最看重的例证就是铺地板的木匠加百利·高尼，他会在夜晚的时候思考、写作，会在工作的间隙停下来进行美学的思考，这就是扰乱这个世界赋予他的工作和职位，因为他占有了文字，让文字为他服务，无论是阅读还是写作，都是在扰乱这个世界的再现秩序，换句话说，就是对这样一种逻辑的挑战：他既然是个铺地板的木匠，就该认真铺地板。

然而，无父的文字其实只是朗西埃为普通的大众赋能的一条途径，还有另一条途径看上去有些不可思议，但实际上内在逻辑是一致的。朗西埃的研究者罗克希尔认为朗西埃在同名著作中所说的"沉默的言语"（Mute Speech）其实包含了两个部分，第一个部分是"世界上万事万物所发出的巨大的声音"；第二个部分是"来自书写的沉默又喧闹的声音"。[1] 第二个部分显然就是前文所论述的无父的文字，这些文字不会说话但是又面对着每一个读者不停地重复着同样的话。那么前者指的是什么呢？雨果在《巴黎圣母院》中曾经夹杂了一大段关于印刷术和建筑的讨论，建筑被雨果认为也是对人类精神的重要记载媒介，所以雨果说"人类凡有重大的思想，无不写在石头上"[2]。朗西埃所说的石头之书其实就是指的这个，这个思想对朗西埃有较大的启发，因为不只是石头而且是万事万物都被人类所书

---

[1] Gabriel Rockhill, "Introduction: Through the Looking Glass", in Jacuqes Rancière, *Mute Speech: Literature, Critical Theory, Politics* (New York: Columbia University Press, 2011), p. 17.

[2] 雨果：《巴黎圣母院·一八三二年定本附言》，施康强，张新木译，译林出版社，1995，第 172 页。

写，这并不是说万事万物都被写满了文字，而是万事万物都是
象征，也就是说都有着自身的意义，朗西埃认为，"象征使得
万事万物说话，象征把意义赋予每一样事物"①。象征主义的基
本逻辑就是让语言和事物之间的对应关系被打破，让事物和其
意义之间建立新的联系，这其实也就是将感性再分配，打破既
有的治安秩序，与文学性是一体两面的，都是一种以平等为出
发点的关于文学的元政治思考，也就是说并非强调文学表达的
政治诉求和政治态度，而是强调文学本身的政治意味。

---

① Jacques Rancière, *Mute Speech: Literature, Critical Theory, Politics*(New York: Columbia University Press, 2011), p. 105.

第七章
独异

　　曾经的哲学家力图为人类世界寻找一个统一的最高原则，例如太一或绝对精神，这样世界的混乱就能够通过最高原则得到统一的安排从而形成秩序。但是如今的哲学家认为我们正处在一个后现代的社会之中，在这样的社会里，我们每一个人都追求与人的差异化而非均质化或同一化。因为自第二次世界大战以来，哲学家对同一化表现出史无前例的警惕性，所以阿多诺才会提出他的非同一性哲学。这一切都是拜纳粹所赐，他们疯狂的一致化行动，导致了奥斯威辛的惨剧。人的个体价值遭到灭绝性的否认，而这种否认并不仅仅体现在被毒气室杀死的那一方，作为刽子手的纳粹同样被认为失去了自由，不过不是身体上的自由而是思想和灵魂上的自由。无论他们这些残酷手刃同类的人被称为乌合之众还是被称为平庸之恶，他们都失去了个体的价值。一切恶行及其原因都被归为可怕的国家机器。人是否还能被称为古典哲学意义上的主体成为一个被哲学家不断提出并象征性解决的问题。在后现代社会，我们象征性解决的方法是否认主体性仍然可以有效地运作。所以,我们可以相信阿尔都塞,在意识形态国家机器的质询中,人作为主体的意识只是一种幻象。可是,没有人告诉我们在这种主体性连同其自由意志被抛弃之后,我们该如何存在于这个苍凉的世界之上,更没有人告诉我们没有自由意志,那么暴动、革命和反抗在何种意义上可能。阿尔都塞在政治上是一个失败者,他自己躲进了意识形态国家机器的完美保护之中,因此"五月事件"只是他人生中的一个不太重要的注脚,但是"五月事件"之后的新一代哲学家却不得不重新开始思考被后现代燎原的野火焚烧后的世界里个体的价值、主体性、真理等问题是否还有别的出路,以便为政治行动留下足够的空间。

第一节　真理与身份

在进入后现代社会之前,我们的世界可以被称为一个现代的世界,也就是一个服从规律、理性和秩序的世界。在这个世界里我们信奉的是一种普遍的真理观,这一切都来自启蒙运动对理性的推崇,也就是说,只要依照理性来理解世界,那么所有人对世界的理解就都是一致的。这一致的理解自然就是最真实的。

美国学者约翰·卡普托认为交通工具的出现改变了这一切。在飞机、火车、汽车诞生之前,每一个人要离开自己经常生活的地方并前往一个自己陌生的地方是不太容易的,所以,在这样的世界中,人们对世界真理的理解都是区域化的。但是,这种区域化的理解却伪装成了一种普遍的真理。这其中最具有代表性的人物是康德,一个从未离开过柯尼斯堡的哲学家,却为德国古典哲学奠定了基础。在康德的语境中，人应该按照他所设想的样子具有各种各样的官能以及对世界的理解。但是当人类世界科技飞速发展，交通运输的工具越来越多的时候，一切都发生了改变，某一地域的真理不再具有普遍价值。不同的地方、不同的时代、不同文化中的人们对同一问题的认识可能截然不同，谁对世界的理解才是正确的？我们不再具有固定的标准，人们开始逐渐地走出了唯一真理观。这就是后现代的社会。[①]

不过仅仅将这一场从现代社会到后现代社会的巨变的动因归结为运输方式的改变恐怕过于简单化了，因为至少从维利里奥的研究中我们就不难发现，另一场速度的变革远比交通工具来得更快，这就是媒介传输方式的变革。后现代马克思主义地理学者戴维·哈维认为我们当下所处的社会正在经历着一场名为"时空压缩"的巨变，他对此解释道："我使用'压缩'这个词语是因为可以提出有力的事例证明：资本主义的历史具有在生活步伐方面加速的特征，而同时又克服了空间上的各种障碍，以致世界有时显得是内在地朝着我们崩溃了。"[②] 这里提到的时空压缩一方面指的是运输方式的改变导致人们可以在不同地点之间发生快速位移，另一方面指的是信息交换以光速运行从而从根本上改变了世界，这就是资本的迅速移动，他认为："金融服务和市场（通过计算机交易的帮助）同样也加快了，正如俗话说的，为的是在全球股票市场上使'24个小时变成非

---

① 约翰·D. 卡普托：《真理》，贝小戎译，上海译文出版社，2016，第1~3页。
② 戴维·哈维：《后现代的状况：对文化变迁之缘起的探究》，阎嘉译，商务印书馆，2003，第300页。

常长的时间'。"① 资本在世界范围内的高速流动依靠的就是信息传播技术的发展，所以在世界范围内股票的交易是不停歇的，因此一天的时间仿佛被无限拉长。戴维·哈维的论述其实是为了证明一种发生在工业管理体制上的变革，这就是从葛兰西笔下的福特制向后福特制的转型。这一重大转型同样也是现代社会向后现代社会转变的标志之一。在福特制时代，工人们在同一化的巨大车间里进行最简单的劳动，生产出标准化的零件，进行标准化组装从而生产标准化产品；在后福特制时代，标准化开始被抛弃，根据不同的市场、不同的文化、不同的品位制定出不同的生产方案，为不同的消费群体打造不同的产品才是大家所关注的。虽然说这一管理体制的变革来自汽车行业，从福特到丰田，实际上这不过是一场更庞大的社会总体变革的表征。这就是依托于信息技术的进步，资本的迅速流动使得生产和消费都进入了全球化时代，而在全球化时代最忌讳的就是统一标准的真理。因为，如果说真理还可以依照某种被假想的理性或逻各斯来强求普遍化和统一性的话，那么消费和审美领域则完全无法接受统一标准，差异化成为消费和审美领域的新标准。正是在这一背景下，基于肤色、人种、文化的不同身份之间的差异开始得到尊重。

如果回到一个有宗教信仰的时代，我们可能会遇到两种情况。一种情况是一神论的时代，那会是以理性为主的启蒙运动的另一种表达，而以一神论为代表的神学和以启蒙运动为代表的理性主义唯一的差别在于上帝的崇高地位被理性所取代，在

---

① 戴维·哈维：《后现代的状况：对文化变迁之缘起的探究》，阎嘉译，商务印书馆，2003，第356页。

中世纪上帝成了真理的保障，而启蒙运动之后理性成了真理的保障。另一种情况则是多神论的时代，这仿佛重新回到了异端的古希腊社会，但是这种社会从某种巧合的角度来说似乎预示了我们的当下。正如卡普托所说："古希腊人的神是地方性的，而地方性的神是当地社会生活结构的一部分，全面地嵌入了城邦的风俗、价值观、语言和地理之中，是他们的身份认同的根源，当地人聚在这把伞下寻求保护。"① 作者在这里所描述的仿佛并不是两千多年前多神论的古希腊社会，而是我们的当下，一个不停寻求自身身份的时代，并且在新时代的巨伞下，人们拼命地寻求庇护。

身份认同是后现代社会的一个标志性的话语。人们将普遍化的人性以及主体性都放在了拷问的审判台上。笛卡尔口中的"我思"和康德口中的"主体"最终都变成了一种意识形态幻象，都代表了自身及所处阶层的利益。所以欧洲的白人男性成为所有"弱势群体"口诛笔伐的对象，又或者我们可以用一个更宏观的词来指称这种压迫者，那就是现代性，所以凯尔纳说："现代性的建构也给许多人带来了难以计数的苦难和不幸，这些受害者包括资本主义工业化压迫的农民、无产者和工匠，被排斥在公共生活圈之外的妇女，以及在帝国主义的殖民过程中被灭绝了的那些种族。"② 正是在这一背景中，20 世纪的我们经历了种种主义以及种种运动，不但包括工人阶级运动、波伏娃女性主义对男权中心的挑战，也包括萨义德东方主义对欧洲中

---

① 约翰·D. 卡普托：《真理》，贝小戎译，上海译文出版社，2016，第43 页。
② 道格拉斯·凯尔纳、斯蒂文·贝斯特：《后现代理论：批判性的质疑》，张志斌译，中央编译出版社，2001，第3 页。

心主义的挑战，还包括斯皮瓦克对白人中心主义的批判。当女性主义、后殖民主义如火如荼地展开时，从女性主义中我们又发现了将性别这一概念锁入牢笼的酷儿理论，LGBT 这样的性少数者成为女性主义者的同路人，就像后者联合黑人运动那样。我们的皮肤、种族、民族、性别、性倾向将人类群体划分成一个又一个的栅栏，身份成为我们生活中难以回避的问题，因为它在很大程度上决定了我们的同盟和观点。可是当我们意识到人已经无法再继续有效地划分下去的时候，另一个重要的议题进入了我们的眼帘，这就是生态主义和后人类主义，人类中心也应当在动物和非人类的驱赶之下离开世界的中心舞台。但是，这种对身份政治的强调也给我们的世界带来了史无前例的分裂，个体的价值以小团体的方式被再现出来。

这在某种程度上引发了更为激进的哲学思考，即当我们开始抛弃"人性"这样的宏大词语的时候，后现代迎来了新生，而且这种新生不只是在某些范畴的层面上对世界产生了改变，还是在思维结构的层面上产生了改变。宏大叙事被抛弃，那么微小叙事、微观权力逐渐占据了世界舞台的中心。但是，从身份政治的角度来解构宏大的"人性""阶级"等词语，从某种意义上来说仍然是在不停地用较小的抽象概念来框定个体，这个思维方式下的个体仍然是一个群体的一部分，仍然会在特定的情境之中具有某种类的身份，个体并未得到彻底的呈现。换句话说，当个体以女人、黑人、工人、LGBT 群体等方式呈现的时候，只有这些群体被呈现出来，而个体被隐匿在了这些少数群体的背后。所以，后现代之后的哲学家们开始借用一种新的思维方式以期彻底打破这种属于群或类的思维方式，这种新的思维方式，就是事件思维。事件思维可能有着非常不同的表达方式，但是，我们可以发现其基本的逻辑是一致的，那就是将绝对的个体作为思考的对象，这不只是说某一个人，也可以是某一个物，这个人或物有着自身独立的存在，这种存在是一种独立的呈现，而不是被某一个群体所代表或再现。从哲学层面上来说，就是一个绝对的一，所有的群体都将构成一种多。

第二节　事件

利奥塔在考察我们当代的知识状况时曾经指出启蒙叙事是一种宏大叙事，"在这一叙事中，知识英雄为了高尚的伦理政治目的而奋斗，即为了宇宙的安宁而奋斗。我们可以通过此例看出，用一个包含历史哲学的元叙事来使知识合法化，这将使我们对支配社会关系的体制是否具备有效性产生疑问：这些体制也需要使自身合法化。因此正义同真理一样，也在依靠大叙事"，而所谓后现代，首要特征就是对这种"元叙事"表示怀疑。[①] 如果我们拓展利奥塔有着非常明确指向性的"宏大叙事"概念的运用范围，就可以发现所有能够明确指出人或世界的起源和最终归宿的叙事都是"宏大叙事"。神、上帝、太一、我思、主体、绝对精神这些极其抽象的概念仿佛具有了某种不受质疑的合法性和去时间化的特性，永恒地存在不接受任何历史化的质疑，因为时间本身在它们身上是失效的。当我们用真理来指称这些词语背后的内容时，我们已然陷入了一种永恒的非时间性之中，也就是说，这一切都是绝对的。很多词语都适用

---

① 让-弗朗索瓦·利奥塔：《后现代状态：关于知识的报告》，车槿山译，生活·读书·新知三联书店，1997，第 2 页。

这样的说法，比如艺术，波德莱尔说它的一半是永恒。当我们说艺术是永恒的时候，我们其实是在相信一种绝对主义的幻象，艺术的价值不会被时间所限制，但这也许只是人这一群体的美好愿望，毕竟人才是艺术的创造者，即便我们借用了上帝创世的话语来描述人和艺术之间的关系。如果真如利奥塔所言，后现代就是对这一切的怀疑，那么追根究底，其实就是让这些具有永恒性质的存在被时间限制，也就是将它们变成话语，或者说变成一种语言的游戏。游戏不会是永恒的，而是有开始也有结束，也就是历史化的对象。这种思维方式的转换其实就是从一种现代性思维对秩序和永恒的迷恋转向后现代思维对混乱和短暂的强调。

这种碎片化思想在当代的表征之一就是对事件的强调。关于事件，德里达、福柯、德勒兹、巴迪欧、齐泽克等人都多有论述，可以说是后现代哲学家的一个集体性概念范畴。那么什么是一个事件呢？齐泽克在《事件》这本书的开篇就探讨了一个阿加莎侦探小说中的命案，这个命案就构成了一个事件。但是为什么一个命案构成了一个事件呢？因为这个命案不是预料之中的事情，而是来自可预测的范围之外的事情，并且超过了正常生活中的我们对于周遭事物的期待。或者说这样的事件是超出我们日常认知之外的。每一个侦探故事都是对越轨的日常生活的描述，这些意外就是我们日常生活中的意外，但是从另一个角度来说，这些事件对于侦探本人而言却不是意外，而是日常生活的一部分。若是没有了命案，那么这些侦探很可能就失业了，无论他是作为一个侦探而失业还是作为一个小说的主人公而失业。所以，对于一个可以预测的状况和结构的破坏才能构成一个事件，而由于不可预测所以事件必然是偶然的，用齐泽克自己的话来说就是："我们可以将事件视作某种超出了原因的结果，而原因与结果之间的界限，便是事件所在的空间。"① 我们如果要让这个世界拥有一种可理解性，就必须赋予其一种秩序，因果关系就是这样一种秩序，而当不符合既有的理解世界的逻辑出现的时候，偶然也就出现了，偶然和形式结构相交的地方就是"负面概念容器"，正是在这个节点上，"事件完成了对形式结构的干预（或铭刻）"。② 在一种西方的传统之中，哲学家总会回到文化的源头来对一种哲学进行解释，关于事件哲学，齐泽克似乎非常反后现代地选择了回到道成肉身的基督教传统来解释事件，而将事件哲学的基石抛诸脑后，齐泽克说："终极意义上的事件就是堕落本身，也就是说，只有当平衡被打破，系统出现异常之时，事物才会出现。"③ 单从宗教隐喻的意义上说，堕落的确是一次重大的事件，因为这意味着原有的伊甸园的生活——一种静止如水般的快乐生活——因被蛇入侵而颠覆，所以人类的堕落是所有事件中最不平衡的状态。

特里·伊格尔顿同样也非常在意这种既有结构与不可预测的事件之间的相遇，但是他加入了一个中间环节"结构化"（structuration）来对之进行分析。他认为，结构化就是在结构和事件之间进行调节，而且结构化其实就是"策略"，也就是对世界的预测和判断，只是这并不是一个固定的结构，而是

---

① 〔斯洛文尼亚〕斯拉沃热·齐泽克：《事件》，王师译，上海文艺出版社，2016，第 4 页。
② 〔斯洛文尼亚〕斯拉沃热·齐泽克：《事件》，王师译，上海文艺出版社，2016，第 41 页。
③ 〔斯洛文尼亚〕斯拉沃热·齐泽克：《事件》，王师译，上海文艺出版社，2016，第 63 页。

"运动中的结构"（strcture in action），"始终处于为了实现最终目的（ends）以及不停产生的新鲜目标（purposes）而不停地重构自身的过程之中"，正是因为这样，所以结构化与索绪尔所说的变动不居的"语言"概念以及俄国形式主义者所说的诗歌或文学性的概念。[①] 从某种程度上来说，伊格尔顿的这一理论并不令人感到陌生，同样对结构的动态生成进行强调的还有伊格尔顿在剑桥求学期间的导师雷蒙·威廉斯，后者提出的"感觉结构"（structures of feeling）概念同样强调的是结构的动态生成，但是威廉斯并未在自己的理论中过多地涉及"事件"的概念。威廉斯形成类似的概念，主要是受到了发生心理学家皮亚杰以及文学社会学家吕西安·戈德曼的影响，这两位的概念体系同样是在结构主义理论中引入了时间维度或者说历史化维度。而伊格尔顿本人对事件的借用则是受到了阿兰·巴迪欧的《存在与事件》的影响。

正如克里斯托弗·诺里斯（Christopher Norris）所说，巴迪欧《存在与事件》的书名蕴含着一种潜在的张力，"'存在'指的是所有可被用来建构某种提前建构的对象域（object domain）或某种既存的总体性的东西，而'事件'指的是那些逃避或溢出（exceeds）任何先在的（存在论的）规则范围的东西"[②]。由此我们可以发现存在是我们对这个世界的前理解，这是一个非常海德格尔化的理解（很难说这是一个巴迪欧的理解），然而，巴迪欧又非常敏锐地引入了对这一前理解的挑战，即对我们

[①] Terry Eagleton, *The Event of Literature* (New Haven: Yale University Press, 2012), p. 199.

[②] Christopher Norris, "The Event", in Steven Cocoran, ed., *The Badiou Dictionary* (Edinburgh: Edinburgh University Press, 2015), p. 117.

赋予世界的秩序的挑战。由于巴迪欧的存在论是一种基于集合论的存在论，所以他对事件也给予了一种数学的描述，这就是 $e_x = \{x \in X, e_x\}$，其意思是："事件是一种'一 - 多'（one - multiple），一方面由所有不属于其场所（site）的多组成，另一方面由事件自身组成。"[①] 要理解巴迪欧的这一段表达，需要对其数学存在论有所了解。在巴迪欧的语境中，情境（situation）中包含了各种各样的多，而其中会有那种处于虚空边缘（on the edge of the void）的"多"（multiples），当然也有那种自然的（natural）情境。[②] 在后面这种自然的情境中，不存在处于虚空边缘的"多"。自然的情境其实就是正常化的情境，如果说情境是一个集合，那么里面的每一个"多"就是一个子集，而如果所有的子集以及子集的项都属于这个情境的话，那么这个集合就可以再现每个子集中的项，这个就是自然的"多"或者正常的"多"以及自然的或正常的情境。但是也会存在干扰这种"多"的状况，也就是处于虚空边缘的"多"，其中的项并不能被情境再现，或者说情境没有再现/代表这些项的能力，但是这些项又在子集（也就是非正常的多）中呈现，那么这就会构成一个事件，并且是独异的（singular）事件。项或子集（多）的呈现就是计数为一（count - as - one）。巴迪欧认为："这是因为一个项在一个情境中只能被它所隶属的'多'呈现，而自身不能作为这个情境的'多'。这个项进入呈现的计数为一（因为它根据它所属于的'一 - 多'来实现这一点），但是它并不

---

① Alain Badiou, *Being and Event*, trans. Oliver Feltham (London: Continuum 2005), p. 179.

② Alain Badiou, *Being and Event*, trans. Oliver Feltham (London: Continuum 2005), p. 176.

是被单独地计数为一。正是因为这样的项属于一个'多'所以才变得特异化（singularize）。"① 由此可知，事件与特异性有着密切的联系，事件对正常和秩序的打破使自身获得了特异性的地位。例如，一个家庭之所以是一个家庭，是因为在户籍上被聚集在一起形成了一个"多"，而这个"多"又会从属于更高级的集合，比如国家（巴迪欧举出的是法国），所以在一个正常的法国家庭里，每个人都具有法国国籍。这个时候，法国作为一个集合（或情境）可以代表这个家庭里的每个成员。那么反过来说，每个成员都分享了这个情境（法国）的特性，这就是国籍。同样，这个家庭也是一个法国的家庭，这个家庭就是一个"多"（子集）。但是，假如有一个人没有户口，是黑户（比如说来自叙利亚的难民），那么这个黑户就无法被包含在一个正常的"多"中，也就是说不能被计数为一，因为这个人没有法国国籍。所以如果遇到什么事情，这个黑户只能以躲避、伪装等方式来生存。例如，这个黑户进入了一个正常的拥有法国国籍的家庭，或者说这个家庭选择以非法的方式来庇护这个人。那么，对于这个国家而言，这个黑户仍然是不存在的，但是这个"多"是存在的（也就是说这个家庭是存在的），这个黑户只能以"多"的方式呈现，而其自身并不能在法国的情境之中呈现。"多"是存在的一般形式，也就是作为存在的存在（being qua being）。② 存在作为存在的科学也就是存在论。当所有的不可被呈现的项都被聚集在一个"多"之中时，这个

---

① Alain Badiou, *Being and Event*, trans. Oliver Feltham（London: Continuum 2005），p. 174.

② Alain Badiou, *Being and Event*, trans. Oliver Feltham（London: Continuum 2005），p. 173.

"多"就是一个情境中的非正常的"多"（abnormal multiple），那这个"多"就是事件场所（eventalsite），这个场所本身不是情境的一部分，而且这个场所就是虚空的边缘，而巴迪欧所说的虚空其实就是存在（一种巴门尼德式的理解）。场所原本是情境这个结构中的一个最小的单位，但事件场所则构成了一种对情境的背离。

用巴迪欧自己的术语来说，在集合中存在三种不同的项。第一种是正常项（normal term），指的是既可以被呈现（presented）也可以被再现（represented）。第二种是多余项（excrescence term），指的是可以被再现但不能被呈现。第三种则是独异项（singular term），指的是可以被呈现但不能被再现[①]。用刚才的例子来解释就是：第一种情况是，一个正常法国家庭中的每一个成员都在法国的情境中呈现同时也以家庭的形式再现，这就是正常项；第二种情况是，这个家庭本身是多余的项，因为家庭本身并不能呈现，而是作为每个个体的再现，这些个体的人才是项，所以家庭是多余的内容，无法在法国中呈现；第三种情况是，黑户作为一个独立存在的个体而在法国的情境中呈现，但是没有家庭可以再现他，这就是独异。从这里我们可以看到，巴迪欧会使用呈现来指称个体在情境中的存在，无论这个项是否被再现/代表（represented），若只有呈现未能再现/代表，这就是独异性的体现。所以，独异性与呈现密切相关。

---

① Alain Badiou, *Being and Event*, trans. Oliver Feltham（London: Continuum 2005），p. 99.

第三节 呈现（在场）

维利里奥与巴迪欧一样将呈现（在场）与再现作为一组核心的对立范畴而铭刻在自身的理论之中。但是，维利里奥作为一个媒介理论家并不像巴迪欧那样从纯粹的哲学层面来谈论"一"和"多"的问题，而是更偏重于从技术的层面来讨论呈现（在场）和再现的问题。在维利里奥的理论语境中，受到再现技术进步（具体而言就是摄影、电影技术的发展）的影响，再现的古老传统被摧毁了。原来以再现世界为终极目的的古典绘画艺术逐渐失去了价值，"再现艺术"（representative art）迎来了自己的死亡，取而代之的是"呈现艺术"（presentative art）。① 维利里奥所指的是原本艺术与世界所构成的关系是再现关系，也就是一种模仿的关系，那么艺术的意义来源是对这个世界的精准的复制，但是进入 20 世纪以后艺术不再需要复制世界，而是要直接呈现出艺术的过程，例如行动绘画对绘画动作的呈现，或者直接呈现出理式，比如博伊斯的行为艺术。总之，再现艺术逐渐蜕变成了不再以世界为自身意义来源的呈现艺术。然而，维利里奥在评价籍里柯的《美杜莎之筏》时又明确表示，这部作品是在超越"再现"而想要"呈现事件的在场本身"（offering the very presence of the event），也就是像摄影以及之后卢米埃尔的电影的功能一样。② 因此可以知

---

① Paul Virilio, *Art and Fear*, trans. Julie Rose (London: Continuum, 2000), p. 19.

② Paul Virilio, *Art and Fear*, trans. Julie Rose (London: Continuum, 2000), p. 21.

道，维利里奥将对事件的直接呈现看作摄影和电影艺术的一种特质，而这种技术的继续发展就是各种电子设备所带来的实时在场的景象。

如今在智能设备的帮助下，我们逐渐摆脱了肉体的物理空间限制，也就是脱离了梅洛－庞蒂所说的"我能"的限制，而进入了一个"实时"在线的"远程在场"（téléprésence）的世界。① 这里所提到的远程在场其实就是远程的呈现，也就是通过电子技术拓展人类自身的感知范围，从而建造一个新的视觉和听觉体验。正如我们在前文所提到的，这样的远程在场形成了一种新的电拓扑逻辑（telepological logic）。拓扑实际上就是公共的地方（common place），而电拓扑就是在赛博空间中形成共同的在场。② 所以，现在每一个普通人都可以在网络的虚拟世界之中发表自己对事件的看法，形成了一种史无前例的公共场域。

但是维利里奥对之并没有好感，他对这种远程在场与对抽象艺术的态度一样，都是批判性的。因为，他认为随着电子再现技术的发展，大众媒介占据了太多的话语权，因此代议制民主受到了史无前例的威胁，这种实时在线呈现的是一种虚假的远程在场，公众的意见是被大众媒介操纵的而不是来自自身的判断。正是这种差异的存在，使得他的理论与朗西埃的理论存在巨大的差异，后者恰恰认为工人阶级对自身所处的环境有着基于自身经验的判断，而不会陷入意识形态的牢笼之中，通过自身的解放，如对逻各斯的掌握，便能够实现对政治地位的僭

---

① 保罗·维利里奥：《无边的艺术》，张新木等译，南京大学出版社，2014，第 17 页。

② Ian James, *Paul Virilio*(London: Routledge, 2007), p. 48.

越。这种明显的分裂的根源其实在于，一个普通的工人是否具有对自身处境认知的能力，是否有对抗大众媒介强大力量的能力。作为一个媒介理论家，维利里奥显然是失望的，但是朗西埃更为激进地表现出对维利里奥誓死捍卫的代议制民主的反对，而巴迪欧与朗西埃共享着对代议制民主的不满，这无疑是一种"五月事件"遗产的体现。

维利里奥对于在场的关注显然是顺着梅洛－庞蒂的逻辑而展开的，也就是从一种肉身的在场所带来的"我能"的体验扩展到技术给主体带来的远程在场的体验。与之类似，南希也同样受惠于梅洛－庞蒂的知觉现象学，并且同样也是在感知的基础上谈论在场的问题，但是南希更倾向于从感觉/意义（sense）的角度来进行自身的哲学建构，带有明显的海德格尔哲学的痕迹。深受海德格尔影响的南希认为，这个世界并不是一个"被给予的、完整的、'完成的'呈现，而是与到来（the coming）混合在一起，也就是不断地将无限带入呈现（presence）"，所以"事件也并不是'占据位置'（taking－place）"，而是"占据位置的不可化约性（incommensurability）"，或者换句话说，就是"分隔（spacing）的不可化约性"①。这里所说的占据位置（taking－palce）也可以翻译为"发生"，就是指事物的出现，而出现的方式就是在主体建构的世界里占据一个位置，一个区别于既有的其他事物的位置，所以也可以称之为空间化或分隔（spacing）。南希在使用"呈现（在场）"这个术语的时候会与"praesentia"这个拉丁词源互换，我们现在所使用的表示"在场"

---

① Jean－Luc Nancy, *The Sense of the World*, trans. Jeffrey S. Librett(Minneapolis: University of Minnesota Press, 1997), p. 126.

的含义实际上是从 14 世纪开始的，而在古罗马时期呈现（presence，praes - entia）就是在（esse）某人之前（prae - ）的世界。存在于某个主体之前的这个世界必须要基于感觉才有意义，或者说这种感觉就是意义（都是 sense）。因为这种意义的建立包括了非常重要的感觉上的"分隔"，也就是将世界的万物分为一个一个的空间化的个体从而被感知并被赋予意义。所以，所有事物的到来（the coming），来到某个主体之前（praes - entia，或者 being - present），就是呈现，最后进入的就是主体的感觉，从而形成了意义。

南希对"到来"的描述非常类似于巴迪欧对事件的描述，因为都是对既有秩序的打破。南希认为，"到来（jouir）只有在意指或符号秩序被悬置的时候发生——或者或打开（fraye）一个入口……它来，它来和去，都是作为对符号链条或实体连续性的扰乱。"① 南希这里说的是意义的产生原本来自符号或意指实践，但是如果有一个呈现（在场）到来，感觉或者触觉（接触）由此产生一种快乐，因为这意味着混入了异质性的元素，而这种元素对既有的秩序就形成了扰乱，原有的意指实践被打破，能指和所指之间的关系也必须被重塑以便纳入新的呈现。南希之所以在这里要将感觉（意义）与意指以及符号秩序区分开来，是因为意指和符号秩序是一种共同意义的生产，是被所有人分享并且不以个体感觉为转移的意义，而他之所以使用 sense 来表达感觉，正是因为这个词本身及其同源词无论在法语、德语还是在英语中都同时有"意义"的含义，但是这种

---

① Jean - Luc Nancy, *The Sense of the World*, trans. Jeffrey S. Librett(Minneapolis: University of Minnesota Press, 1997) , p. 134.

意义是一种个人化的意义，正如人的感觉一样，不过这种意义又是可以被共享的。换句话说，用 sense 作为其哲学的基础，南希是为了强调这种意义生成的独异性。所以南希认为，"存在着某些事物，某些人，许许多多的人，许许多多的独异体（singularities）。感觉是所有独异体的独异性（the singularity of all the singular ones）"①。感觉不但是独异的而且可以被交流和传达，但是这种被交流和传达的内容首要的是他们的有死性（finitude）。这显然是一种深受海德格尔影响的观点，却说出了一种真理，即感觉就是世界，对世界的感觉其实就是这个世界，只是这个感觉和这个世界都是复数的存在，但每一个独异的感觉或每一个独异世界都是一种整体和统一性。每个个体对世界的感觉都是独异的，这意味着个体与个体之间很难达成一种共通，所以，在南希看来，独异并不是特殊（particular），而是某个人（some one），特殊会属于某个群体，比如一个人可以是一个黑人、一个女人、一个工人，这些都是群体，但是独异不可被归纳为某一个种类，独异就是独异本身。② 这非常晦涩，因为语言上的障碍使翻译变得非常困难，只能通过解释来达成意义的传达。南希在这里提到的某个人，也就是 some one，这里包含了"一个"（One），也就是"一"，所以他用"独异"（singular）来描述，因为 singular 本身又有"单数"的意思。所以，南希说的复数的独异，其实也可以翻译为复数的单一。经过这样的解释之后我们不难发现，南希对独异或单数的讨论其

①　Jean - Luc Nancy, *The Sense of the World*, trans. Jeffrey S. Librett(Minneapolis: University of Minnesota Press, 1997) , p. 68.

②　Jean - Luc Nancy, *The Sense of the World*, trans. Jeffrey S. Librett(Minneapolis: University of Minnesota Press, 1997) , p. 71.

实与巴迪欧对"一"和"多"的讨论是非常接近的,也就是对不属于"多"的"一"的讨论。在巴迪欧的语境中,"一"如果在情境中呈现但是又没有一个"多"可以再现它,那么它就是独异项,这其实就是南希所说的当一个"一"隶属于某个群体的时候,它只是一个"特殊",而真正的"独异"不能隶属于任何"群体",也就是不能成为情境中的一个子集。

维利里奥将在场(呈现)与新的艺术形式(如摄影和电影)等关联起来,从而描述了一种从再现艺术到呈现艺术的转变,这就是对独异逻辑的遵循。因为在场本身就是对独异的追寻,当画家再现一个世界的时候,意义的来源是一种意指的模式,世界给绘画提供了意义的来源。而呈现艺术就是呈现这个绘画过程本身,比如抽象画,并不需要某个外在的世界成为意义的来源,也就是说艺术不是对世界的再现。南希既然如此强调在场、独异和感觉之间的关联,那么自然而然地也会走向对艺术的讨论并将之关联起来。他在讨论"到来"对既有意指或符号秩序的扰乱时提到,"这种扰乱是分形的(fractal),而'艺术'是在这个扰乱被打开(frayée)的地方占据位置(takes place)"①。"分形"是一个几何学术语,指不规则的几何图形,也就是碎片化的、无定形的图形。南希所说的扰乱,就是原本符合规则的能指和所指关系被打破,就像几何学当中原有的平滑图形被打破成不规则的图形,从而形成了一种扰乱,而这种扰乱就是艺术。这其实也就是巴迪欧所说的事件,关于这个概念齐泽克是如此评述的:

---

① Jean – Luc Nancy, *The Sense of the World*, trans. Jeffrey S. Librett(Minneapolis: University of Minnesota Press, 1997) , p. 135.

　　哲学家阿兰·巴迪欧近几年来提出了无法被还原为简单变化的事件概念，在巴迪欧看来，事件是一种被转化为必然性的偶然性（偶然的相遇或发生），也就是说，事件产生出一种普遍原则，这种原则呼唤着对于新秩序的忠诚与努力。当一个充满情欲的相遇改变了相爱之人的一生，并使夫妻共同生活的构筑成为两者人生的中心时，这次相遇就构成了一个爱的事件；同样，在政治中，当一次偶然的暴动或叛乱催生出对于普遍解放愿景的集体承诺，并因此开启了重塑社会的进程时，这次暴动（叛乱）便构成了一个政治事件。[①]

事件其实就是一种偶然，对必然性的挑战也就是对秩序的挑战，也就是一种分形，但与南希不一样的地方是，巴迪欧并不认为这种事件或扰乱只属于艺术，而认为属于所有真理的条件，也就是说政治、科学和爱都被包含在内，艺术也不例外。但这里的逻辑是一致的，那就是把一个整体击碎为一个又一个碎片，从而构成一种分形。这一思考问题的方式同样出现在朗西埃对政治的思考之中。如前文所分析的，朗西埃对政治的理解不是要寻找一种共同体的建构方式，他认为那是一种治安（la police），治安的逻辑就是让所有的人都服从共同体的利益，各自在各自的岗位上做一颗普通的螺丝钉，并且不得僭越自己的身份和地位。而如果有人想要违抗这样的秩序，那么他就会成为一个"错误"（le tort）。朗西埃认为："政治是透过偏移（le tort）而出现……偏移是在说话身体之分配的核心，引入了

---

① 斯拉沃热·齐泽克：《事件》，王师译，上海文艺出版社，2016，第212页。

不可共量性（incommensurable）。这个不可共量性不仅打乱了利害间的平衡，也预先破坏了根据宇宙的比例及共同体的根基而建立的城邦计划"①。le tort 的本义就是"错误"，因为相对于这台精密运转的共同体机器而言，一个不服从治安以及感性分配的人，一个僭越了自己所属位置的人，自然像一个错误的螺丝钉，他的存在会导致整台机器的崩溃，会颠覆森严的等级结构。但是，在朗西埃看来，这也正是政治所具有的积极力量所在。朗西埃把这种对治安的抗衡称为"歧义"（dissensus，或者 disagreement），他举出了加百利·高尼，一个木匠，作为他所说的"错误"和"歧义"的例证。这位木匠在为雇主铺地板的时候，突然停下了手中的活儿，开始进行审美的凝视，这不是一个工人该做的事情，更不用说他还在日记中将之记录下来。这种凝视，尤其是审美的凝视，应该属于知识分子或者艺术批评家、哲学家之类的人物，一个工人的这种行为构成了一种对秩序的干扰。为什么这构成了干扰呢？朗西埃说："因为它在眼与手之间导致了一种不谐，在空间中的具体位置与共同体的伦理秩序之位置的关系中产生了一种扰动。"②

第四节　断片

与朗西埃对"错误"和"歧义"的论述相类似，但是切入

---

① 台湾学者刘纪蕙等人认为具有双重含义，参见洪席耶《歧义：政治与哲学》，刘纪蕙等译，麦田出版社，2011，第 45 页。

② 朗西埃：《美学异托邦》，载汪民安主编《生产》第 8 辑，江苏人民出版社，2013，第 206 页。

的角度很不一样，南希同样反对体系化的建构，而更偏爱片段
化的写作。在南希之前，福柯也非常赞赏尼采的箴言式写作，
因为"系统化的方法导致了还原论式的社会分析和历史分析；
知识在其本质上是视角性的（perspectival），因而对于一个异质
的现实需要从多重视角去加以解释"①。与之类似的还有鲍德里
亚，他甚至在《冷记忆》等著作中竭尽全力地模仿这种风格。
虽然，南希会有这样的关于"碎片"的想法，同样是对一种结
构化、系统化论述的反抗，但是并非一种尼采或后现代主义思
潮的直接影响下的结果，而是明显受到了德国古典哲学的影响，
具体来说是受到了德国浪漫主义哲学的深刻影响，而这一影响
较为明显地体现在《文学的绝对》之中，因为这本书编辑的内
容及分析的对象正是德国浪漫派哲学。这本书从形式上来说就
是一个"分形的"著作，因为它并不具有统一的撰写体例或者
一个体系化的理论，南希和拉库 - 拉巴特的论述与《雅典娜神
殿》的节选还有施莱格尔以及谢林的论文共同呈现在同一个文
本之中，虽然也会有一些标题，但标题本身也是碎片化的，
比如"断片"就是 1798 年发表在《雅典娜神殿》第一卷第
二期上的内容的标题，是一些类似格言的写作，作者并不唯
一。虽然施莱格尔的编辑米诺尔给所有断片文章的作者都考订
出了归属，但是在学界仍然存在巨大的争议。虽然耶拿浪漫派
的作者们都在使用这样一种创作的形式，但没有人想要给这种
形式以一个清晰的定义。整个著作无论是形式还是内容都体现
着对分形理念的尊崇。这就让我们不难理解南希等人如此评价

---

① 道格拉斯·凯尔纳、斯蒂文·贝斯特：《后现代理论：批判性的质
疑》，张志斌译，中央编译出版社，2001，第 46 页。

浪漫派的"断片"概念：

> 首先是断片这个术语的运用。从现实的角度来看，在这些文本当中，这个术语从来没有将断片与纯粹而又简单的孤立片段，即支离破碎的整体残片（这就是为什么浪漫派从字面上将 Brushstuck，"片段"称为碎片），与不规则的文块（正如让·保罗的"某些优秀片段"，在这里是大量的，《断片集》第 421 条）混为一谈。如果说断片就是碎片，那么它首先不会一味强调它所产生的裂缝。至少，它将裂缝的边缘当作一种自主的形式，当作不规则或变形的断裂。[1]

而拉库－拉巴特和南希自己在解释的过程中也曾提到，这种断片的思想就直接来自《断片集》，该书的第 24 条是这样一句箴言："许多古代人的作品已成为断片。许多现代人的作品则刚刚开始成为断片。"[2] 所以，在耶拿浪漫派看来每一个作品都是断片，这里的断片并不是一种体裁，而是与对话一样"能够成为恰恰类似争论体裁问题的这些首选场所之一"[3]。断片是个性化的作品，其对立面则是大写的系统，用海德格尔的话来说，大写的系统"意味着一个整体的所谓系统秩序"，也就是

[1] 菲利普·拉库－拉巴特、让－吕克·南希：《文学的绝对：德国浪漫派文学理论》，张小鲁、李伯杰、李双志等译，译林出版社，2012，第 25 页。
[2] 菲利普·拉库－拉巴特、让－吕克·南希：《文学的绝对：德国浪漫派文学理论》，张小鲁、李伯杰、李双志等译，译林出版社，2012，第 64 页。
[3] 菲利普·拉库－拉巴特、让－吕克·南希：《文学的绝对：德国浪漫派文学理论》，张小鲁、李伯杰、李双志等译，译林出版社，2012，第 220 页。

一个"整体"①。由此不难看出，一方面，断片的存在本身就暗示着一个整体的存在，这两个概念是相互依存的，另一方面，断片存在的价值就是引起争议并且导致整个整体或秩序的崩塌，断片的思想可以说是后现代碎片化思想的一种暗示。当阿多诺认为艺术可以作为一个单子而存在并且具有针对资本主义社会的救赎意义时，其实重复的就是断片对大写系统的抵抗，也就是对一种逻辑整合力量或者合理化力量的对抗。如果说南希在撰写《文学的绝对》时还未明晰地分辨出两种断片，那么到了后期撰写《世界的感觉/意义》时已经对这个问题进行了深入的探究。他认为存在两种断片（fragmentation），第一种是与体裁（genre）以及碎片艺术相关联的断片，这种断片的历史在我们面前逐渐关闭了，第二种是朝着我们发生的断片，或者说朝着艺术发生的断片。第二种断片被他称为"分形的本质"（fractal essence）②。所以，断片不仅是一种文学体裁，还是一种思考世界的根本方式，或者就是世界的本质以及感觉的本质。我们所有人的感觉就是分形的，五官的感觉最后统一成一个独立的世界，但是这些感觉本身仍然是碎片化的，或者说就是断片，难以被整合到一个巨大的系统中去，从而获得了一种独异性，这种独异性意味着南希的一个重要概念，那就是"非功效"（desoeuvrement, unworking），功效/作品（oeuvrement, work）实际上构成了断片的对立面，也就是系统的另一种表达。

---

① 菲利普·拉库-拉巴特、让-吕克·南希：《文学的绝对：德国浪漫派文学理论》，张小鲁、李伯杰、李双志等译，译林出版社，2012，第30页。

② Jean-Luc Nancy, *The Sense of the World*, trans. Jeffrey S. Librett (Minneapolis: University of Minnesota Press, 1997), p. 124.

南希所描述的大写系统（Systasis）中也存在各种碎片（fragments），但是这些碎片最终都会作为一个有机整体而出现，所以一个系统是"作品的总体"（totality of works），而作为"碎片的系统"的作品/功效（work）最后构成了一个个体，而且这个作品只能通过碎片而被把握，这就是一种耶拿浪漫派的思考方式，包括黑格尔说美是绝对理念的感性显现，也是通过一个碎片来呈现一个整体。但是，南希很反对这样的思维，他更在意的是"非功效"，"所谓的非功效并不是不完成（incompletion，inachevement），因为正如我们所看到的，不完成完成了自身并且是像这样的碎片；非功效什么都不是，只是碎片的干扰"。① 由此可见，南希早年对耶拿浪漫派的"断片"思想的研究直接决定了后来的"复数的独异"思想的诞生，因为"复数的独异"思想同样是在讨论断片与整体之间的关系，但是如果说一开始南希还是在文学的层面来讨论断片与整体性之间的关系，那么后来对"复数的独异"以及"共同－存在"（being－in－common）的讨论就完全是对独异的个体与存在的整体性之间关系的讨论，也就是一种基于海德格尔存在论的讨论。而南希的这一讨论又呼应着巴迪欧对"一"和"多"以及"情境"等问题的讨论。所以，正如南希的研究者所指出的："断片正是绝对（absolute）独异体（singularities）的模型：所有的松开联系的（in ab－solution）的断片，但是它们彼此接触。"② 独异

---

① Ryosuke Kakinami, "Making Sense of the Fragment: A Reading of The Literary Absolute", in *Making Sense: For An Effective Aesthetics* (Bern: Peter Lang A. G. , 2011), p. 43.

② Ryosuke Kakinami, "Making Sense of the Fragment: A Reading of The Literary Absolute", in *Making Sense: For An Effective Aesthetics* (Bern: Peter Lang A. G. , 2011), p. 47.

体与独异体之间的关系正如断片与断片之间的关系一样，相互没有形成整体的有机联系，而只有松散的联系，像被随意置放在一块的物品一样，虽然相互接触但是不构成一个整体。

总而言之，在维利里奥、巴迪欧、朗西埃和南希的哲学中，我们不难看到对独异性的强调，无论这种强调是通过对个体的在场（呈现）来表达还是通过事件或断片的方式来表达，总之，一种相对于系统化、宏大叙事乃至于身份政治这样的属性归类的思考问题的方式在这些后结构主义之后的理论家的书写中得到明显地呈现，这就是独异性思维。但如果仅仅是如此，那么我们只能说这是后现代思维的一种极端化，即用更为重视个体而反对任何形式的属性、归类、群体（无论大小）的思维方式，并在写作中呈现一种片段化的碎片形式。独异性在新一代哲学家眼中获得了一种存在论的地位，因为它自身所具有的与"一"相关的含义，使得巴迪欧和南希的存在论思考重回了《巴门尼德篇》中对于虚无和一的思考。但是，真正标志着他们与后现代主义者之间差异的却是他们正用尽自己的智慧来思考"多"的问题，可是重点在于这种"多"不能表现为一种统一体或者是一种系统和整一性，而必须表现为所有"一"的自由而散漫的组合，就像是德里达所说的播散一样，没有目的也没有组织性。与后现代主义者不一样的地方在于，像鲍德里亚这样的后现代哲学家只强调独异性而并不考虑以某种新的形式来重新组织独异的个体，所以，凯尔纳在批评鲍德里亚的碎片写作的时候非常不客气地指出，鲍德里亚"非但不去系统地整理其观点，或是对之稍加谨慎推敲，反而越来越倾向于采用一种格言式的写作方式，就像一挺机关枪，对着同一个目标连续地射出同样的观念子弹，直到这些观念都变成了一堆陈词滥调"①。对断片和独异性的过分强调最终只能是重复后现代的某些思想上的特点，但是法国新理论家们似乎有意地回避了这个问题，他们在寻求改变，因此，另一个主题在这些理论家的思考中也慢慢地浮现出来，这就是如何描述独异体之间的共同关系。这一点在伊格尔顿的思考中得到了明确的表达："并非所有的统一性都是有害的，也并非所有的一致性或统一意见都该被妖魔化为本质主义。相反，更大一部分的统一性应该受到热烈欢迎"②。这就意味着我们要思考另一个问题，那就是如何在独异性之外形成共同的一致性。

① 道格拉斯·凯尔纳、斯蒂文·贝斯特：《后现代理论：批判性的质疑》，张志斌译，中央编译出版社，2001，第 181 页。
② 特里·伊格尔顿：《论文化》，张舒语译，中信出版集团，2018，第 34 页。

第八章

共同

共同是一个非常复杂的问题，又是一个涉及面广泛的问题，例如共通感、共同体、交往、社群主义和共产主义都涉及共同的问题，甚至在一些神秘主义者看来，整个宇宙是一个巨大的共同体，每个个体只是一种心理学上所谓自我界限的幻象。更多的哲学家认为，共同的问题与主体的问题是二元对立的，因为这牵涉到自笛卡尔的 cogito（我思）所建立的主体性，正如德贡布所说："真正说来，主观性意味着意识的分歧，在意识与意识之间不可能有共识。"① 所以，德勒兹也说："交流（communication）的哲学，在追寻作为共识的自由主义普遍观念中，被耗尽了。"② 不过，从康德之后，许多以主体为基础的哲学都想要证明如何从特殊的独异性意识过渡到一种普遍的共同

---

① 文森特·德贡布：《当代法国哲学》，王寅丽译，新星出版社，2007，第 209 页。

① 文森特·德贡布：《当代法国哲学》，王寅丽译，新星出版社，2007，第 209 页。

② Gilles Deleuze and Felix Guattari, *What is Philosophy*, trans. Hugh Tomlinson and Graham Burchell(New York: Columbia University Press, 1996) , p. 146.

意识，因为每一个独立的个体每时每刻的经验都在与共同打交道：当我们闭上我们的左眼或右眼时我们看到的世界，跟我们两个眼睛同时睁开的时候是完全不一样的，但是我们习惯了这种"共同被意识到的"（co - conscious）①。这说明我们无时无刻不在经验的叠加之中生活，也就是在共同的经验中生活，这里所谓共同被意识到的，我们也可以说是共同被感觉到的。正如上一章所指出的，这个"共同"不能依靠某个抽象的概念或者理念来达成统一性，因为这样也就意味着个体性和独特性的消失，因此新的共同观必须得基于独异，所以不能有某个有机的整体将所有的断片都整合在其中形成一个严丝合缝的机器，这样的机器最终只能是一台运转良好的治安机器，消除了每一个个体的个性，而只能呈现一个集体或群体的特性，从而让呈现被再现取代。按照前文的分析，共同要实现必须得依靠感觉，而感觉要实现共同就必须得达成交流和沟通，这也就意味着一种从"我"走向"我们"的共同感觉，所以具有漫长历史的"共通感"（sensus communis）理论成为许多哲学家建立相互理解的哲学的基础，故而应当成为我们考察的重点。

第一节　共通感

共通感（sensus communis）是一个从古罗马时期开始就不断被人讨论的概念，根据伽达默尔的说法，最早可以从奥勒留的著作中找到这个词的起源，这就是 koinonoemosyne，其基本意

---

① 巴里·丹顿：《自我》，王岫庐译，上海文艺出版社，2016，第 116 页。

思是"共同的思想力"①。但是，奥勒留的这个概念与最终的术语形式仍然有一定的距离，感觉的意义尚未被突出，其中比较关键的转变在于文艺复兴时期。这个时期"sensus communis"的表达已经形成，并且与感觉息息相关，只是与现在不一样的地方是，它指的是用来储存感觉的地方，也就是说当人获得了一些感觉材料之后需要一个储存地将所有的感觉以记忆的方式综合在一起，这个被想象出来的储存地就是共通感，曼古埃尔说，"这个位置不只是记忆，同时也是知识、幻想与梦的源处"，他还引用达·芬奇的说法，认为感觉被集中在一个印象（impresiva）和记忆（memoria）的中心并进行整合，而这个中心就是共通感（senso comune）。②从达·芬奇的论述我们可以看出，共通感在他看来更像是各种感觉统一的地方，毕竟人的大脑每时每刻都在处理大量来自身体的感觉数据，这些感觉统一之后形成的秩序也就是自我，或者说构成了主体性的一部分。

虽然在此之后，这个概念仍被许多哲学家讨论，但是含义却发生了巨大的转变，作为与自我同一性相关的感觉之间的统一体的意义逐渐消失，新的含义开始逐渐占据主流。其中尤为重要的是维柯和夏夫兹博里将之作为一个与常识（common sense）相等同的概念来进行探讨，从而使得共通感回到了最原始的意思，而脱离了与感觉经验的关联。在此之后，康德对这个概念的关注终于完成了这个概念的美学化，也就是将之锁定为一个与感觉、艺术和品位等问题相关的美学问题。所以阿伦

---

① 汉斯-格奥尔格·加达默尔：《真理与方法》（上卷），洪汉鼎译，上海译文出版社，2004，第31页。
② 阿尔维托·曼古埃尔：《阅读史》，吴昌杰译，商务印书馆，2002，第37~38页。

特说:"在康德的《判断力批判》之前,这一官能从未成为哪位大思想家的一大论题。"①

康德在《判断力批判》中要面对一个重要的问题,这就是趣味是客观的还是主观的,趣味是否具有一种内在的标准,因为如果这个问题不能解决那么批评家的合法性就会受到质疑,如果趣味的确是客观的,那么该如何来解释趣味无可争议这样的说法? 康德认为他找到了一个解决的办法,这就是他启用了"共通感"(sensus communis)的概念,在他看来,"趣味判断必定具有一条主观原则,这条原则只通过情感而不通过概念,却可普遍有效地规定什么是令人喜欢的,什么是令人讨厌的。但一条这样的原则将只能被看作'共通感'[……]即由一个共通感(但我们不是把它理解为外部感觉,而是理解为出自我们认识能力自由游戏的结果),我是说,只有在这样一个共通感的前提下,才能作趣味判断"②。我们都知道知识和概念在康德的哲学中必然是可以普遍传达的,这不会因为接受的主体不同而存在任何的差异,但是感觉却不一样。感觉是因人而异的,所以在不同人的感觉之间很难建立起一个普遍可传达的桥梁,这也是不理解产生的根源:即便是同一件事,各人的感觉是不同的,所以导致了理解和情感的不同。那么如果这一点成立,对艺术进行评判的标准就失去了稳固的基础,因为这种感觉是因人而异的。但康德并不这么认为,他认为经验或感觉本身是杂乱无章的,如果没有想象力和知性(understanding)的相互

---

① 汉娜·阿伦特:《康德政治哲学讲稿》,曹明、苏婉儿译,上海人民出版社,2013,第10页。
② 伊曼纽尔·康德:《判断力批判》,邓晓芒译,人民出版社,2002,第74~75页。

协调合作，并且还必须按照一定的比例协调合作，那么根本不可能使杂多和混乱变得统一起来，而这种相互协调合作可以给主体带来一种愉悦的感受，这就是审美愉悦，而这种愉悦一定是能够普遍传达的。①

正是因为对共通感的预设，康德才能将对艺术的品位立于稳固的基础之上，所以当一个艺术批评家基于自身对艺术的理解而形成了某种独特的审美趣味时，他不需要担心这种品位是一种无可争议的个人趣味，而应该考虑到这种趣味是可以被传达给他人的，也就是可以要求其他人来认同他对艺术品的理解。而这样又让一份拥有世界上最伟大艺术家的名字的名单变得合理，这也就是格林伯格所说的，世界上必然存在着一种"关于趣味的共识"（consensus of taste），而且格林伯格似乎还要将康德的结论推进一步，因为既然都可以要求自己对艺术的趣味变得普遍化，那么谁才能实现这一点呢？格林伯格认为，这种共识必然是来自"最好的趣味"。② 这一结论仿佛是对一种常识的回归，但实际上却是对一个重要问题提出了一种解释的路径，而康德的守护者格林伯格显然对此解释顶礼膜拜，以至于认为"在描述当人们进行艺术体验时意识是如何运作的"这一方面没有人能够超过康德。③ 作为一个新康德主义者，格林伯格似乎并不是一个后现代哲学的信奉者，因此他对康德的推崇可以理解为作为一个艺术批评家希望从康德美学出发为自己

---

① 伊曼纽尔·康德：《判断力批判》，邓晓芒译，人民出版社，2002，第75页。
② Clement Greenberg, *Homemade Esthetics: Observations on Art and Taste* (Oxford: Oxford: Oxford University Press, 2000), p. 27.
③ Clement Greenberg, *Homemade Esthetics: Observations on Art and Taste* (Oxford: Oxford University Press, 2000), p. 29.

的合法地位找到确定性的依据。

然而康德的共通感理论的解释者却并非都如格林伯格一样遵从康德的原意，更多的哲学家选择从自己的问题域出发重新解释康德的共通感理论，例如汉娜·阿伦特便是如此。她作为著名的犹太知识分子受邀参与了纳粹杀人恶魔艾希曼（Adolf Eichmann）在耶路撒冷的审判，同时她还撰写了一系列关于这次审判的文章发表在著名的公共杂志《纽约客》上，最后这些文章结集成书就是阿伦特的名著《艾希曼在耶路撒冷：关于平庸之恶的报告》。在这本书中，阿伦特并未像大家所期待的那样对这个纳粹的恶魔大肆讨伐，而是提出了一个新的概念"平庸之恶"（the banality of evil），用来描述艾希曼，然而，这一做法遭到了许多犹太人的反对，他们认为阿伦特这是在为恶魔开脱罪过。"平庸之恶"指的是像艾希曼这样的人并没有一种根本的邪恶本质，而是一个庞大机器的一部分，他们遵从上级的指示像一个没有灵魂的机器零件一样运作。这样的人是否具有自由意志是一件令人怀疑的事情，因为从最根本的人性来看，他们也不可能做出惨绝人寰的屠杀行为。阿伦特正是从意志这一点出发来重审大屠杀中的普通纳粹，她认为存在着两种不同类型的意志，一种是"促使行动的意志"，另一种是"仲裁的意志"，而且她更看重的是第二种意志，她认为"后面这种功能事实上是与判断相同的；意志被请求在不同或相反的主张之间进行判断"。① 仲裁的意志其实就是帮助我们对行动进行判断，以权衡是否要做出某种行为，这个意志阿伦特也称为"仲裁者"，她在自己的

① 汉娜·阿伦特：《反抗"平庸之恶"》，陈联营译，上海人民出版社，2014，第141页。

著作中是这样描述仲裁者的:"仲裁者最初是这样一个人,他作为一个独立的旁观者、一个目击者对一件事情作出分析(ad-bitere),而由于这种无关性他就被认为能作出公平的判断。"①这个拟人化的"仲裁者"角色其实就是主体的一种官能,而这种官能就是康德所说的"共通感"。

在阿伦特看来,共通感是包含了两个层次的,这两个层次对应着 sensus communis 这一拉丁术语,根据对 communis(共同)这一属格形式的理解的不同,可以有两种相关但又完全不一样的翻译方法。其中第一个层次可以被翻译为"共同的感觉"(common sense,我们平时所说的常识的英文也是这个词),这个意义上的共通感其实就是我们前面所提到的官能,与这个概念相对的就是私人感觉(sensus privatus),共同的感觉显然就是我们作为主体与其他主体交流的过程当中能够被理解和被传达的内容,因此具有一种公开的特性和可以交流的特性,也就是说是可以分享的感觉。② 第二个层次可以被翻译为"共同体的感觉"(the community sense 或 gemeinschaftlicher Sinn),她认为,"这种附加的感觉,把我们置于并让我们适于某个共同体"。③ 阿伦特是海德格尔的学生,同样是其学生的还有伽达默尔,后者在提到共通感的时候也有着类似的说法:"所有人都有足够的'共同感觉'(gemeinen Sinn),即判断能力,以致我们能指望他们表现'共同意向'(Gemeinsinn),即真正的公民

① 汉娜·阿伦特:《反抗"平庸之恶"》,陈联营译,上海人民出版社,2014,第145页。
② 汉娜·阿伦特:《康德政治哲学讲稿》,曹明、苏婉儿译,上海人民出版社,2013,第96~104页。
③ 汉娜·阿伦特:《康德政治哲学讲稿》,曹明、苏婉儿译,上海人民出版社,2013,第107~108页。

道德的团结一致，但这意味着对于正当和不正当的判断，以及对于'共同利益'的关心。"① 所以，共同的感觉和共同体的感觉有着非常紧密的联系，或者说共同的感觉可以让所有拥有这种感觉的个体产生共同的意向以维护共同的利益，换句话说，即凝结为一个共同体。

阿伦特对共通感的解释更为重要的意义是提出了从要求他人认同我的观点过渡到一个相较于其他观点更好的观点是如何在共通感的基础上形成的。因为如果不能解决这个问题，那所有人仍然会依照自己的趣味来做出判断。阿伦特认为，主体如果要起用仲裁者的角色，就必须依靠想象力，这与康德对想象力和知性的论述也是一致的，而所谓想象力其实就是"一种将不在场的事物呈现的能力"②。当我拥有了某种观点或者趣味，希望得到别人同意的时候想象力就开始发挥作用了，主体要想象别的主体在面对同一个客体的时候可能的反应和审美判断，"这种有效性的范围将会像我的共通感使我成为其中一员的共同体的范围一样大"③。这也就是康德所谓"扩展的心灵"。主体通过这样的方式与不在场的人进行对话，这种对话是在想象的层面上进行的，也正是这种与不在场的人或主体进行的关于客体的对话使得主体面对了一个不存在的仲裁者。这个仲裁者会提醒主体在思考问题的时候哪个地方会有问题，而且正如阿伦特所言："我越是能够在自己的思想中考虑他人的立场，并

① 汉斯－格奥尔格·加达默尔：《真理与方法》上卷，洪汉鼎译，上海译文出版社，2004，第41页。
② 汉娜·阿伦特：《康德政治哲学讲稿》，曹明、苏婉儿译，上海人民出版社，2013，第99页。
③ 汉娜·阿伦特：《反抗"平庸之恶"》，陈联营译，上海人民出版社，2014，第148页。

因此越是在自己的判断中考虑他人的立场，那么我的判断就具有代表性。这种判断的有效性就既不是客观性和普遍性，也不是基于个人幻想的主观性，而是主体间性或典范性。"① 阿伦特的这番话为康德遗留下来的问题提供了解决的方案，如果无法确立某个主体对客体的判断更具有代表性，那么在美学领域就无法确立艺术批评家的合法地位。而如果要确立其合法地位就必须论证这种典范性如何成立，阿伦特的想法是当主体越能利用想象力来扩展自身的立场将他者引入自身思考，那么这样的共通感就得到了更为有效的利用，从而更具有代表性。换句话说，越能够站在他人立场上思考的人越能够在独自与自我对话时形成更能体现共通感典型性的仲裁者。艾希曼正是在共通感上出现了问题，他的道德感的丧失其实就是来自行动过程中并未对行动进行评判，也就是没有形成一种仲裁者，而只是让小部分人（纳粹）的集体意志代表了自身的意志，这是个人存在的丧失或者说是独异性的丧失，而完全由再现/代表统治了自身的意志，因此他甚至不能被称为一个自由的个体或者说一个具有自由意志的人。

　　阿伦特的解读让原本属于美学范畴的共通感彻底变成了一个政治哲学的范畴，从而完成了从美学到政治学的转变。然而事实上，这种转变是有着背后的逻辑的，美学在这里要被还原为感性（aisthesis），而政治学在这里表现为共同体的问题，所以共通感的问题最终其实可以被表述为"感觉的共同体"这一问题。那么这一问题的关键要素在哪里呢？其实就在于感觉本

---

① 　汉娜·阿伦特：《反抗"平庸之恶"》，陈联营译，上海人民出版社，2014，第149页。

身是独异的，是单一的，而共同体则是复数的，因此感觉的共同体这一概念是要融合独异性与共同性这两个范畴。而之所以要如此，又与上述的一个内容相关：在后结构主义思潮之后如何来思考纯粹的个体与共同体之间的关系问题。

第二节　区隔

　　共通感的理论在康德和阿伦特的语境中都具有抽象的特点，也就是说当我们在说共通感如何作为一种官能在主体的内部产生作用的时候，其实这个主体是一个大写的抽象的主体，这就是笛卡尔所发明的我思（cogito）。但是，从社会学的角度来看，这样的抽象的主体是不存在的，整个世界是由真实存在的人来构成的，例如伊格尔顿在《美学意识形态》中就曾表示："审美判断表面上是对世界的描述，但实际上是情感的隐秘的表达方式，是假扮为述愿的（constative）述行语（performative）。"①伊格尔顿的意思是康德这样的美学理论都是一种述行语，显然这里借用了英国著名哲学家 J. 奥斯汀的划分，意思是当康德描述什么样的客体是美的并不是在描述一个事实或真理，而是通过他自己的描述来使得这一说法变成真理。因为，康德自身就是立法者，拥有很高的话语权，他定义了如何判断什么是美的规则。但是，当他表述这一判断的时候却将之表现得仿佛这是一个事实一般，这就是述愿的（constative）话语。正是基于这一理由，伊格尔顿认为康德的美学理论正如其他的著名美学家

　　① 特里·伊格尔顿：《美学意识形态》，王杰等译，中央编译出版社，2013，第 79 页。

一样，都是自身所处阶层的美学观点的表达，而并不具有他们所设想的那种普遍性。

不过，伊格尔顿的这一说法可能并非来自他自己，而是来自另外一位法国的社会学家，这就是布尔迪厄①。后者也同样借用了奥斯汀的术语来评价康德的美学，他认为："对趣味的论述是用祈愿语气（imperative）写成，或者说是一种具有欺骗性的陈述语气，这种语气使得作者能够对事实上是一种述行话语（performative utterance）的实现条件保持沉默"②。布尔迪厄所说的祈愿语气其实也是表达与述行话语一样的含义，即一种强制性的欺骗，把命令变成了对事实的陈述，说到底还是自身话语霸权的表现。布尔迪厄对康德美学的批判是全方位的，可以说他所撰写的最具代表性的著作《区隔》是对康德美学的彻底解构，这一点可以从全书的结尾中对康德的批判看出来。在布尔迪厄看来，康德的美学包含了各种各样的意识形态幻象。其中最具有代表性的就是"纯粹的凝视"（pure gaze），他认为这个范畴并不是一个先验的范畴，而应该是"与自律的艺术生产场相伴而生的历史发明"③。将范畴历史化的手法并不是布尔迪厄一个人的专利，可以说后结构主义哲学家都有类似的特征，但是也正是这种历史化造成了文化的相对主义特征。对"纯粹的凝视"的批判其实针对的是康德更深层次的逻辑，那就是康

---

① 关于这一点我们可以从《美学意识形态》对布尔迪厄著作《区隔》的引用推测出来，但是单就这一句话而言，伊格尔顿却并未注明这一说法来自布尔迪厄。

② Pierre Broudieu, *Distinction: A Social Critique of the Judgement of Taste*, trans. Richard Nice(Boston: Harvard University Press, 1984). p. 488.

③ Pierre Bourdieu, *Distinction: A Social Critique of the Judgement of Taste*, trans. Richard Nice(Boston: Harvard University Press, 1984). p. 3.

德掩盖了社会利益的分配，而将之抽象为主体与主体之间的纯粹审美行为，这就是康德著名的审美无功利性。在布尔迪厄的眼中，无功利性的行为是不存在的，最多也只能描述为无经济功利性而已，因为利益的交换是无所不在的，而在他的庞大的概念体系的加持下，各种利益都被分门别类以资本的形式散布在社会的各个场域之中。例如在经济资本之外还存在着以文化为核心的文化资本和以人际网络以及荣誉为核心的社会资本。总之，各种看似非功利的行为最终都可以被资本的交换来解释。而在这些非功利的行为中，无疑最令人难以撼动的是审美行为，因为在康德看来这是完全无功利的，无论是知性还是理性都会陷入某种性质的功利之中，但是审美从定义上来说就是对功利性的反对，因为审美既不能带来知识的增加也不能带来伦理上的愉悦，总之无论是头顶的星空还是心中的道德律令都与之无关。可是正是这一划分激起了布尔迪厄无穷的挑战欲望，他从趣味入手进行批判，他发现不同种类的人会有不同种类的趣味，这些趣味包括合法趣味（legitimate taste），也就是在社会中占据最高位置的趣味形式或者说占据统治地位的趣味形式，其拥有者都是社会的统治者，比如大资本家、政治家或大学教授。比这一群人等级稍低的人如小知识分子和小资产阶级更多拥有的是中等趣味（middlebrow taste），他们都希望自己能拥有合法趣味，但是迫于经济资本和文化资本的贫瘠只能放弃。除此之外还有更低的一个种类，这就是大众趣味（popular taste），这个群体是人数最多的，下层百姓在既缺少经济资本也缺少文化资本的情况下根本谈不上去追求合法趣味，而是会形成自己独特的趣味类型。这样的趣味划分并不是分类的终极目的，更为重要的其实是这种趣味与阶级之间的对应关系，以及这种趣味在阶级的再生产过程中扮演着什么样的角色。简言之，这些趣味之间的等级秩序其实是更大层面的社会等级划分的一种表征，但同时前者也巩固了社会等级秩序，而实现这一点还需要一个中介因素，这就是教育机构。一直被认为是改变社会、保持社会流动的公平手段的教育机构实际上在布尔迪厄看来扮演着帮凶的角色。他在《继承人》一书中就无情地揭露过："精英文化与学校文化是如此接近，小资产阶级出身的儿童（农民或工人的子弟更甚）只有十分刻苦，才能掌握教给有文化教养的阶级子弟的那些东西，如风格、兴趣、才智等。这些技能和礼仪是一个阶级所固有的，因为它们就是这个阶级的文化。"① 也就是说，出生于较高阶层家庭的孩子在很小的时候就获得了教育系统需要他们掌握的一些技能，因此等到需要进入学校的时候他们可以有更好的表现，而更好的表现这一原本由结构不平等导致的现象反过来又让那些在学校教育中失败的平民的孩子感到自然而然，认为一切都是顺理成章的。所以，保罗·威利斯的民族志研究在很大程度上印证了布尔迪厄的学说，他在考察底层的工人阶级的时候发现这些工人阶级的孩子大多认为："我知道我很蠢，所以我下半辈子就应该待在汽车厂里把螺母一个个拧到轮子上去，这公平合理。"② 这样，教育制度最终完成的是让整个社会的结构变得稳定这一使命，而不是如其所宣示的那样要让整个世界变得更加公平。这一切就被称为"区隔"，统治者、中产阶级和大众之间存在着明显的阶级沟壑，

① 皮埃尔·布尔迪约：《继承人》，邢克超译，商务印书馆，2002，第27~28 页。
② 保罗·威利斯：《学做工：工人阶级子弟为何继承父业》，秘舒、凌旻华译，译林出版社，1989，第 1 页。

而这一沟壑很难被打破，无论是家庭教育还是学校教育都让这一沟壑更为稳固。这在某种程度上也印证了阿尔都塞所说的意识形态国家机器，各种机器最终都是为了让这个国家变得更加稳定，从而牺牲了个人原本拥有的潜能。当然，这并不是说没有人可以突破这种来自结构性不平等的摧残，事实上布尔迪厄本人就是成功挑战这个结构的行动者，所以他的理论并不适合他自身。但是社会学的基本的特点在于它只从概率上讨论问题而不是从个案出发。

如果布尔迪厄的这一描述更加接近真相，那么伊格尔顿说康德的美学最终所构建出的主体深层次分享的共同结构只能是一个"乌托邦式的共同体"①。无论康德如何标榜主体之间都能共享同一种先天的官能，阿伦特如何确认共通感最终可以通过阅读和独来形成并且最终形成一种普遍的道德，在实际层面上，这个共同的结构是虚构的，那么共通感也是虚构的，是一种意识形态的表现，最终服务的都是社会的"区隔"功能，而获利者只能是统治阶级，康德和阿伦特无疑都是统治阶级中的一员，即便他们是统治阶级中的被统治阶级。但是正如所有以结构作为解释手段的理论一样，布尔迪厄的理论深陷人的潜能被束缚的泥潭之中。

第三节　分享/分配

深受"五月事件"影响的朗西埃只想在布尔迪厄的教育社

---

① 特里·伊格尔顿：《美学意识形态》，王杰等译，中央编译出版社，2013，第83页。

会学理论中寻找突破口，以便赋予普通的学生和工人以革命的潜能，但是朗西埃也需要解决布尔迪厄提出的问题，即从阶级的对应上来看，趣味上的结构与阶级的结构具有同源关系。如果这一点成立，那么无论再在共通感理论上花费多少时间和精力，都无法改变这一美学理论作为一种意识形态幻象服务于阶级再生产的事实。

朗西埃认为，美学理论转化为政治议题的过程基本上可以还原为两种思维方式：第一种是历史学家的方式，那就是将一切都历史化，在这种理论语境中统治阶级的话语权来自历史中的人为建构；第二种则是社会学的方式，也就是将各种具体的现象，例如对艺术品和生活方式的偏好，化约为各种资本之间的转换，这种方式的本质是将个体行动者的某些特性转化为结构性的特征，从而与社会各个阶层之间形成的等级秩序关联起来。① 但是无论哪种情况，康德美学所提出的"无功利性"都被忽视了，而朗西埃反其道而行之，认为康德所提出的审美经验的无功利性不但是存在的，而且不会在阶级再生产的过程中起到帮凶的作用，因为他认为："审美经验是一种使日常感官经验中内含的等级秩序变得失效的特殊经验。"② 无论是历史学家将之还原为统治阶级的历史建构，还是社会学家将之还原为结构，都是阿尔都塞意识形态理论的运用，伊格尔顿正是用阿尔都塞的理论将康德的美学化为意识形态的一种。可朗西埃恰恰认为，审美的无功利性才是对抗功利性和等级秩序的唯一方法，也就是说在审美无功利性这个意义上所有的主体都是平等

---

① Jacques Rancière, "From Politics to Aesthetics?", *Paragraph* 1 (2005), pp. 15 – 16.

② Jacques Rancière, "From Politics to Aesthetics?", *Paragraph* 1(2005), p. 15.

的。布尔迪厄他们的化约论最终限制了这种平等理念的力量，因为平等在朗西埃看来并不是目的而是出发点。也就是说，首先得假设所有人在审美上具有平等的地位，那么现实生活中在具体现象上显示出的高低之分就是错误的，而这种错误的等级秩序也就根本不能作为既有社会秩序的一种保障和维护。所以朗西埃笔下的木匠高尼在工作时停下来思考美学问题，就是一种"无目的的合目的性"，也就是一种"纯粹的凝视"，他在那一刻就是一个哲学家，而且他的这种行为具有显著的政治意义，因为他"扰乱了一套关系，这种关系把人们所看的与他们所做的联系起来，把人们所做的与他们是什么联系起来，把他们是什么与他们能做什么和他们可能是什么联系了起来"①。共通感是被所有人共享的，当一个人做出一个审美判断的时候，他可以要求所有人认同他的判断，康德的这一理论为所有人之间的审美平等提供了基础，因此朗西埃说："康德《美的分析》中对美的概念化建构了一种异托邦，因为它把宫殿之形式从各式各样的'习惯看法'（topoi）中抽离出来。"②美学的异托邦使得"习惯看法"被悬置，而所谓习惯看法正是来自朗西埃所说的感性的分配/分享（partage du sensible），所谓感性的分配就是布尔迪厄意义上的区隔，也就是柏拉图所说的"一人干一件事"，整个共同体机器需要所有个体之间的协调，因此每个人被固定在自己的位置上不能僭越，不能做超出自己天职的事情。而高尼的存在就是对这种僭越的证

① 雅克·朗西埃：《美学异托邦》，蒋洪生译，载汪民安主编《生产》第8辑，江苏人民出版社，2013，第205页。
② 雅克·朗西埃：《美学异托邦》，蒋洪生译，载汪民安主编《生产》第8辑，江苏人民出版社，2013，第206页。

明，对秩序的扰乱，对治安的对抗，也就是真正的政治的
诞生。

朗西埃说："政治的本质就是歧义（dissensus）。"① 由此可
见，在朗西埃看来真正的政治是属于歧义（dissensus）的，他
在制造这个词的时候明显是为了对抗共识（consensus）。从构
词法来看，"consensus"明显来自 con-（与，一起）和 sentire
（感觉）的组合。事实上"共识"就是作为共同感觉（common
sense）的"共通感"的另一种表达。但是，朗西埃却并不喜欢
共识的表达，因为这意味着个体的意见最终被群体的意见所取
代，个体的意志也被群体的意志所表征，这难道不就是朗西埃
所反对的"治安"吗？在朗西埃看来，"治安"其实就是"根
据'本质'来分配身体功能的秩序"②，这其实也就意味着柏拉
图的理想国中每个人都安于现状，服从共同体的义务，那么这
种共识显然不是朗西埃所要鼓励的每个人都具有的共通感。朗
西埃利用了"共通感"的"共同"特性，但同时我们得明白他
的基本论点在于把平等作为条件而不是目的，这样就可以明白
他是如何将"共通感"转化为积极的政治潜能的。"共通感"
本身是具有两种含义的，一种是用集体的感觉来代替个体的感
觉，另一种是利用共通感这一官能，普通的平民也可以建立无
功利的审美判断。在这样的论述中，原本作为目的的"共同"
被置换成作为条件或出发点的"共同"。所以，不是最终所有
人要达成共识，而是基于彼此平等的共同感觉，我们可以得到

① Jacques Rancière, *Dissensus: On Politics and Aesthetics*. ed. & trans. Steven
　Corcoran(London: Continuum, 2010), p. 38.
② Jacques Rancière, *Disagreement: Politics and Philosophy*, trans. Julie Rose
　(Minneapolis: University of Minnesota Press, 2004), p. 101.

什么样的结果。在朗西埃的语境中，平民所制造出的审美判断不应该与设想的共识一样，而应该是一种歧义（dissensus），可以与共识相对抗的一种解释。但是，需要指出的是，歧义是一种替代性的解释，但是歧义本身并不意味着要争论，正如朗西埃自己所说的："歧义不是利益和观点的对抗，而是对感性（the sensible）自身中存在的差异的呈现。"① 也就是说，歧义不追求某一方统治的共识，无论是来自统治者还是被统治者，而是要追求永远存在的差异，永远不能被一种方式统一所有的意见。朗西埃的美学理论看上去是矛盾的，但是实际上他是为了解决与巴迪欧、南希一样的问题，那就是在群体（代表）与个体（独异）之间如何寻找一个和平共处并不互相吞噬的模式。朗西埃所说的"partage"不但具有分配的含义（也就是区隔了什么可见与什么不可见），也具有共享的含义（也就是共同的感觉），我们被感觉分配为一个一个的个体，同时又共享着一些感觉，这就是我们所处的时代的基本样貌。这一理论只能通过美学（或感性学）来实现，因为美学本身就是关乎感觉的，而如果我们用逻各斯作为联系每个个体的纽带，那么这个世界就会变成占有逻各斯的人和不占有逻各斯的人，而逻各斯最终只能表现为统一的形式，独异性在逻各斯的暴力面前只能消失。需要指出的是，除了朗西埃以外，南希也同样采用了这个词的双重含义，他在《共享的声音》（*Le partage du voix*）当中就描述了既可以被分割开，又被独异体共同拥有的状况。

---

① Jacques Rancière, *Dissensus: On Politics and Aesthetics*. ed. & trans. Steven Corcoran(London: Continuum, 2010) , p. 38.

第四节　复数的独异存在

南希在早年与拉库－拉巴特合著的《文学的绝对》一书中曾经提到浪漫派哲学家们如何使用"感觉"（Sinn）一词："在单独使用的情况下，（Sinn）指学院－笛卡尔式的 sensus communis 的一种浪漫变形（精神感受性的共同枢纽），从此与比如……诗的'意义'联系在一起。"① "感觉"本身是南希的哲学理论的根本所在，而他之所以选用这个词也与该词同时包括了感觉和意义两种含义分不开。他在这里暗示了一个有趣的点，那就是感觉在耶拿浪漫派的哲人看来就是共通感的变体。但是如果联系南希自身的言论不难看出，他对于耶拿浪漫派的这一用法是认同的，因为他认为："如果意义不是共享的，那么意义也就不存在，但不是因为必须存在一个终极的或者第一位的意指被所有的存在者所共有，而是因为意义自身就是存在的共享（sharing of Being）。"② 意义只有一个人理解的时候是无法交流的，那么这种意义就会变成一种私有语言，而私有语言在维特根斯坦看来根本是不可能存在的。语言的本质就在于共享，而在海德格尔看来，语言是存在的家。南希在这里所提到的存在并不是一个抽象意义上的存在，在其颇为海德格尔的视角看来，存在就是"与－他人－存在"（being－with－one－anoth-

---

① 菲利普·拉库－拉巴特、让－吕克·南希:《文学的绝对：德国浪漫派文学理论》，张小鲁、李伯杰、李双志等译，译林出版社，2012，第376页。

② Jean－Luc Nancy, *Being Singular Plural*, trans. Robert D. Richardson and Anne E. O'Byrne(Stanford: Stanford University Press, 2000) , p. 2.

er），换句话说独异的复数的共存（singularly plural coexistence）①。不同的人、不同的主体共享着同一个时间和空间，这就是共存。

从这个角度来看，南希的哲学实际上就是"感性的分配/分享"的存在论版本，因为在南希看来，这种共享存在的过程实际上就是分配的过程，只是他所使用的术语是分隔（spacing）："意义诞生的地方呈现时不纯粹的呈现而是呈现分离（comes apart，se disjoint）的地方，为的是成为自身所是（to be itself as such）。这个'如'（as）预设了疏离（distancing）、分隔（spacing）和对呈现的划分（division）。只有'呈现'的概念才包含了这种划分的必然性。"② 所以，所谓呈现其实就是将存在者划分为一个一个的个体，在空间中赋予其独立的位置，这就是分隔，南希说"呈现自身就是移动-位置（dis-position），也就是分隔出独异体（singularities）"③。我们可以简单地总结一下南希的观点：与他人共同存在是此在的存在论状态，存在本身也就意味着共同存在（正如感觉也就意味着共同感觉、意义也就意味着共同的意义），而每一个此在都需要将世界划分为一个一个的存在者，因为呈现本身的含义就是以一个又一个独立的独异体的方式在空间中占据位置，当这一切呈现给主体的时候，这就构成了世界。所以，世界之中的存在者一定是复数的，这是存在的本质，共同与划分是一体两

① Jean-Luc Nancy, *Being Singular Plural*, trans. Robert D. Richardson and Anne E. O'Byrne(Stanford: Stanford University Press, 2000), p. 3.

② Jean-Luc Nancy, *Being Singular Plural*, trans. Robert D. Richardson and Anne E. O'Byrne(Stanford: Stanford University Press, 2000), p. 2.

③ Jean-Luc Nancy, *Being Singular Plural*, trans. Robert D. Richardson and Anne E. O'Byrne(Stanford: Stanford University Press, 2000), p. 14.

面的，因为存在就必然是共同的，而呈现就必然是划分的。

独异体虽然是一个抽象的存在论概念，但是同时也有着经验层面的具体含义，南希就曾直言："一个独异体总是一具身体，而且所有的身体都是独异体（身体及其状态、运动、变形）。"① 这是因为在后现代之后，主体不再能回到现代的抽象概念，而是必须兼顾身体的层面，有了身体才能有接触（touch），有了接触才能有感觉，有了感觉才能有世界的呈现和意义。似乎在这一逻辑推演的过程中，人性成为世界的基础，因为没有人性世界就无法敞开，虽然他极力否认人类中心主义，但是至少在其哲学的结构层面这是一个无法忽视的重要裂痕，毕竟普通的非此在的存在者即便是与他者共存，也无法通过接触（这一点还是可以实现的）来产生意义/感觉（sense）。身体的一种基本特性才是构成共同体的基础，这就是身体不是不朽的，有死性意味着所有的独异存在者具有了一个共同的特征，这就是存在和不存在（这是一回事）。也许在这个层面上，南希并不是一个人类中心主义者，因为万物最终都将归于热寂。

复数的独异存在是南希哲学的存在论基础，用来描述传统哲学中关于主体－客体以及主体－主体间的关系，这一理论模式又建立在共相和划分的二元共存基础之上，与朗西埃和巴迪欧的哲学有异曲同工之妙，而其与后结构主义哲学的差异在于对共同的强调，不是以哥特语身份认同或小群体的方式，而是以绝对个体与共同体的方式。所以，再现秩序的崩塌不只是哲学对艺术的褫夺，也不只是如朗西埃所说有了哲学作为解释的

---

① Jean - Luc Nancy, *Being Singular Plural*, trans. Robert D. Richardson and Anne E. O'Byrne(Stanford: Stanford University Press, 2000) , p. 18.

保障，艺术失去了世界的锁链从而具有了平等化的基础，抽象艺术具有了独立的哲学解释，而是独异个体如何在新的时代里存在方式的转变。再现的秩序也就是代表的秩序，在一种统一的名称之下，个体与个体之间变成一个共同体，而这个共同体内存在着某种神话或默识（doxa）保持着共同体的运转，这样的模式中，个体的独异性消失了，秩序的逻辑得到了巩固。艺术失去了再现的功能和代表文化的功能，因此艺术更为纯粹地成为"呈现"，对创作过程的呈现、对材料的呈现、对绝对的呈现，而不再是再现。呈现意味着艺术失去了代表的资格，此时、此地的独特性正是艺术的意义所在。所以，南希用缪斯（Muses）来比喻诸种艺术（arts），其实就是为了彰显出一种复数的独异存在的特质，艺术就是复数的独异存在。如果说，我们要从艺术这一单独的议题向上类比可以发现，最终在政治共同体的建立过程中，我们仍然可以遵循同样的逻辑，而这一点也是本书研究的诸位思想家所赞同的，正如陈嘉映在《走出唯一真理观》中所说的："在很多场合下，我们根本无须达到共识，我们与其说需要共识，不如说需要学会，没有共识的人应该怎么一起生存……现代政府不要枉费心力去统一思想，当务之急是去琢磨怎么让不同的思想方式和生活方式相处在同一个政治共同体之中。"①

---

① 陈嘉映：《走出唯一真理观》，上海文艺出版社，2020，第147~148页。

结语

新法国理论群岛的诞生？

每一代的哲学家都在努力地建构一种关于世界的秩序，无论是现实世界还是超验世界，又或者是内心的精神世界，正是这种对秩序的建构。"每个哲学都以自己的方式假定了一对多的优先性"，然而从来没有人考虑过建构一个没有"一对多的优先性"的哲学，这种哲学德贡布称为"无政府主义哲学"或者更正确的说法是"无根基"或"无最高原则"的哲学。① 事实上，德勒兹所创立的"游牧哲学"正是对这一现象的反思，而与之联手的德里达等后现代哲学家纷纷提出了自己的方案，比如延异。但是，在极端差异化之后，世界开始走向分崩离析，个体与个体、概念与概念、意义与意义之间出现了极端的差异化，而这种差异化带来的是一种碎片化的后现代叙事模式，也就是一种意义被解构的叙事。在这种叙事中没有围绕着意义或

---

① 文森特·德贡布：《当代法国哲学》，王寅丽译，新星出版社，2007，第203页。

真理的统一性和秩序，也就不需要一对多具有优先性，那么一可不可以与多形成平等关系？如何形成？阿多诺在《美学理论》中表示："艺术家发现了走向分裂的冲动……碎片（fragmentary）的范畴不能与偶然的独特性（particularity）的范畴混为一谈，即便前者位于后者之中：碎片是作品的总体性的一部分，但是又与总体性相对立。"① 在这种讨论中，文学、艺术及对二者的反思话语——美学——要扮演非常重要的角色。因为文学和艺术是对感觉的最精纯的表达，而感觉则是碎片化的极端，它往往意味着人与人极端的差异，但是反过来说，感觉却也可能建立起人与人之间的联系，或者说独异体与独异体之间的联系。所以，文学、艺术或美学是可以作为一种建构共同体的话语模型而存在的，从这个角度来说，美学就不再仅仅是关于优美或崇高以及艺术定义的话语，还是一套政治话语。对这一点的思考似乎是法国新理论家们的共性，但是他们却并未明显地表达出这一思想，但他们思想之间的关联则形成了关于审美共同体理论的星丛。

美学原本是作为感性学而由鲍姆加登所提出，其目的在于研究哲学所不在意的对象，但是在长久的发展过程中，它已经变成了一门古老的学科，与文学和艺术等发生着千丝万缕的联系。当美学进入 20 世纪时，美学的主要研究对象之一的艺术开始出现了巨大的变化，这种变化可以用奥尔特加·加塞特所谓"去人性化"来描述，也就是由追求精确模仿的具象变成追求瞬间印象的具象，再逐渐剥离了人为因素而变成康定斯基的抽

① T. W. Adorno, *Aesthetic Theory*, trans. R. Hullot – Kentor (London: Athlone, 1997) , p. 45.

象艺术或者马勒维奇大尺幅的色块。当所有人都认为艺术的表现方式在最极端的色块、线条展示之后已经被穷尽的时候，绘画艺术开始被装置艺术所取代，后者开始成为各种美术馆、展览馆的主要陈列品。再然后，布里奥用关系美学描述的艺术形式也大行其道，像行为艺术这样的新类型邀请观众从一个被动的观看者变成一个积极的参与者。虽然在世界各大著名的博物馆和美术馆中，各个时代的代表作品都会共同呈现于同一空间之中，但是，当我们沿着时间的顺序走到当代艺术的时候，总会发出一个疑问，那就是接下来人类的艺术该走向何方。也许，电影的发明给了我们一种新的启示，当我们认为是一种艺术流派取代另一种艺术流派的时候，真实的现状是一种艺术类别取代了另一种艺术类别，可当我们认为是后一种情况时，一种新的艺术形式可能就要取代或至少挤占旧有艺术形式的生存空间，毕竟观众的注意力是有限的。

电影就是这样一种新的艺术形式，被卡努杜称为"第七艺术"，而我们知道，在"美的艺术"这个古典的范畴诞生的时候，艺术只包括了五个种类，这就是绘画、建筑、雕塑、音乐和诗歌，所以在舞蹈跻身纯粹艺术行列之后才有了电影在艺术类别谱系中的地位。但是，正是因为电影（以及摄影术）的出现，再现艺术失去了自身的合法性，因为人类的能工巧匠即便能将再现技巧做到极致也只是像一幅照片，比如说像照相现实主义（photo-realism）那样。所以，艺术的去人性化是必然的，如果说原本的再现艺术还可以通过制造现实中不存在的场景（例如古希腊的神话场景），那么当电脑技术发展到当下，所有传统的再现技巧在机械化、电子化、数字化的图像制作方式面前都败下阵来。最终，艺术开始走向了哲学，这也就是艺术再现危机的根本原因。如果说模仿的技巧和美作为再现的两个法宝长久以来成为艺术的护法，那么当代的艺术只能依靠哲学来作为艺术的保护者。可是这样就面临着一个严肃的问题，当艺术不得不依靠另一种话语体系时，艺术和它所依靠的哲学到底谁是真理的基底就变得不言而喻了。所以，艺术本身的独特性开始被剥去了色彩，正是在这个意义上，后现代思潮中的艺术如果要有所突破就需要新的理论来支撑，在这一背景中苏珊·桑塔格提出了"新感性"（new sensibiliy）的说法为的就是突出一种断裂和差异性而反对一种连续性和同一性，这种"新感性"实际上也是一种更为宏观的"独异性"的一种表达。

　　区别于旧的艺术哲学，独异性作为一个特殊的范式被推出，而与这个概念相一致的则是事件的概念。原本的哲学总是力图将世界描绘为一个普遍联结的具有连续性的世界，只有这样，作为万物灵长的人才能凭借理性或逻各斯来掌握万事万物演化的逻辑。但是后现代哲学似乎打碎了这一梦幻，原本哲学家们所设计的宇宙的起源和归宿仿佛与神学家们的设计并没有本质性的区别，而为了认识这个世界而设计出的抽象的主体概念也不得不陷入另一种困境之中，这就是诸多活生生的个体拒绝以主体的方式被再现或代表。康德和笛卡尔也许怎样也不会想到，他们通过自己的头脑设想出的这个抽象的人（主体）会被认为只是某个时代的某一群人为了自身阶级利益而炮制的幻想，作为一种意识形态而成为政治的附庸。然而至少可以确定的是，原本的古希腊传统滋润出来的西方哲学家们肯定无法预料到在自己的文化传统之外还存在着中华文明和印度文明等东方文明。原有的对世界的理解图示在新经验的冲击之下不发生剧烈的变革是难以想象的。因此，卡尔·波兰尼所形容的"大转型"的确是对我们这个时代的极好描述。

在这样的前提下，原有的再现或代表世界的方法，无论是艺术、哲学还是政治都出现了危机，但是个体的经验开始备受推崇。梅洛-庞蒂对世界的认识是从身体的感知出发的，这与传统的康德式建构最大的不同是引入了身体的要素，维利里奥和南希则也是从同一个出发点出发，因此他们的哲学和美学中看重的是感觉经验与世界的呈现之间的关系，或者就将世界看作感觉，因此呈现获得了至高的地位，取代了语言的再现。而这一思想也是在巴迪欧和朗西埃的哲学中找到的回响，唯一不同的是，巴迪欧和朗西埃都是结构主义阵营中成长起来的哲学家，他们并未过多地利用胡塞尔或梅洛-庞蒂的现象学方法，因此也并未将身体和感觉作为他们讨论问题的出发点。但是，在巴迪欧的哲学中，再现作为一个子集的名称本身并不能呈现，而能够呈现的是子集中的各个元素，所以巴迪欧以一种数学存在论的方式诠释了同样的一个问题，即再现的背后应该是一个又一个独异性个体的呈现，而这一点又与他的事件哲学息息相关。朗西埃则从根本上反对所有的再现，他将世界艺术的发展看作一种体制的变迁，而最近的一次变迁大致就是审美现代性的发生，只不过他将之命名为再现体制到美学体制的转变。其实这一转变的本质就是原有的再现体制所意味的少部分人作为再现的主体代表了大多数人的做法在新的时代里被抛弃，而当这种抛弃达到极致就是去人性化，所以抽象艺术被朗西埃赋予了很多政治的潜能，因为人与艺术的等级秩序的对应关系被哲学消解掉了。朗西埃更看重的是共同体内的那些少数分子如何能存活，他们是作为共同体的错误而存在，而不是作为螺丝钉而存在，所以这种一一对应关系的消解正是将这些共同体中的

"错误"呈现出来。

　　但是，看上去他们讨论的问题和对问题的态度具有一致的一面，但实际上，维利里奥十分不赞同再现艺术的式微和呈现艺术（也就是抽象艺术以及电影艺术等）的崛起，因为他更期待的是传统的代议制民主（一种强调代表和再现的政治体制），所以再现/代表的双重含义使得维利里奥讨论艺术问题的背后是在讨论政治问题，过于先进的数字技术的进步使得所有的个体都具有了讨论的资格，因此互联网成为一个喧嚣的场所，而这种看似人人具有了话语权的生活方式，实际上不过是大众媒介对真相的掩盖，这种掩盖就是鲍德里亚所说的"拟像"。高度似真的图像最终取代了真实。作为鲍德里亚理论上的继承者，维利里奥反对所有的看似真实的拟像，也正是从这一点出发，他对强调呈现的抽象艺术以及电影都抱有敌意，甚至，他对所有的技术都抱有敌意，为的就是对代议制民主制度的维护。而与之相反的是，朗西埃和巴迪欧作为"五月事件"的后裔，对当代的代议制民主几乎是嗤之以鼻，他们更在意的是如何能够撕破这种民主的虚伪面纱，而去直面个体的真实，所以在他们的眼中革命和暴动才是正道，而且不是以群体的方式，不是以政党的方式，只能以自我斗争的自发的方式。由此可见"五月事件"这一事件的无政府主义色彩已经深深烙印进了当年参与斗争的两位热血青年的心中，以至于当他们老去并且获得了充分的话语权之后，抗议、歧义、错误、事件等对独异性的强调占据了上风，而共同体却成为他们批判的标靶。

　　正是在这些思想中，南希所提出的复数的独异存在才特别具有统摄的力量，因为他也在解决个体的独异感觉与共同体之间的问题，这种做法又与朗西埃所提出的关于共通感的思考存在着内在的联系。之所以他们会产生这种联系，是因为美学是一种讨论感觉的话语体系，而感觉在后现代洗礼之后已经难以成为一种抽象的独异的感觉，而逐渐蜕变为一种群体化甚至被意识形态控制的感觉，总之感觉在独异性和共同性之间徘徊。正是在这样的背景之中，康德的共通感理论仿佛又焕发出新的生命力，这一点也在伽达默尔和阿伦特对康德共通感理论的借用中体现出来。感觉成为联系个体独异性和共同体的共通性之间的桥梁，感觉也是联系了事件的独异性和理解的共通性之间的桥梁，总之在破碎的个体与结构化、秩序化的共同体之间如何进行联结而又不堕入以前的各种问题成为当代思想家们的重要议题。

但是，虽然复数的独异存在是一种符合当前需要的模式，但是这毕竟是一个空中楼阁般的模式，我们并未从中找到个体与共同体如何平衡关系的具体指导。而南希提出的非功效的共同体理论，又暗合了当代意大利思想中的诸众思想，可问题是如果是非功效的共同体或者说如意大利思想家所谈论的诸众一样，斗争和革命变成了朗西埃和巴迪欧所设想的个体化的联合，这种能动性有多强？当这种革命面对的是高度组织化的新自由主义经济体的时候，而且是全球化联合的经济体的时候，胜利的可能性有多少？一种也许适合当代先锋派艺术的话语类型被置于真正的政治场景中时，我们除了像当年五月风暴的示威者们一样呐喊着"结构主义不上街""阿尔都塞什么都不是"之类的口号反对工作以外，是否还有别的手段来应对维利里奥所畏惧的自动化的时代，尤其是速度作为当代的一种重要文化症候，人工智能成为加速的下一个阶段的唯一选项，人的不工作能够起到多大的威慑？这些问题才是我们接下来所需要应对的问题，从这个角度来看，新的议题诸如后人类主义和加速社会所讨论的那些威胁才是我们真正需要害怕的敌人，但是，也许也正是这些议题能够给哲学家们所设计的"复数的独异存在"提供更多的可能性。

无论如何，当这些议题都被摆出来时，我们也应该意识到，德国古典美学已经寿终正寝，美学的政治化是通过先将美学这一话语回归到以感性为核心的原初语境之后才实现的。所以当我们在 20 世纪后结构主义肆虐之后的知识途径上重新建立秩序的时候，美学已经不再是以前的美学，因为感觉本身已经被政治化，不同的感觉在旧有的秩序中可以与品位关联，而在新的秩序中则直接与阶级、性别、种族等标签相关联，所有关于感觉的议题都可以被置换为一个关于文化政治的议题，因此美学已经变成了一个美学政治的议题。而这一个议题究其本质，可以用"感觉的共同体"的范畴来统摄，其中感觉的部分可以说揭露的就是与德国传统美学以及艺术等内容的关联性，而共同体所指涉的就是一种政治话语或者说至少是一种文化政治的话语。因此这个概念将作为一个全新的理解美学和艺术的方式，不但"为艺术而艺术"失去了意义，谈论艺术为政治服务也失去了意义，艺术正如美学一样，本身就必然是政治的，因为这种艺术和美学背后的"感觉"必然需要面临独异性和共通性如何平衡的困境，而这就已经是一个政治问题了。

所以，我们的这个时代面临着一次断裂，这个断裂的主要表征就是"再现的共同体"被"感觉的共同体"所替换。当我们还沉浸在"再现的共同体"中时，代议制民主就会作为主流的政治体制，再现型的艺术就会是艺术的主流，而哲学就会延续着德国古典哲学所划分的主体和客体的二元对立。"感觉的共同体"是对一系列现代性以及后现代特征的描述,因为感觉本身是独异性的基础,世界呈现给每一个此在的方式就是呈现,而这种呈现的基本方式就是此在的感觉经验,而这种感觉经验在建立一个自我(ego)的基础之上还预设了另外的自我(alter ego),所以胡塞尔所勾勒的主体间性既保证了独异性也保证了独异性与独异性之间进行联结的可能性。而这种共同体之所以可能还需要考虑到感觉的政治化,也就是康德"共通感"理论所要思考的问题,这个问题在阿伦特和伽达默尔等人的转换之下已经变成了感觉政治化的一种主要途径。即每一种独异的感觉同时也可能意味着一种共通感的可能性,而有了共通感作为基础,共同体才具有建立的基础。所以"感觉的共同体"是基于共通感这一德国古典哲学模型的,但是与"再现的共同体"不同,再现不再具有让某一类能指垄断所有所指的可能性,平等将作为一种预设而被提出,而不是作为一种目的。所以每个人的感觉都会得到同样的尊重,在此基础上建构起了一种复数的独异存在模式,这也就是"感觉的共同体",这也将成为当代美学与政治结合的最终结果。

参考文献

《马克思恩格斯全集》第7卷，人民出版社，1959。

《马克思恩格斯全集》第37卷，人民出版社，2015。

《马克思恩格斯全集》第1卷，人民出版社，2012。

《马克思恩格斯全集》第2卷，人民出版社，1957。

马克思：《德意志意识形态（节选本）》，人民出版社，2003。

《毛泽东文集》第二卷，人民出版社，1993。

中文文献

阿多诺：《美学理论》，王柯平译，四川人民出版社，1998。

阿尔托：《残酷戏剧：戏剧及其重影》，桂裕芳译，中国戏剧出版社，1993。

阿尔维托·曼古埃尔：《阅读史》，吴昌杰译，商务印书馆，2002。

阿兰·巴迪欧：《世纪》，蓝江译，南京大学出版社，2011。

阿兰·巴迪欧：《哲学宣言》，蓝江译，南京大学出版社，2014。

阿兰·巴迪欧：《元政治哲学概述》，蓝江译，复旦大学出版社，2015。

阿兰·巴丢：《维特根斯坦的反哲学》，严和来译，漓江出版社，2015。

阿瑟·丹托：《艺术的终结》，欧阳英译，江苏人民出版社，2005。

阿瑟·丹托：《艺术的终结之后：当代艺术与历史的界限》，王春辰译，江苏人民出版社，2007。

阿瑟·丹托：《美的滥用》，王春辰译，江苏人民出版社，2007。

阿瑟·丹托：《寻常物的嬗变》，陈岸瑛译，江苏人民出版社，2012。

爱德华·W. 萨义德：《世界·文本·批评家》，李自修译，生活·读书·新知三联书店，2009。

安德鲁·海伍德：《政治学》，张立鹏译，中国人民大学出版社，2006。

安东尼奥·葛兰西：《狱中札记》，曹雷雨等译，中国社会科学出版社，2000。

安琪楼·夸特罗其、汤姆·奈仁：《法国1968》，生活·读书·新知三联书店，2001。

奥尔特加·加塞特：《艺术的去人性化》，莫娅妮译，译林出版社，2010。

奥利维耶·阿苏利：《审美资本主义：品味的工业化》，黄琰译，华东师范大学出版社，2013。

巴赫金：《巴赫金全集》第五卷，白春仁、顾亚铃译，河北教育出版社，1998。

巴里·丹顿：《自我》，王岫庐译，上海文艺出版社，2016。

鲍德里亚：《生产之镜》，仰海峰译，中央编译出版社，2005。

保罗·维利里奥：《解放的速度》，陆元昶译，江苏人民出版社，2003。

保罗·维利里奥：《战争与电影》，孟晖译，南京大学出版社，2011。

保罗·维利里奥：《无边的艺术》，张新木等译，南京大学出版社 2014。

保罗·维利里奥：《消失的美学》，杨凯麟译，河南大学出版社，2018。

保罗·威利斯：《学做工：工人阶级子弟为何继承父业》，秘舒、凌旻华译，译林出版社，2013。

茨维坦·托多罗夫编选《俄苏形式主义文论选》，蔡鸿滨译，中国社会科学出版社，1989。

鲍里斯·格洛伊斯：《走向公众》，苏伟、李同良译，金城出版社，2012。

贝尔纳－亨利·雷威：《自由的冒险历程：法国知识分子历史之我见》，曼玲、张放译，中央编译出版社，2000。

柏拉图：《柏拉图文艺对话集》，朱光潜译，人民文学出版社，1959。

柏拉图：《柏拉图全集》第二卷，王晓朝译，人民出版社，2003。

柏拉图：《理想国》，王扬译，华夏出版社，2012。

布莱希特：《布莱希特论戏剧》，丁扬忠等译，中国戏剧出版社，1990。

查尔斯·泰勒：《黑格尔》，张国清译，译林出版社，2002。

常宁生编译《艺术史的终结?》，中国人民大学出版社，2010。

陈嘉映：《走出唯一真理观》，上海文艺出版社，2020。

茨维坦·托多罗夫：《濒危的文学》，栾栋译，华东师范大学出版社，2016。

戴夫·希基：《神龙：美学论文集》，诸葛沂译，江苏凤凰美术出版社，2018。

道格拉斯·凯尔纳、斯蒂文·贝斯特：《后现代理论：批判性的质疑》，张志斌译，中央编译出版社，2001。

德波拉·切利编《艺术、历史、视觉、文化》，杨冰莹、梁舒涵译，江苏美术出版社，2010。

戴维·哈维：《后现代的状况：对文化变迁之缘起的探究》，阎嘉译，商务印书馆，2003。

邓晓芒：《康德〈判断力批判〉释义》，生活·读书·新知三联书店，2008。

菲利普·拉库－拉巴特，让－吕克·南希：《文学的绝对：德国浪漫派文学理论》，张小鲁、李伯杰、李双志等译，译林出版社，2012。

弗朗索瓦·多斯：《从结构到解构》，季广茂译，中央编译出版社，2004。

弗朗索瓦·杜费、皮埃尔·贝特朗·杜福尔：《巴黎高师史》，程小牧、孙建平译，中国人民大学出版社，2008。

福楼拜：《福楼拜文学书简》，丁世中译，北京燕山出版社，2012。

弗洛伊德：《弗洛伊德文集（7）：达·芬奇对童年的回忆》，孙庆民等译，长春出版社，2004。

海德格尔：《海德格尔选集》，孙周兴编译，上海三联书店，1996。

汉娜·阿伦特：《康德政治哲学讲稿》，曹明、苏婉儿译，上海人民出版社，2013。

汉娜·阿伦特：《反抗"平庸之恶"》，陈联营译，上海人民出版社，2014。

汉斯－格奥尔格·加达默尔：《真理与方法》，洪汉鼎译，上海译文出版社，2004。

黑格尔：《美学》第一卷，朱光潜译，商务印书馆，1997。

洪席耶：《歧义：政治与哲学》，刘纪蕙等译，麦田出版社，2011。

霍克海默、阿多诺：《启蒙辩证法》，渠敬东等译，上海人民出版社，2006。

吉尔·德勒兹、菲利克斯·迦塔利：《什么是哲学》，张祖建译，湖南文艺出版社，2007。

杰夫瑞·C. 亚历山大：《世纪末社会理论：相对主义、化约与理性问题》，张旅平译，上海人民出版社，2003。

居依·德波：《景观社会》，王昭凤译，南京大学出版社，2006。

汉斯·贝尔廷：《现代主义之后的艺术史》，苏伟译，金城出版社，2014。

卡尔·博格斯：《知识分子与现代性的危机》，李俊等译，江苏人民出版社，2002。

拉莱·科林斯、多米尼克·拉皮埃尔：《巴黎烧了吗?》，董乐山译，译林出版社，2002。

朗西埃：《政治的边缘》，姜宇辉译，上海译文出版社，2007。

雷蒙德·威廉斯：《文化与社会》，吴松江、张文定译，北京大学出版社，1991。

雷蒙·威廉斯：《关键词：文化与社会的词汇》，刘建基译，生活·读书·新知三联书店，2005。

利奥塔：《非人：时间漫谈》，罗国祥译，商务印书馆，2000。

利奥塔尔：《后现代状态：关于知识的报告》，车槿山译，南京大学出版社，2011。

理查德·沃林：《东风：法国知识分子与 20 世纪 60 年代的遗产》，董树宝译，中央编译出版社，2017。

罗兰·巴特：《明室：摄影纵横谈》，赵克非译，文化艺术出版社，2003。

罗兰·巴尔特：《中国行日记》，怀宇译，中国人民大学出版社，2012。

洛朗·若弗兰：《法国的文化大革命》，万家星译，长江文艺出版社，2004。

路易·阿尔都塞：《哲学与政治》，陈越编，吉林人民出版社，2004。

路易·阿尔都塞，艾蒂安·巴里巴尔：《读〈资本论〉》，李其庆、冯文光译，中央编译出版社，2008。

路易·阿尔都塞：《保卫马克思》，顾良译，商务印书馆，2010。

路易·阿尔都塞：《来日方长：阿尔都塞自传》，蔡鸿滨译，上海人民出版社，2013。

马丁·杰伊：《低垂之眼：20 世纪法国思想对视觉的贬损》，孔锐才译，重庆大学出版社，2021。

马克·吉梅内斯：《当代艺术之争》，王名南译，北京大学出版社，2014。

马克斯·韦伯：《学术与政治》，钱永祥译，广西师范大学出版社，2010。

迈克·费瑟斯通：《消费文化与后现代主义》，刘精明译，译林出版社，2000。

米歇尔·塞尔：《拇指一代》，谭华译，华东师范大学出版社，2015。

门罗·比厄兹利：《西方美学简史》，高建平译，北京大学出版社，2006。

莫里斯·布朗肖：《文学空间》，顾嘉琛译，商务印书馆，2003。

尼古拉·布里奥：《后制品》，熊雯曦译，金城出版社，2014。

尼古拉斯·伯瑞奥德：《关系美学》，黄建宏译，金城出版社，2013。

皮埃尔·布尔迪厄：《艺术的法则》，刘晖译，中央编译出版社，2001。

皮埃尔·布尔迪约：《再生产：一种教育系统理论的要点》，邢克超译，商务印书馆，2002。

皮埃尔·布尔迪约等：《继承人》，邢克超译，商务印书馆，2002。

齐格蒙特·鲍曼：《流动的现代性》，欧阳景根译，上海三联书店，2002。

齐格蒙特·鲍曼：《共同体》，欧阳景根译，江苏人民出版社，2003。

乔纳森·卡勒：《当代学术入门：文学理论》，李平译，辽宁教育出版社，1998。

斯拉沃热·齐泽克：《事件》，王师译，上海文艺出版社，2016。

司汤达：《拉辛与莎士比亚》，王道乾译，上海人民出版社，2006。

斯图亚特·霍尔：《表征：文化与意指实践》，商务印书馆，2013。

特里·伊格尔顿：《二十世纪西方文学理论》，伍晓明译，陕西师范大学出版社，1987。

特里·伊格尔顿：《美学意识形态》，王杰等译，中央编译出版社，2013。

特里·伊格尔顿：《理论之后》，商正译，商务印书馆，2009。

特瑞·伊格尔顿：《文化的观念》，方杰译，译林出版社，2003。

瓦尔特·本雅明：《启迪：本雅明文选》，张旭东等译，生活·读书·新知三联书店，2012。

席勒：《审美教育书简》，冯至译上海人民出版社，2003。

薛建成等译：《拉鲁斯法汉双解词典》，外语教学与研究出版社，2001。

伊夫·米肖：《当代艺术的危机：乌托邦的终结》，王名南译，北京大学出版社，2013。

伊曼纽尔·康德：《论优美感与崇高感》，何兆武译，商务印书馆，2001。

伊曼纽尔·康德：《判断力批判》，邓晓芒译，人民出版社，2002。

以赛亚·柏林：《浪漫主义时代的政治观念：它们的兴起及其对现代思想的影响》，王崇兴、张蓉译，新星出版社，2011。

汪民安主编《生产》第六辑，广西师范大学出版社，2008。

汪民安主编《生产》第八辑，江苏人民出版社，2013。

维柯：《新科学》上，朱光潜译，商务印书馆，1989。

文森特·德贡布：《当代法国哲学》，王寅丽译，新星出版社，2007。

沃尔夫冈·韦尔施：《重构美学》，陆扬等译，上海世纪出版集团，2006。

希利斯·米勒：《文学死了吗》，秦立彦译，广西师范大学出版社，2007。

亚里士多德：《诗学》，陈中梅译注，商务印书馆，1996。

亚里士多德：《政治学》，颜一、秦典华译，中国人民大学出版社，2003。

雨果：《巴黎圣母院·一八三二年定本附言》，施康强，张新木译，译林出版社1995。

约翰·阿米蒂奇：《维利里奥论媒介》，刘子旭译，中国传媒大学出版社，2019。

约翰·D·卡普托：《真理》，贝小戎译，上海译文出版社，2016。

朱光潜：《西方美学史》，人民文学出版社，1979。

周宪：《审美现代性批判》，商务印书馆，2005。

朱利安·班达：《知识分子的背叛》，佘碧平，上海人民出版社，2005。

外文文献

Adorno, *Aesthetic Theory*, trans. R. Hullot – Kentor (London: Athlone, 1997).

Aristotle, *Politics*, trans. H. Rackham (Cambridge: Harvard University Press, 1932).

Armitage, John ed. , *The Virilio Dictionary*(Edinburgh: Edinburgh University Press Ltd. , 2013).

Aron, Raymond, *The Elusive Revolution: Anatomy of a Student Revolt(New York: Praeger,* 1969).

Badiou, Alain, *Infinite Thought: Truth and the Return to Philosophy,* trans. & ed. by Oliver Fletham and Justin Clemens(London: Continuum, 2004).

Badiou, Alain, *Being and Event,* trans. Oliver Feltham (London: Continuum, 2005).

Badiou, Alain, *Handbook of Inaesthetics,* trans. Alberto Toscano (Stanford: Stanford University Press, 2005).

Badiou, Alain, *The Adventure of French Philosophy,* trans. Bruno Bosteels(London: Verso, 2012).

Bartlett, A. J. & Clemens, Justin, ed. , *Alain Badiou: Key Concepts* (Durham: Acumen Publishing Ltd. , 2010).

Baudrillard, Jean et el. , *Baudrillard Live: Selected Interviews,* ed. by Mike Gane(London: Routledge, 1993).

Baudrillard, Jean, *Why Hasn't Everything Already Disappeared,* trans. Chris Turnler(Salt Lake City: Seagull Books, 2009).

Berube, Michael, ed. , *Aesthetics of Cultural Studies*(Malden: Blackwell Publishing Ltd. , 200), p. 5.

Bourdieu, Pierre, *Distinction: A Social Critique of the Judgement of Taste,* trans. Richard Nice(Boston: Harvard University Press, 1984).

Bourdieu, Pierre, *Sociology in Question,* trans. Richard Nice(London: Sage Publications Ltd, 1994).

Cocoran, Steven ed. , *The Badiou Dictionary* (Edinburgh: Edinburgh University Press, 2015).

Collins, Lorna&Rush, Elizabeth ed. , *Making Sense: For an Effective*

Aesthetics(Bern: Peter Lang A. G. , 2011).

Conley, Verena , "Nancy's Worlds", *Diacritics* 42(2014).

Cusset, François, *French Theory,* trans. Jeff Fort(Minneapolis: University of Minnesota Press, 2008).

Davis, Oliver ed. , *Rancière Now: Current Perspectives on Jacques Rancière*(Cambridge: Polity Press, 2013).

Deleuze, Gilles & Guattari, Felix, *What Is Philosophy*, trans. Hugh Tomlinson and Graham Burchell (New York: Columbia University Press, 1994).

Derrida, Jacques, *A Derrida Reader: Between the Blinds*, trans. Peggy Kamuf(New York: Columbia University Press, 1991).

Derrida, Jacques, *The Problem of Genesis in Husserl's Philosophy*, trans. Marian Hobson(Chicago: University of Chicago Press, 2003).

Eagleton, Terry , *The Event of Literature*(New Haven: Yale University Press, 2012).

Esposito, Roberto, *Communitas: The Origin and Destiny of Community,* trans. Timothy Campbell(Stanford: Stanford University Press, 2010).

Gaston, Sean , "Derrida and the End of the World", *New Literary History* 42(2011).

Gratton, Peter et el. , *Jean – Luc Nancy and Plural Thinking: Expositions of World, Ontology, Politics, and Sense,* (Albany: State University of New York Press, 2012).

Greenberg, Clement, *Homemade Esthetics: Observations on Art and Taste*(Oxford: Oxford University Press, 2000).

Hawkin, Stephen & Mlodinow, Leonard, *The Grand Design*(New York: Bantam, 2010).

James, Ian, *The Fragmentary Demand: An Introduction to the Philosophy of Jean – Luc Nancy*(Stanford: Stanford University Press, 2006).

James, Ian, *Paul Virilio*(London: Routledge, 2007).

James, Ian, *The New French Philosophy*(Cambridge: Polity Press, 2012).

Merleau – Ponty, Maurice, *Phenomenology of Perception*, trans. Colin Smith(London: Routledge and Kegan Paul, 1962).

Kritzman, Lawrence ed. , *The Columbia History of Twentieth – Century French Thought*(New York: Columbia University Press, 2003).

Kubler, George, *The Shape of Time: Remarks on the History of Things*(New Haven: Yale University Press, 2008).

Kosuth, Joseph, "Art after philosophy", *Studio International*(October, 1969).

Lecercle, Jean – Jacques, *Badiou and Deleuze Read Literature*(Edinburgh: Edinburgh University Press, 2010).

Meleau – Ponty, Maurice, *Phenomenology of Perception*, trans. by Colin Smith(London: Routledge and Kegan Paul, 1962).

Nancy, Jean – Luc, *An Inoperative Community,* trans. Peter Connor, Lisa Garbus, Michael Holland, and Simona Sawhney(Minneapolis: University of Minnesota Press , 1991).

Nancy, Jean – Luc, "' You ask me what it means today...' An epigraph for' Paragraph", *Paragraph* 16 (1993).

Nancy, Jean – Luc, *The Muses*, trans. Peggy Kamuf (Stanford: Stanford University Press, 1996).

Nancy, Jean – Luc, *The Sense of the World,* trans. Jeffrey S. Librett (Minneapolis: University of Minnesota Press, 1997).

Nancy, Jean – Luc, *Being Singular Plural*, trans. Robert D. Richardson and Anne E. O'Byrne(Stanford: Stanford University Press, 2000).

Nancy, Jean – Luc, *A Finite Thinking*, trans. Simon Sparks et el. (Stanford: Stanford University Press, 2003).

Nancy, Jean – Luc, *The Ground of the Image*, trans. Jeff Fort(New York: Fordham University Press, 2005).

Nancy, Jean – Luc, *Corpus*, trans. Richard A. Rand(New York: Fordham University Press, 2008).

Nancy, Jean – Luc, *On the Raising of the Body*, trans. Sarah Clift, Pascale – Anne Brault, and Michael Naas(New York: Fordham University Press, 2008).

Nancy, Jean – Luc, *The Pleasure in Drawing*, trans. Philip Armstrong(New York: Fordham University Press, 2013).

Parr, Adrian, *Deleuze Dictionary*(Edinburgh: Edinburgh University Press, 2005).

Plato, *Phaedrus*, trans. Robin Waterfield(Oxford: Oxford University Press, 2002).

Preziosi, Donald, *Rethinking Art History*(New Haven: Yale University Press, 1989).

Rancière, Jacques, "Politics, Identification, and Subjectivization", *October* 61(1992).

Rancière, Jacques, *Le partage du sensible: esthétique et politique*(Paris: La fabrique éditions, 2000).

Rancière, Jacques, "Politics and aesthetics an interview, "*Angelaki journal of the theoretical humanities* 8(2003).

Rancière, Jacques, *Malaise dans l'esthétique*(Paris: Galilée, 2004).

Rancière, Jacques, *Althusser's Lesson*. trans. Emiliano Battista(London: Continuum, 2011).

Rancière, Jacques, *The Nights of Labor: The Workers' Dream in Nineteenth - Century France.* trans. John Drury (Philadelphia: Temple University Press, 1989).

Rancière, Jacques, *The Ignorant Schoolmaster: Five Lessons in Intellectual Emancipation.* trans. Kristin Ross (Stanford: Stanford University Press, 1991).

Rancière, Jacques, *The Names of History: On the Poetics of Knowledge.* trans. Hassan Melehy (Minneapolis: University of Minnesota Press, 1994).

Rancière, Jacques, *Short Voyages to the Land of People*, trans. James Swenson(Stanford: Stanford Univ Press, 2003).

Rancière, Jacques, *The Philosopher and His Poor.* ed. &trans. Andrew Parker. Corinne Oster, John Drury (Durham: Duke University Press, 2004).

Rancière, Jacques, *Disagreement: Politics And Philosophy,* trans. by Julie Ross(Minneapolis: University Of Minnesota Press, 2004).

Rancière, Jacques, *The Flesh of Words: The Politics of Writing,* trans. Charlotte Mandell(Stanford: Stanford University Press, 2004).

Rancière, Jacques, *The Politics of Aesthetics,* trans. Gabriel Rockhill (New York: Bloomsbury Academic, 2006).

Rancière, Jacques, *Film Fables,* trans. Emiliano Battista, (Oxford: Berg Publishers, 2006).

Rancière, Jacques, *Hatred of Democracy,* trans. S. Corcoran (London: Verso, 2006).

Rancière, Jacques, *On the Shores of Politics,* trans. Liz Heron(London: Verso, 2007).

Rancière, Jacques, *The Future of the Image,* trans. Gregory Elliott (London: Verso, 2009).

Rancière, Jacques, *The Emancipated Spectator,* trans. Gregory Elliott (London: Verso, 2009).

Rancière, Jacques, *Aesthetics and Its Discontents,* trans. Steven Corcoran(Cambridge: Polity Press, 2009).

Rancière, Jacques, *The Aesthetic Unconscious* (Cambridge: Polity Press, 2010).

Rancière, Jacques, *The Politics of Literature.* trans. Julie Rose (Cambridge: Polity Press, 2010).

Rancière, Jacques, *Dissensus: On Politics and Aesthetics.* trans. Steven Corcoran(London: Continuum, 2010).

Rancière, Jacques, *Mallarmé: The Politics of the Siren,* trans. Steven Corcoran(London: Continuum, 2011).

Rancière, Jacques, *Mute Speech: Literature, Critical Theory, and Politics,* trans. James Swenson(New York: Columbia University Press, 2011).

Rancière, Jacques, *Aisthesis: Scenes from the Aesthetic Regime of Art.* trans. by. Zakir Paul(London: Verso, 2013).

Ross, Kristin, *May'68 and Its Afterlives* (Chicago: University of Chicago Press, 2002).

Sheppard, Darren et el. ed. *On Jean – Luc Nancy: The Sense of Philosophy*(London: Routledge, 2005).

Sokal, Alan & Bricmont, Jean, *Fashionable Nonsense: Postmodern Intellectuals' Abuse of Science*(New York: Picador, 1998).

Sturken, Marita & Cartwright, Lisa, *Practices of Looking* (Oxford:

Oxford University Press, 2017).

Tanke, Joseph, "Why Rancière Now, " *The Journal of Aesthetic Education* 44(2010).

Vico, Giambattista, *The New Science of Giambattista Vico* trans. by Thomas Goddard Bergin& Max Harold Fisch(Ithaca: Cornell University Press, 1948).

Virilio, Paul, *The Vision Machine*, trans. Julie Rose(Bloomington: Indiana University Press, 1994).

Virilio, Paul, *Art and Fear*, trans. Julie Rose(London: Continuum, 2000).

Virilio, Paul, *Speed and Politics*, trans. Marc Polizzotti(New York: Semiotext(e) , 2006).

Virilio, Paul, *The Aesthetics of Disappearance*, trans. Philip Beitchman(New York: Semiotext(e) , 2007).

Williams, Raymond, *The Long Revolution*(New York: Harper & Row Publishers, 1961).

Williams, Raymond, *Resources of Hope: Culture, Democracy, Socialism*(London: Verso, 1989).

图书在版编目（CIP）数据

感觉的共同体 / 李三达著 . -- 北京：社会科学文
献出版社，2024.6
ISBN 978 - 7 - 5228 - 2635 - 6

Ⅰ.①感…　Ⅱ.①李…　Ⅲ.①后现代主义－研究
Ⅳ.①B089

中国国家版本馆 CIP 数据核字（2023）第 199356 号

感觉的共同体

著　　者 / 李三达

出 版 人 / 冀祥德
责任编辑 / 罗卫平
责任印制 / 王京美

出　　版 / 社会科学文献出版社·人文分社（010）59367215
　　　　　　地址：北京市北三环中路甲 29 号院华龙大厦　邮编：100029
　　　　　　网址：www. ssap. com. cn
发　　行 / 社会科学文献出版社（010）59367028
印　　装 / 三河市东方印刷有限公司

规　　格 / 开 本：889mm × 1194mm　1/32
　　　　　　印 张：9.375　字 数：218 千字
版　　次 / 2024 年 6 月第 1 版　2024 年 6 月第 1 次印刷
书　　号 / ISBN 978 - 7 - 5228 - 2635 - 6
定　　价 / 79.00 元

读者服务电话：4008918866